Fritz Molden

Der Konkurs

Aufstieg und Fall eines Verlegers

Hoffmann und Campe Verlag

CIP-Kurztitelaufnahme der Deutschen Bibliothek

Molden, Fritz:
Der Konkurs : Aufstieg u. Fall e. Verlegers / Fritz
Molden. – 1. Aufl. – Hamburg : Hoffmann und Campe,
1984.
 ISBN 3-455-08630-6

Copyright © 1984 by Hoffmann und Campe Verlag, Hamburg
Schutzumschlag und Einbandgestaltung Werner Rebhuhn
unter Verwendung eines Fotos von Gery Wolf
Gesetzt aus der Garamond
Satzherstellung Fotosatz Otto Gutfreund, Darmstadt
Druck und Bindung May & Co, Darmstadt
Printed in Germany

Inhalt

»Bitte, was ist ein Konkurs?«	9
»Weil uns so fad ist!«	15
Flegeljahre	25
»Wissen ist Macht – Lesen Sie ein Molden-Buch!«	35
205 000 Dollar für Stalins Tochter	45
Schnellschüsse im Nahen Osten	55
Erfolgsrezept: Bestseller mit Käfer garniert	67
Die Dissidenten	73
Politik und Politiker im Westen	85
Der Don und der Schmetterling	95
Die Knef-Story	107
Arthur, Alpbach und die »Callgirls«	117
Reise zum Ort ohne Wiederkehr	125
Griff nach den Sternen?	135
Der Verschwender und seine Hobbys	147
Die Trendwende	159
Der Taschenbuch-Salto-mortale	171
Empire State	181
Die Dämme brechen	191
Letzte Fata Morgana	205
Der Konkurs	215
Die Stunde Null	231
Ein Jahr danach	243
Aus der Stammrolle des Gemeinschuldners	253

Der Phalanx der Freunde

»Bitte, was ist ein Konkurs?«

Im alten »kakanischen« Österreich wurde, quasi als Beweis für den Gipfelpunkt ignoranter Naivität, die Geschichte vom jungen Mädchen aus gutbürgerlichem Hause erzählt, das nach dem ersten Ball ihre Mutter fragte: »Mama, was ist ein Leutnant?« Ähnlich unwissend kam ich mir vor, als ich an einem warmen Frühlingstag des Jahres 1982, etwa um die Mittagsstunde, im Büro des freundlichen Herrn mit den traurigen Augen saß, den das Wiener Handelsgericht mir als Masseverwalter zugedacht hatte, und fragte: »Herr Doktor, bitte, was ist ein Konkurs?«

Dr. H., der Verwalter meines Konkurses, beantwortete meine Frage geduldig, ausführlich und erschöpfend. Er erklärte mir alles, was ich bereits ein paar Stunden vorher im Großen Brockhaus nachgeschlagen und nur zum Teil verstanden hatte. Nun begriff auch ich. Er kam auf meine eigene, persönliche Position im Rahmen des Konkursverfahrens, das nun beginnen würde, zu sprechen. Dr. H. wies mich darauf hin, daß innerhalb dieses Verfahrens der Gemeinschuldner – das war ich – nur sehr beschränkte Möglichkeiten eigenen Wirkens besäße. Er schloß mit den Worten: »Betrachten Sie sich in etwa in der Position eines unmündigen Kindes befindlich.«

Irgendwie fühlte ich mich in diesem Augenblick zerschlagen und gleichzeitig erleichtert. Die Entscheidungen waren gefallen, die Agonie des Überlebenskampfes war zu Ende, der Zusammenbruch hatte stattgefunden. Aus dem Verleger war ein unmündiges

Kind geworden. Ein Kind von achtundfünfzig Jahren. Ich fuhr in mein Büro zurück und betrachtete das Verlagshaus, das ich vor zehn Jahren in Grinzing gebaut hatte – und das bereits seit drei Monaten nicht mehr mir gehörte –, schon mit etwas anderen Augen. Einige Mitarbeiter waren da, es gab etliches zu erledigen. Dann fuhr ich nach Hause. Mit mir mein Neffe Peter, der in diesen Wochen als mein persönlicher Assistent nicht von meiner Seite gewichen war.

»Nach Hause« war die Eroicagasse im Herzen von Heiligenstadt, ein schönbrunnergelb gestrichenes, in einem richtigen Wiener Vorstadtgarten liegendes altes Bürgerhaus. Auch dieses Haus betrachtete ich mit anderen Augen – es war klar, es würde bald nicht mehr mir gehören. Zu Hause war Hannerl, meine tapfere Frau, dabei, für die Buben ein spätes Mittagessen zu richten. Der ältere Sohn, Ernst, war eben erst aus dem Gymnasium heimgekommen. Berthold, der jüngere, noch die Volksschule besuchend, spielte im Garten. Ich ging hinauf und sagte: »Hannerl, du hast jetzt ein unmündiges Kind zum Mann. Es wird jetzt vieles bei dir liegen.« Sie nickte, lächelte und gab mir einen Kuß. Peter und ich erzählten ihr, was geschehen war.

Da läutete es. Das verschreckte Kindermädchen teilte uns mit, daß einige Herren vor der Tür stünden. Ich ging hinaus, um sie zu begrüßen. Es waren elegante Herren in dunklen Anzügen mit Nadelstreifen. Sie waren da, um unsere schönen Bilder abzuholen. Alles war in Ordnung. Die Bilder waren längst überschrieben worden und hatten geholfen, die Haftung für irgendeinen Kredit abzugeben. Nun wurden sie eben abgeholt, wie es sich gehörte. Das Gespräch mit den Herren entbehrte nicht einer gewissen Komik. Keiner von uns wußte genau, wie man sich eigentlich der Situation angemessen verhalten sollte. Hannerl, Peter und ich halfen ihnen, die Bilder von der Wand zu nehmen; Hannerl bot ihnen etwas zu trinken an, sie lehnten höflich, leicht verlegen ab.

Nun war also alles zu Ende. Mit Müh und Not war der Verlag achtzehn Jahre alt geworden; gerade großjährig, aber keineswegs ein tolles Alter – auch nicht für einen Buchverlag. Und es war noch ganz anderes passiert, ging es mir durch den Kopf. Der Fall vom achtundfünfzigjährigen Verleger zum unmündigen Kind war ein zusätzliches Phänomen, mit dem ich mich jetzt wohl würde auseinandersetzen müssen.

Peter war schließlich gegangen. Den Buben hatte Hannerl ungefähr erklärt, was passiert war. Ebenso hatte ich mit zweien meiner Töchter telefoniert; die dritte, in Schweden lebende, konnte ich nicht erreichen. Am Abend wollten uns Freunde bei sich haben; lieb von ihnen – es würde wahrscheinlich ganz guttun. Aber jetzt am späten Nachmittag stand ich in meinem Studio und blickte in den Garten, in dem der Flieder so schön wie kaum je zuvor blühte. Ich hörte Hannerl nebenan am Biedermeierstehpult in der Bibliothek eine Patience legen, ein typisches Zeichen ihrer Nervosität.

Wie Windräder drehten sich die Gedanken in meinem Kopf. Ziellos schienen sie irgendwo zu verlaufen. Hatte es also doch passieren müssen? Was hatte ich falsch gemacht? Oder besser gesagt: Ich hatte wohl alles falsch gemacht. Wieso war es überhaupt möglich gewesen? Hätte ich noch nicht aufgeben sollen, wie in den letzten Tagen etliche gemeint hatten? Oder hätte ich vielleicht schon viel früher aufgeben müssen, wie viele mir geraten hatten? Warum hatte es passieren müssen? Wieso? Warum? Wann? Aus wessen Schuld? Unzählige Fragen und unzählige Antworten, alle unbefriedigend. Zu oft in den letzten Wochen und Monaten hatten wir sie diskutiert, verworfen, neuerlich aufgegriffen: im Kreise meiner engsten Mitarbeiter, mit den Freunden, mit meiner Frau. Jetzt fiel mir nichts mehr ein. Es würde mir, wie sich bald herausstellte, lange Zeit nichts mehr einfallen, etwa sechs Monate, bis ich ein klareres Bild und einigermaßen relevante Antworten auf diese Fragen, die unser Schicksal bedeuteten, fand. Aber eines wurde mir schon an diesem Nachmittag im Studio in der Eroicagasse klar: Es konnte keine Schuldzuweisungen an Dritte geben; verantwortlich für alles war in letzter Instanz ich selbst. Was andere getan oder nicht getan hatten, war immer nur in Relation zu dem erfolgt, was ich getan oder nicht getan hatte.

Ein altes Wiener Sprichwort ging mir durch den Kopf: Warst net aufig'stieg'n, warst net abig'fall'n. Aber ich war hinaufgestiegen, ziemlich hoch sogar, und hatte mich dort oben auch recht wohl gefühlt. Und jetzt war ich halt heruntergefallen, entsprechend tief, und das hatte logischerweise auch weh getan und würde wohl noch weiter weh tun – nicht nur mir, sondern auch denen, die freiwillig oder unfreiwillig das wilde Unternehmen mit mir gewagt hatten. Jetzt galt es, sich zurechtzufinden, sich rauszurappeln aus dem tiefen Graben, in dem ich mich befand. Es galt auch, die nächsten Menschen zu finden, zu halten und sie nach Möglichkeit zu schützen. Und es galt schließlich, sich selbst wieder auf die Beine zu stellen. Was dann geschehen sollte, war noch nicht klar. Es würde sich schon zeigen. Nur kein Selbstmitleid und keine Panik. Denn Bangemachen durfte auch jetzt nicht gelten. Jetzt schon gar nicht!

Hannerls Mutter, die wie ein guter Geist um uns war, hatte eine späte Jause bereitet. Wir saßen alle im Salon und tranken Tee. Die Wände wirkten so anders, sonderbar – dann fiel mir ein: Natürlich, mußten sie ja auch, es hingen ja keine Bilder mehr an ihnen. Hundert Kleinigkeiten gingen mir durch den Kopf: Was würde mit meinen Büchern geschehen? (Sie kamen, wie das meiste andere auch, in die Konkursmasse; ich sah sie nach unserem Auszug aus der Eroicagasse nie wieder.) Was würden wir mitnehmen können? (Alles, was Hannerl gehörte, sowie Gegenstände meines persönlichen Bedarfs wie Kleider, Wäsche etc. Der Rest blieb für die Masse.) Wohin würden wir gehen? (Wir gingen schließlich, gottlob, nach Alpbach, in ein Tiroler Dorf, wo wir uns seit Jahrzehnten zu Hause fühlen konnten.)

Die Buben hielten sich auch an diesem Nachmittag ganz großartig. Hannerl hatte sie schon in den letzten Wochen, trotz eigenem Streß und trotz Erschöpfung, in einen Mantel von Liebe und warmer Herzlichkeit eingehüllt und auf die Ereignisse sukzessive vorbereitet. Sie wußten daher ziemlich genau, was auf uns alle zukommen würde – aber sie hatten nicht aufgehört zu hoffen. Immer wieder hörte ich ihr Fragen: »Papali, werden wir es schaffen? Wie groß sind die Chancen?« Nun, da alles vorbei war, waren sie ganz ruhig. Erst später, als wir auszogen, wurde es schwer für die beiden. Abschied nehmen von zu Hause – und wieder hielten sie sich prima.

Wie konnte einer, der sein Leben lang ausgezogen war, um das Fürchten zu lernen, und es nie gelernt hatte, nur so plötzlich und so gründlich auf die Nase fallen? Diese Frage, die Kernfrage wohl überhaupt in einer solchen Situation, mußte ich mir selbst beantworten, denn der Abschied vom Eigentum, der Abschied von einem Lebenswerk, auch der Abschied von der Macht und vom Establishment, das alles war zu bewerkstelligen. Es brachte uns sogar in letzter Konsequenz ein ganz neues und unglaublich starkes Gefühl der Freiheit. Ja, noch mehr, es brachte dem Achtundfünfzigjährigen die Chance, noch einmal wie ein Achtzehnjähriger von vorne anzufangen. Aber trotzdem blieb die Frage, wie es geschehen konnte und wie das Phänomen vom Aufstieg und vom Niedergang des Verlegers Fritz Molden zu erklären sei. Diese Frage mußte mich nicht nur weiterhin beschäftigen, sondern sie mußte schließlich auch von mir selbst beantwortet werden.

Achtzehn Jahre hatte ich zurückzugehen, um den Film meines Verlegerlebens noch einmal abzuspulen, diese abenteuerliche Geschichte, die wie eine klassische Erfolgs-Story begann, um dramatisch im Konkurs zu enden.

»Weil uns so fad ist!«

Im Herbst 1963 war mein neues »Pressehaus«, damals mit siebzehn Geschossen das zweithöchste Gebäude in Wien, endgültig fertiggestellt und voll bezogen. Direkt neben dem Donaukanal in Wien-Heiligenstadt hingebaut, stand es auf festem Boden. Auch in finanzieller Beziehung. Wir hatten das Haus voller Kunden: vier Tageszeitungen, darunter die großformatige »Presse«, die kleinformatige »Kronenzeitung« und die beiden Boulevardblätter »Morgen-Expreß« und »Abend-Expreß«; dazu ein gutes Dutzend Wochenzeitungen. Alles gute Kunden, die pünktlich zahlten. Mit Ausnahme der »Kronenzeitung« waren alle diese Blätter bis vor wenigen Jahren von mir herausgegeben worden. Dann, 1961 und 1962, hatte ich die meisten von ihnen, darunter alle Tageszeitungen, verkauft, um das Pressehaus fertigzubauen und mit den modernsten Maschinen ausstatten zu können.

Schon damals hatte ich den Tick, unbedingt völlig frei und unabhängig sein zu müssen. Da dies in Anbetracht der besonderen österreichischen Verhältnisse, vor allem auch auf dem Kreditsektor, bei den Tageszeitungen auf Dauer nicht möglich schien, hatte ich die Zeitungen lieber sukzessive verkauft, als Partnerschaften eingehen zu müssen, die mich in meinen freien Entschlüssen hätten einengen können. Beim »Expreß«, wo eine solche Partnerschaft zu keinem guten Ende geführt hätte, lernte ich die Lektion, lieber allein und frei zu sein.

Das Pressehaus nun gehörte mir allein, und es verdiente gut. So gut, daß einer, der es wissen mußte, der Wiener Bankier Jean-Georges Graf Hoyos, der jahrelang im Aufsichtsrat der »Presse« für die Finanzen zuständig gewesen war und deswegen meiner – sagen wir es höflich – unorthodoxen Gebarungsweise mit großer Zurückhaltung gegenüberstand, mich eines Tages, nachdem er die neueste Bilanz meiner Firma gelesen hatte, anrief: Er wollte mir gratulieren. Jetzt endlich sei unser Unternehmen stabil geworden; es gäbe sogar genügend Eigenkapital und ordentliche, solide Gewinne. Er führte dies damals darauf zurück, daß wir die Zeitungen abgegeben hätten, die immer wieder zu abenteuerlichen Investitionen verlockten, und nun als biedere Drucker ein wesentlich risikofreieres Dasein führen könnten. Dies beeindruckte mich sehr, und ich bedankte mich bei Hoyos für seine freundlichen und anerkennenden Worte.

Es änderte aber nichts an der Tatsache, daß ich mich als Drucker keineswegs ausgelastet fühlte, und dies um so weniger, als ich ein ausgezeichnetes Team von technischen und kaufmännischen Fachleuten um mich hatte und eigentlich nicht wußte, was ich mit meiner Zeit anfangen sollte. Ähnlich wie ich dachte mein Freund und jahrelanger Kumpan in den aufregenden Jahren unserer Zeitungsepoche, Gerd Bacher. Er war, nachdem er als Chefredakteur von »Bild-Telegraf« und »Expreß« mit mir zusammen ebenso waghalsige wie verlustreiche Zeitungskriege geführt und aus dem »Expreß« – quasi über Nacht – die erfolgreichste moderne Zeitung des Landes geschaffen hatte, zum biederen Geschäftsführer der Pressehaus-Druckerei geworden. Wie man in Wien zu sagen pflegt: »Uns war jetzt fad.« Ähnlich wie wir dachte auch der dritte im langjährigen Bunde, Wolf in der Maur, seinerzeit im Moldenschen Zeitungsimperium als Chefredakteur der »Wochenpresse« tätig. Aber er war wenigstens, nachdem ich die »Presse« verkauft hatte, dort Verleger geworden und konnte sich weiterhin im Zeitungsbereich tummeln. Auch er amtierte im Pressehaus.

Oft saßen wir abends zu dritt irgendwo beim Heurigen oder in der altgewohnten »Edenbar« in der Wiener Liliengasse. Das war unser traditionelles »hang-out«, in dem wir in den Zeitungsjahren nach Redaktionsschluß zusammengetroffen waren und wo uns Anfang der sechziger Jahre auch die Idee gekommen war, alle Zeitungen zu verkaufen. Der strategische Plan war großartig gewesen, nur war dann seine Durchführung in Anbetracht der Verhältnisse auf dem Wiener Zeitungsmarkt und innerhalb der österreichischen politischen Struktur aus taktischen und logistischen Gründen keineswegs so einfach, wie wir uns das ursprünglich vorgestellt hatten. Die Verkaufsgespräche und Abschlüsse hatten sich immer wieder hingezogen, und so war eines Abends, als wir wieder einmal zu später Stunde in der »Eden« beieinander saßen, jene Umdichtung eines alten Wiener Heurigenliedes entstanden, das uns jahrzehntelang durch Wien begleiten sollte: »Verkauft ham ma nix, waren stets arrogant, denn unser Vata war a Hausherr und a Zeitungsfabrikant.« Schließlich hatte es aber dann doch geklappt: Die Zeitungen wurden verkauft, das Pressehaus für den Gesamtbau abgesichert, und wir waren bürgerliche Drucker geworden. Also genau das, was wir nicht hatten werden wollen.

Die Aussicht, als langsam verfettende, wohlhabende Rentiers und Druckereibesitzer den Rest unseres Lebens zu verbringen, erschien uns keineswegs verlockend. Und so waren wir bald von dem Gedanken beherrscht, es müsse etwas geschehen. Gerd Bacher versuchte kurzfristig, so quasi nebenbei und im Pfusch, seine Talente und sein Kapital im Gemüseexport einzusetzen. Ich probierte es mit der Politik und lancierte einen Bundespräsidentschaftskandidaten. Beide Projekte erwiesen sich zwar im Moment als amüsant, langfristig aber in keiner Weise als zielführend. Und so saßen wir dann anläßlich einer Feier zu meinem vierzigsten Geburtstag im April 1964 wieder einmal zusammen und diskutierten sinnvolle Möglichkeiten. Ich kam auf den alten Plan zurück, doch auch einmal Bücher zu machen.

Schon im Jahre 1950 hatte ich als Begleitprodukt der damaligen Wiener Zeitung »Die Presse« auf Rotationspapier gedruckte Bücher produziert. George Orwells »Die Farm der Tiere« oder Friedrich Torbergs »Die Zweite Begegnung« erschienen damals erstmalig in deutscher Sprache, was großen Spaß machte. Doch legten mir die Kollegen vom österreichischen Zeitungsherausgeberverband bald das Handwerk: Zusammen mit den Herren des Wiener Buchverlegerverbandes erwirkten sie eine einstweilige Verfügung wegen »unlauteren Wettbewerbs« und »Verstoßes gegen das Beigabegesetz«. Es war nämlich verboten, einer Zeitung Beilagen beizugeben, die im Wert höher lagen als die des Zeitungsproduktes selbst. Wir hatten, um die Abonnentenzahl der »Presse« zu steigern, allen Abonnenten jeden Monat gratis einen Roman versprochen. Das Interesse der Öffentlichkeit war sehr groß gewesen; wir hatten die Auflage der »Presse« allein in den ersten drei Monaten – so lange konnten wir das durchstehen – um mehr als 15 000 Exemplare steigern können. Aber dann war es leider wieder aus gewesen.

Um selbst einen Buchverlag zu machen, dazu hatten der Apparat, die Leute, das Team und auch das Geld gefehlt. Aber ich hatte damals gemerkt, wie befriedigend es ist, Dinge zu produzieren, die nicht wie die Zeitung am nächsten Tag schon in die Abfalltonne wandern, sondern deren Inhalt länger von Interesse ist und deren geistige Aussage nach einem oder vielleicht auch nach vielen Jahren noch von Bedeutung sein kann.

Auch beim Taschenbuchgeschäft hatte ich schon ein bißchen mitgerührt. Fast fünfzehn Jahre später fiel es mir jetzt wieder ein. 1952 hatte ich zusammen mit einer Beteiligung an den »Oberösterreichischen Nachrichten« in Linz auch einen Taschenbuchverlag erworben, der die sogenannten »Bärenbücher« herstellte. Die Qualität derselben war nicht gerade großartig: Krimis, Liebesromane und ein bißchen das, was später einmal Sachbuch genannt werden sollte. Das Beste am ganzen Taschenbuchverlag war der Werbeslogan: »Jedermann ist gespannt auf den nächsten Bärenband.« Ich verlegte den Taschenbuchverlag von Linz nach Wien und beschloß, mich mit der Produktion etwas näher zu befassen. Wir fingen an, aktuelle Sachbücher in Auftrag zu geben – damals, zumindest in unserem Teil der Welt, eine völlig unbekannte und neue Aktion. Kurt Frischler schrieb einen sogenannten »Schnellschuß« über eine in Wien berühmt und berüchtigt gewordene Mörderin, die ihre Opfer mit einer Fleischmaschine zu erschlagen pflegte. Damals wollten wir den Verlag ausbauen, kamen aber über Ansätze nicht hinaus. Im Sommer 1953 starb mein Vater. Ich mußte die Herausgeberschaft der Zeitung »Die Presse« übernehmen und mich fortan ganz auf die Tageszeitung konzentrieren. Die »Bärenbücher« liefen aus und waren bald vergessen.

Der Gedanke aber, einmal Bücher machen zu wollen, war irgendwo in meinem Kopf verankert geblieben. Und als ich nun an jenem festlichen Abend im Frühjahr des Jahres 1964 meine Situation betrachtete, gewann er für mich wieder an Bedeutung und wurde zum festen Angelpunkt für mein zukünftiges berufliches Leben. Denn die Vorstellung, den Rest meines Lebens mit Dividendenzählen zubringen zu müssen, schien mir keine sehr erfreuliche Zukunftsaussicht. Gerd Bacher, ebenso wie ich an Zeitungsgründen, Zeitungsmachen und Zeitungskriege gewöhnt, fand die plötzliche Abstinenz vom Seiltanz ohne Netz und den damit verbundenen Übergang ins Wohlstandsleben mit Weltreisen, aber ohne Hetz', ebensowenig animierend wie ich. So kam eben der Plan eines Buchverlages wieder auf den Tisch. Die Voraussetzungen schienen uns durchaus gegeben. Jede Menge Geld floß täglich in die Kassen. Und warum nicht einmal statt in noch ein halbes Dutzend Setzmaschinen in Bücher investieren?

Die Verlagsspitze ergab sich fast von selbst: Verlagsleiter Gerd Bacher, Verleger Fritz Molden – beide offensichtlich für die neue Laufbahn prädestiniert und noch dazu von keinerlei Fachwissen belastet. Aber wir hatten ja auch seinerzeit, als wir bei den Zeitungen anfingen, keinerlei Studium an der Hochschule für Zeitungswissenschaften absolviert. Gerd Bacher war aus der Wehrmacht und ich aus dem Widerstand gekommen; er hatte bei den »Salzburger Nachrichten« angefangen und ich, nach einem kurzen Gastspiel im Außenministerium, bei der »Presse« in Wien. Und beide waren wir trotzdem ganz passable Journalisten und Zeitungsmacher geworden. Also, warum sollte es uns nicht auch beim Büchermachen gelingen?

Am nächsten Tag fand ich Gerd Bacher in seinem Büro, bis über beide Ohren in die Lektüre eines Buches vertieft, vor. Auf meine Frage zeigte er mir den Titel des Werkes »Der Verlagslehrling«. Prima, dachte ich mir, der hat angebissen. Dann besorgte ich mir auch ein Exemplar dieser vorzüglichen Einführung in das Verlagsgeschäft.

Wenig später schon begab sich Bacher auf eine Erkundungstournee. Die erste Station war Salzburg, wo ein Freund von ihm namens Wolfgang Schaffler etliche Jahre vorher den »Residenz-Verlag« gegründet hatte. Schaffler war durchaus hilfsbereit und informierte Bacher über alles Wissenswerte. So erfuhr er – und durch ihn auch ich – zum erstenmal, daß es im Verlagsgeschäft Sonderheiten – wie etwa die »Partie« – gab. (Wenn ein Buchhändler bei dem Verlagsvertreter zehn Exemplare bestellt, erhält er – quasi als Belohnung für seine Bereitschaft, das Risiko durch Festeinkauf eines neuen Titels mitzutragen – ein elftes Exemplar dieses Titels gratis mitgeliefert. In den Folgejahren sollte ich mich mit diesen Partieexemplaren noch viel zu beschäftigen haben.) Bacher fuhr dann weiter in die Bundesrepublik, besuchte Freunde und Kollegen bei den großen Zeitungs- und Magazinredaktionen und kam mit vielen wissenswerten Informationen nach Wien zurück. Er war voller Tatendrang.

Gerd Bacher, zwei Jahre jünger als ich, war ein außerordentlich begabter Mann – weit über den Bereich der Printmedien hinaus, wie sich in späteren Jahren herausstellen sollte. Seit 1967 ist er mit einer kurzen Unterbrechung Generalintendant des Österreichischen Rundfunks und Fernsehens (ORF) und hat dort in neuen Bereichen wiederum bewiesen, wie man Medienunternehmen aufbauen muß, um sie zum Erfolg zu bringen. Wir beide verstanden uns ganz ausgezeichnet, hatten schon vieles miteinander angegangen und bewältigt und auch schon hie und da gemeinsam eins auf die Nase bekommen, was bekanntlich auch verbindet. Die einzige Schwierigkeit unserer Beziehung war, daß ich damals, wie es sich eben aus der Hierarchie des Pressehauses und aus den Eigentumsverhältnissen ergab, der erste Mann war und Bacher der zweite.

Zum zweiten Mann aber war Bacher nicht geboren. Daraus mußten sich mit der Zeit zwangsläufig gewisse Meinungsverschiedenheiten und Reibungsflächen ergeben. Es spricht für Bachers Disziplin, für unser beider guten Willen und für die damals so starke Belastbarkeit unserer freundschaftlichen Beziehung, daß sich in den Jahren der engen beruflichen Zusammenarbeit keine wirklichen Konflikte ergaben.

Zweifellos war Gerd Bacher der beste Verlagsleiter, den ich je in meinem Hause gehabt habe. Wahrscheinlich wäre er als Verleger noch besser gewesen. Auf jeden Fall aber war er ein Perfektionist. Das war in jenem frühen Stadium unserer Verlagsplanung von großer Bedeutung. Er nahm sich aller Kleinigkeiten an: bis zur Planung des graphischen Bildes, der Vertriebstabellen und ähnlicher Details. Schon ein Jahr, bevor das erste Buch im Molden-Verlag erschien, wußten wir genau, welche Schriften und welche Kolumnentitel verwendet werden sollten. Ja, selbst die Reisemappen der noch nicht vorhandenen Vertreter waren bereits geplant und im Muster fertiggestellt. Und sogar für das erste Verlagsverzeichnis lag längst ein Entwurf vor, ehe wir überhaupt wußten, welche Bücher auf den vorliegenden Seiten angekündigt werden sollten.

In späteren Jahren habe ich, wie sich das im Leben oft ergibt, Gerd Bacher ein wenig aus den Augen verloren, aber damals kannte ich ihn sehr genau, da wir ja fast täglich zehn oder mehr Stunden zusammen waren. Er besaß einen starken und, wo es sein mußte, auch sehr harten Willen; trotz seines oft lauten Wesens hatte er ein gutes Herz und damals noch jede Menge Humor. Ich erinnere mich, daß wir beide der Meinung waren, wir könnten miteinander Pferde stehlen. Und das ist – zumindest in meinen Augen – das höchste Lob, das man über einen anderen sagen kann. Tempora mutantur... Heute ist Gerd Bacher in einen anderen Lebenskreis hineingewachsen, und ich betrachte ihn aus der Ferne noch immer als ein interessantes Phänomen, wie ich es in meinem Leben nur selten getroffen habe.

Nachdem wir uns also entschlossen hatten, den Verlag Fritz

Molden zu gründen, war es notwendig, sich die Marktsituation einmal im Detail anzusehen. Die Voraussetzungen schienen mir recht gut. In unserem engeren Arbeitsgebiet Österreich gab es noch keinen Sachbuchverlag – und das wollten wir vorerst ja vor allem sein; auch der Sektor Austriaca war nur in Teilbereichen wirklich betreut. Aber es war mir von vornherein klar, daß wir nur dann eine echte Chance haben würden, in die Spitzengruppe deutschsprachiger Verlage vorzustoßen, wenn es uns gelänge, auf dem bundesdeutschen Markt eine entsprechende Position einzunehmen. Davon waren wir derweil allerdings noch Mondjahre entfernt. Um auch nur die geringsten Voraussetzungen für eine Tätigkeit, die über die Grenzen Österreichs hinausging, entwickeln zu können, mußten wir zuerst einmal noch sehr viel lernen und Erfahrungen sammeln.

Natürlich war es naheliegend – wenn auch einstweilen noch ohne Bücher –, auf die Frankfurter Buchmesse zu reisen. Und dorthin fuhren Gerd Bacher und ich im Herbst des Jahres 1964. Das war für mich ein überwältigendes Erlebnis, hatte ich doch keine Ahnung gehabt, wie viele Verlage es überhaupt in Deutschland gab. Wir wanderten tagelang durch die verschiedenen Hallen, bewunderten die riesigen Kojen von unzähligen Verlagen, deren viele wir nicht einmal dem Namen nach kannten und die wir zum Teil ehrfürchtig und zum Teil nicht unkritisch betrachteten, und waren schon ein wenig von der Übermacht des Vorhandenen erschüttert. Das große Staunen überkam uns, je länger wir auf dem Messegelände umherirrten.

Ein paar Verleger kannte ich noch aus meinen Zeitungsjahren. Einer von ihnen, der legendäre Joseph Caspar Witsch, begrüßte mich freundlich, als ich an seinem Stand vorbeiging: »Ach, lieber Herr Molden, was machen denn Sie hier auf der Messe?« Ich erzählte ihm, daß wir dabei seien, einen Verlag zu gründen. Witsch war ebenso erstaunt wie bestürzt: »Um Gottes willen, lieber Molden, nur keinen Verlag! Das kann nur in einer Katastrophe enden.«

Witsch blieb nicht der einzige, der uns abriet. Wir wurden auf die triste Situation im Verlagsgeschäft hingewiesen, auf die Tatsache, daß eine ganze Anzahl von Buchverlagen – sogar solche mit klingendem Namen – gerade in jenen Jahren teils zusperren, teils ihre Unabhängigkeit aufgeben und Schutz bei größeren Konzernen suchen mußte. Andererseits hatten wir bei näherer Betrachtung der Messe und der Stände der großen und mittleren deutschen Verlage den Eindruck, daß die flaue Situation des Verlagsgeschäftes wohl auch auf eine, wie es uns schien, etwas antiquierte Art des Büchermachens zurückzuführen sei. Wir fanden die äußere Form der Bücher zwar ordentlich, aber manchmal überholt, und wir hatten den Eindruck, daß besonders auf dem Sektor Sachbuch – mit Ausnahme des Hauses Econ – kaum neue, richtungweisende Programmideen im Vordergrund zu stehen schienen.

Das machte uns Mut. Wir hatten das Gefühl, daß es vielleicht doch noch Marktnischen geben könnte, in denen wir uns würden breitmachen können. Zumindest schien es uns der Mühe wert, es auszuprobieren. Am letzten Tag unseres Messebesuches traf ich den Chef des Düsseldorfer Econ-Verlages, Egon Barth von Wehrenalp, der gerade von einem Mittagessen im »Hessischen Hof« kam. Wehrenalp, selbst österreichischer Herkunft, kannte mich aus Wien und begrüßte mich auf seine nette und saloppe Art: »Nun, Molden, haben Sie sich's überlegt«, meinte er, »wollen Sie noch immer einen Verlag machen?« Er hatte das sonderbare Gerücht also auch schon gehört. Ich versuchte ihm zu erklären, daß wir in Österreich in einer anderen Position seien als in der Bundesrepublik und natürlich nur im kleinen Rahmen versuchen würden, etwas aufzubauen. Wehrenalp schüttelte den Kopf und sagte: »Sie haben nicht die geringste Chance. In Österreich liegt überhaupt alles hundert Jahre zurück, und in der Bundesrepublik gibt's genügend Verlage, die genügend gute Bücher machen. Molden«, so meinte er zum Schluß, »bleiben Sie doch bei Ihrem Leisten. Machen Sie wieder Zeitungen oder drucken Sie sie, oder sonst was, aber lassen Sie die Buchbranche in Frieden. Sie werden sich da höchstens in die Nesseln setzen.« Wir waren zwar über diese trüben Prophezeiungen nicht gerade sehr glücklich, aber wir nahmen sie auch nicht allzu ernst. Hatte man mir doch schon 1948 in Wien gesagt, ich solle keine Zeitungen machen, davon gäbe es bereits genug.

Als wir nach Hause fuhren, beschlossen Bacher und ich, uns nicht bange machen zu lassen. Irgendwie würde es schon gelingen, den Verlag zu starten und, wie wir glaubten, nicht nur in Österreich und der Bundesrepublik, sondern hoffentlich auch darüber hinaus in der weiten Welt irgendwie Fuß zu fassen. Jetzt allerdings galt es zuerst einmal, dem Verlag Strukturen zu geben, ein gutes Team zu finden und das Programm so zu gestalten, daß es auf den ersten Anhieb wenigstens schon ein gewisses Gesicht haben würde. Noch einmal ließen wir die Eindrücke unserer Messegespräche vor unseren Augen Revue passieren. Wir waren nicht deprimiert, im Gegenteil, eher aufgemuntert. »Sie werden sich schön wundern, wenn wir dann schließlich doch dasteh'n mit unserem Verlag. Klein aber mein.« Wir hatten auf alle Fälle schon für die nächste Messe eine Einzelkoje gemietet; die würde nicht sehr viel Platz bieten, aber für das Dutzend Bücher, das wir vorhatten, würde es schon reichen. Ja, die werden Augen machen, dachten wir, denn die kennen uns noch nicht.

Flegeljahre

Sachbücher wollten wir vor allem publizieren, denn dort und vielleicht noch beim benachbarten Essay war ja unsere eigene Erfahrungswelt; dort hatten in fünfzehn Jahren Journalismus unsere primären Interessen gelegen. Und da wiederum waren es vor allem die Politik, das Weltgeschehen, die Zeitgeschichte und die neuen Bereiche der Soziologie, der Psychologie und der geopolitisch-ökonomischen Entwicklungen, die mich faszinierten – kurz alles, was mit den großen geistigen Auseinandersetzungen unserer Zeit zusammenhing.

Der Rahmen also schien vorgegeben. Jetzt galt es, konkrete Themen und vor allem die geeigneten Autoren zu finden. Zwei fischreiche Gewässer schienen sich besonders anzubieten: der Journalisten- und Schreiberturm unseres Wiener Pressehauses und die »think tanks« des Österreichischen College in Alpbach. Kein Wunder also, daß von den fünfzehn Titeln unserer ersten Produktion im Herbst 1965 genau zwei Drittel von Journalisten oder von »Alpbachern« stammten. Es waren nicht die schlechtesten Namen, die damals und in den folgenden Jahren auf unseren Listen auftauchten und von denen uns viele über die Höhen des Erfolgs bis zum Absturz des bitteren Endes die Treue hielten. Da konnten wir in den ersten Verlagsjahren die Journalisten Hellmut Andics, Ellie Abel, Louis Barcata, Kurt Frischler, Ortwin Kirchmayr, Otto Schulmeister, Ernst Trost, Alexander Vodopivec, Thomas Ross und aus dem intellektuell-literarischen Pool des traditionsreichen Alpbacher Kreises Salvador de Madariaga, Denis de Rougemont, Wolfgang Wieser und bald auch Arthur Koestler sowie Paul Weiß und Jean Piaget unter Vertrag nehmen.

Die große Mehrzahl der Molden-Bücher der ersten Jahre wurde nicht von den Autoren à fond perdu geschrieben und dann dem Verlag direkt oder über einen Agenten angeboten, sondern sie waren die Resultate tage- und nächtelanger Diskussionen zwischen dem jeweiligen Autor und dem zuständigen Partner im Verlag, also unserem weisen, liebenswerten und geduldigen Lektor Dr. Kurt Eigl, Gerd Bacher oder mir. Ich sehe mich noch Stunden und Stunden mit Ernst Trost durch die Wälder rund um Stollhof an der Hohen Wand, wo ich mir etwa 50 Kilometer südlich von Wien ein Ferienhaus gebaut hatte, stapfen, um ihn mühevoll, aber schließlich erfolgreich davon zu überzeugen, daß das Buchprojekt »Das blieb vom Doppeladler« nicht nur eine gute und wichtige Sache sei, sondern auch, daß es unbedingt von Ernst Trost und von keinem anderen geschrieben werden müsse. Schließlich ließ Trost, der noch nie ein Buch geschrieben hatte, sich von mir überreden. Der Gute hatte keine Ahnung, daß ich mindestens ebensoviel Bauchweh hatte wie er. Denn im Gegensatz zu ihm hatte ich zwar schon ein Buch geschrieben, aber noch nie eines verlegt.

Doch die Mannschaft der ersten Stunde hielt zusammen wie Pech und Schwefel. Das prickelnde Gefühl, völliges Neuland zu betreten, und die Leidenschaft engagierter Nicht-Profis hatte unser winziges Team voll erfaßt. Obwohl höchstens zwei oder drei der »Sieben, die auszogen, das Fürchten der Verlegerei zu lernen«, als Fachleute anzusprechen waren, hatte doch jede oder jeder von uns das Gefühl, sie oder er sei in seiner Position völlig unersetzbar. Wer waren nun diese sieben: Verlagsleiter Gerd Bacher, Lektor Kurt Eigl, Hersteller Hans Hajdowatz, Pressedame Renate Erich, Starvertreter (und anfangs auch einziger) Erich von Bertleff, dem auf der Buchmesse in Frankfurt alle Sortimenterinnen – in der Branche heißt der Buchhandel »Sortiment« – Kußhändchen oder noch besser Erstaufträge nachwarfen, und natürlich unser aller größter Stolz, »Molden's own and exclusive« Graphiker Hans Schaumberger. Ihm verdankten wir das graphische Bild des neuen Hauses, das Verlagssignet, ohne Ausnahme alle Schutzumschläge der ersten Jahre und in späteren Zeiten fast alle. Ja, und schließlich war da noch ich.

Ein Sekretariat hatten wir anfangs nicht, die Sekretariate des Pressehauses halfen vorerst einmal mit aus. Ein paar Monate später stießen dann noch Hedda Egerer und Brita Pürthner zu Lektorat und Werbung. Peter Eisler, Inhaber einer Wiener Verlagsauslieferung, war am vertrieblichen Start unseres Miniverlages bald ebenso intensiv beteiligt, wie er es achtzehn Jahre später an der Agonie desselben sein sollte.

Mit Eislers Hilfe zogen wir für die Bundesrepublik Deutschland zwei erfahrene und erfolgsgewohnte Vertreter an Land: die stämmigen und unseren Plänen ursprünglich noch recht skeptisch gegenüberstehenden Herren Lindenburger und Pfeiffer: der eine in Düsseldorf, der andere in München zu Hause. Als die beiden dann endlich im Frühjahr 1965 zur ersten Vertreterkonferenz nach Wien kamen, blickte ich dieser Konfrontation mit zwei so gewichtigen Repräsentanten der Verlagspraxis mit einigem Bedenken und recht gemischten Gefühlen entgegen. Hatte man mich doch darauf vorbereitet, daß die Spitzenleute unter den Verlagsvertretern keineswegs an einem Mangel an Selbstvertrauen litten und daß sie ihrer Skepsis, was unser Verlagsvorhaben betraf, wohl deutlich Ausdruck geben würden. Glücklicherweise fand die erste Vertreterkonferenz in meinem penthouse-artigen Büro im 16. Stock des Pressehauses statt. Der Ausblick auf Wien und die Großzügigkeit des Raumes schien den beiden Herren schon ein wenig zu imponieren, aber ihre Zurückhaltung gegenüber dem neuen Verlagsprogramm blieb weiterhin unübersehbar. Als wir uns alle um den großen Konferenztisch geschart hatten, fragte Lindenburger, ob es denn wohl schon Schutzumschläge zu sehen gäbe. Und Albert Pfeiffer fügte freundlich, aber nicht ohne Ironie, hinzu, daß es doch nett wäre, etwas über die Vorstellungen des Verlages hinsichtlich der Gestaltung der Kataloge zu hören. »Einen Moment, bitte«, rief Gerd Bacher. Die Tür des Sekretariats öffnete sich, und herein stolzierten Graphiker, Hersteller und Pressechefin und legten die gesamte Herbstproduktion – zum Großteil in bereits fertigen Büchern mit Schutzumschlägen – vor den staunenden Vertretern auf den Tisch. Als ihnen dann auch noch die Verlagskataloge frisch aus der Druckerei präsentiert wurden und Bacher schließlich sogar die Reisemappen der Vertreter im feinsten Leder einschließlich eingravierter Monogramme vorweisen konnte, ja, da hatten wir die erste Schlacht gewonnen.

Im Frühjahr 1965 machte ich mich auf die Beine, um eine neue Spezies Mensch kennenzulernen, nämlich die literarischen Agenten. Zu jener Zeit residierten die allgewaltigen Drei – Ruth Liepman, Rainer Heumann und Paul Fritz – in Zürich, wohl noch eine Folge der besonderen Verhältnisse, die nach dem Zweiten Weltkrieg die literarische Szene im deutschen Sprachgebiet beeinflußt hatten. Diese drei »literary agents« kontrollierten erfolgreich und je nach Temperament liebenswürdig oder mit streng erhobenem Zeigefinger einen ganz wesentlichen Teil des literarischen Verkehrs zwischen den angelsächsischen Ländern und dem deutschsprachigen Raum.

In den Vereinigten Staaten und bis zu einem gewissen Grad auch in England ist es selbstverständlich, daß Autoren – vor allem solche belletristischer Werke – von literarischen Agenten gegenüber den Buchverlegern oder auch anderen Verwertern vertreten werden. Ein Zustand, der am europäischen Festland keineswegs vorherrscht. Hier wird im allgemeinen noch immer der direkte Kontakt zwischen dem Verleger und seinem Autor bevorzugt. Allerdings ist sogar im deutschen Sprachgebiet und in Frankreich ein verstärkter Trend der Autoren zur Betreuung ihres Werkes durch Agenten festzustellen. Davon war aber in der Mitte der sechziger Jahre noch keine Rede. Hingegen mußte ich schon damals zur Kenntnis nehmen, daß bei angelsächsischen Autoren an der hohlen Gasse der geballten Züricher Agentenriege kaum ein Weg vorbeiführen würde. Es sei denn, man unterzog sich der kostenreichen Mühe, selbst nach New York oder London zu reisen und den direkten Kontakt mit den Autoren oder den angelsächsischen Verlegern auf kurzem Wege herzustellen, was allerdings häufig nur wieder dazu führte, daß man auch in Manhattan an die Mautstelle der mich manchmal an das alte kakanische Branntweinmonopol erinnernden Agenten verwiesen wurde.

Nun war ja an sich gar nichts gegen Agenten zu sagen; ihr großes literarisches Wissen und vor allem ihre langjährige Erfahrung machten sie nicht nur für die durch einen Ozean und in der Regel auch durch die Sprachbarriere von dem deutschen Verlagsmarkt getrennten angelsächsischen Autoren zu unentbehrlichen Partnern, sondern sie waren häufig auch für die deutschen Verleger wichtige und unvermeidliche Kontaktstellen. Der Haken für mich als Neuling in der Branche war allerdings der, daß die Agenten den frischgebackenen Verlag und erst recht dessen Verleger weder kannten noch in der Lage waren, die Möglichkeiten, Qualitäten oder auch Nachteile des unerwarteten Spätlings in der bereits reichlich übersättigten deutschen Verlagslandschaft reell einzuschätzen. Ich wurde daher ebenso liebenswürdig wie abwartend empfangen. Man notierte unsere Interessen und wollte uns gerne gelegentlich das eine oder andere Manuskript, vielleicht auch ein Exposé, zur Ansicht schicken. Mir wurde schnell klar, daß ich in Zürich erst zu beweisen haben würde, daß wir in der Lage seien, gute Bücher zu machen und diese dann auch zufriedenstellend zu verkaufen.

Reichlich ernüchtert beschloß ich, nach München weiterzureisen. Denn dort gab es auch eine Agentur, die Agence Hoffman, deren Leiterin Dagmar Henne ich schon auf meinem ersten Buchmessebesuch am Stand des Londoner Verlegers George Weidenfeld kennengelernt hatte. Die Agence Hoffman hatte sich ursprünglich darauf spezialisiert, französische Bücher auf dem deutschen Markt zu placieren, aber mit der Zeit hatte sie in zunehmendem Maße auch amerikanische Autoren angeboten. Ich war bei Dagmar Henne in ihrem gemütlichen Büro zu Besuch, bekam einen Drink, viele »Etzes« – so nennt man in Wien mit einem jiddischen Wort einen besonders schlauen Ratschlag – und zu meiner großen Erleichterung sogar einige mir interessant aussehende Sachbuch-Manuskripte.

Als wir schon zum Lunch aufbrechen wollten, meinte Dagmar noch angelegentlich: »Weißt du, ich hätte da noch die Ankündigung eines amerikanischen Buches, das dieser Tage in New York erscheinen soll. Aber es ist als Roman geschrieben, allerdings als Tatsachenroman, und du willst doch keine Romane machen?« Ich sah mir die kurz gehaltene Ankündigung an. Robin Moore hieß der Autor, das Buch »The Green Berets«. Ich versprach, ihr am nächsten Tag Bescheid zu sagen.

Im Flugzeug nach Wien las ich die Geschichte der amerikanischen Kommandoeinheiten im Vietnamkrieg. Vietnam und der erbarmungslose Krieg im Dschungel und in den Reisfeldern waren im Jahre 1965 noch nicht in das Bewußtsein der Mitteleuropäer eingedrungen. Es gab noch kein Buch zum Thema. Dieses aber versprach, spannend und flüssig geschrieben zu sein. Es schien unglaublich viel Information zu enthalten. Präsident Johnson hatte, so berichtete mir Dagmar Henne, das Erscheinen des Buches verhindern wollen. Vergeblich allerdings. Es ging mir durch den Kopf, daß ich hier vielleicht zum erstenmal ein Manuskript in die Hand bekommen würde, aus dem möglicherweise ein Bestseller zu machen wäre. Aber wie sollten wir einen Bestseller lancieren? Wir hatten doch noch keine Ahnung davon. Die Neugier überwog.

Ich teilte meinem Miniteam am nächsten Morgen in Wien mit, welche Chance wir hätten. Nach längeren Diskussionen beschlossen wir, das Buch zu machen. Allerdings, das Verlagsverzeichnis war schon ausgedruckt, die Vertreter waren unterwegs, und wir mußten das Buch erst übersetzen. Aber irgendwie würde es schon klappen.

Ich rief Dagmar Henne an und sagte ihr, daß ich »Die grünen Teufel« – so wollten wir es nennen – kaufen wolle. Die Honorargarantie betrug nur 2000 Dollar. Dagmar fragte mich, ob ich es mir überlegt hätte, weil ich eigentlich doch keine Romane machen wollte. »Ausnahmen bestätigen die Regel«, war meine Antwort.

Drei Monate später waren »Die grünen Teufel« auf dem Markt, und wir hatten zum erstenmal ein Molden-Buch auf einer Bestsellerliste. Bis Weihnachten hatten wir drei Auflagen mit 45000 Büchern verkauft und weitere 10000 im Druck. Ein Bestseller schmeckt besser als Kaviar oder Champagner oder beides zusammen. In Frankfurt jedenfalls feierte ich mit Dagmar auf der Buchmesse unseren ersten gemeinsamen Erfolg.

Im ersten Verlagsjahr brachten wir fünfzehn Titel auf den Markt und verkauften bis Ende 1965 etwa 125000 Bücher, allerdings einschließlich der 45000 »Grünen Teufel«. Nach Abzug von (nichtbezahlten) Partie- und Werbeexemplaren hatten wir, ohne unseren Bestseller mitzuzählen, im Durchschnitt der ersten Saison etwa 4500 Exemplare pro Titel verkaufen können. Gar nicht schlecht für den Anfang, meinten die Fachleute. Aber ich war sehr enttäuscht. Von dem Buch, das mir am besten gefallen hatte und das mir auch heute noch lieb und wert ist, »Küsten« von Wolfgang Wieser mit Zeichnungen von Lisbeth Eisler, hatten wir gar nur 800 Stück verkauft.

An vieles würde ich mich gewöhnen müssen, zum Beispiel an die niederen Auflagen – besonders im Vergleich zu den Größenordnungen der Zeitungsauflagen, in denen ich bisher zu denken gewohnt war. Und vieles würde noch dazuzulernen sein. Eines war klar, es genügte nicht, ein wertvolles Buch eines wichtigen Autors ordentlich zu produzieren und dann dem Buchhandel anzubieten. Um die Konkurrenz mit den Tausenden gleichzeitig erscheinenden Titeln zu bestehen, würde es notwendig sein, eine wesentlich überlegtere und genauere Marktforschung zu betreiben und dann zumindest für alle Titel, denen aufgrund der erfolgten Marktforschung erhöhte Chancen zuzubilligen waren, individuelle Werbung zu betreiben. Natürlich tauchte dann gleich eine weitere häßliche Frage auf: Was geschieht mit den Büchern, denen die Marktanalyse keine Chancen gibt? Für die könnte man also nicht werben, und daher würde man nie genug Exemplare verkaufen. In anderen Worten, die geliebten »Küsten«, »Don Quijote« von Salvador de Madariaga oder Frischlers »Wunderwaffen« würden in Zukunft nicht mehr erscheinen können, wenn wir uns an die primitivsten Kalkulationsregeln halten wollten.

Es gab natürlich einen Ausweg, den wir durch das plötzliche und unerwartete Erscheinen der »Grünen Teufel« ganz unbewußt beschritten hatten: Ein oder mehrere populäre Bestseller konnten mit ihren hohen Erlösen einen außerordentlich großen Anteil an den Fixkosten des Verlages übernehmen und dadurch die anspruchsvollen, aber verkaufsschwächeren Titel entlasten und subventionieren. Ältere und eingeführte Verlage hatten mit ihrer Backlist, also den Einnahmen aus dem Weiterverkauf von Titeln aus früheren Jahren, dasselbe bewerkstelligt. Wir aber als neuer Verlag, der noch jahrelang keine bemerkenswerten Erlöse aus der Backlist erwarten konnte, mußten uns bemühen, Bestseller zu produzieren, wenn wir mit schwarzen Ziffern bilanzieren und gleichzeitig die geplanten anspruchsvollen Titel im Programm weiterführen wollten.

Dies war eine ganz wesentliche Lehre, die ich aus den Resultaten unseres ersten Verlagsjahres ziehen konnte und die die Verlagspolitik der kommenden Jahre entscheidend beeinflussen sollte. Der Gedanke, durch die »Bestsellerei«, die uns in den folgenden Jahren etliches Lob, aber sicher mindestens ebensoviel Kritik einbringen würde, den Verlag einerseits gesund und andererseits – gerade wegen der zu placierenden populären Bestseller – in seinem Grundprogramm anspruchsvoll und qualitativ hochwertig zu erhalten, war an einem langen Stollhofer Dezember-Wochenende, als ich über den Ergebnissen der Herbstsaison brütete, geboren worden.

Gerd Bacher war damals im großen und ganzen mit meiner »risikofreudigen Verlagsstrategie« grundsätzlich einverstanden. Der Verlagsleiter war ebenso wie ich von dem Gedanken fasziniert, nicht nur einem Broterwerb nachzugehen, sondern – wie er es neunzehn Jahre später in der Retrospektive sieht – »mit unglaublicher Unbekümmertheit intellektuelle und kulturelle Wagnisse anzugehen, sofort die schwierigsten Dinge anzufassen und größtes Risiko auf sich zu nehmen«. Allerdings warnte er auch schon damals vor der Überspannung dieses Risikos und vor dem Übertreiben der Unbekümmertheit bis zum Exzeß. Er wollte die Expansion in Grenzen halten, ich aber sah nur über das schnelle Wachstum den sinnvollsten Weg zum Großverlag und damit zum Erfolg. Unbekannt war mir damals allerdings noch die Höhe des notwendigen Kapitalbedarfs.

»Wissen ist Macht –
Lesen Sie ein Molden-Buch!«

Der erste Auftritt des Molden-Verlages auf der Frankfurter Buchmesse des Jahres 1965 blieb der Außenwelt eher verborgen, aber für uns war es ein großes Abenteuer. Wir hatten nur eine Einzelkoje gemietet, was in Anbetracht von ganzen fünfzehn Novitäten und null Backlist auch durchaus genügte. Unser Graphiker Hans Schaumberger hatte einen entzückenden Ministand, ganz in Weiß, gebastelt, der übrigens die Grundlage für alle späteren Molden-Stände bildete. Wir nannten den Stand liebevoll die »Puppenküche«, bewirteten jeden der eher spärlichen Besucher, die sich zu uns verirrten, mit kleinen, aus Wien mitgebrachten Sachertörtchen und betrachteten uns als den Mittelpunkt der Buchmesse – eine Auffassung, mit der wir allerdings ziemlich allein gestanden haben dürften. In der Branche sah man in uns eher exotische Insekten, die nach Art des österreichischen »Kameraden Schnürschuh« in einem Raritätenkabinett sonderbare Bücher an den Mann zu bringen trachteten.

Unser ohnedies winziger Stand war von Schaumberger so gestaltet worden, daß er noch kleiner aussah, als er wirklich war. Das hatte den köstlichen Effekt, daß drei Besucher plus unsere eigene Standbesetzung bereits wie ein turbulenter Volksauflauf wirkten. Auch die Sachertörtchen sprachen sich bald herum und entwickelten eine magnetische Anziehungskraft, insbesondere auf Jungsortimenterinnen, während etwas reifere weibliche Semester, soweit sie aus dem Buchhandel stammten, durch unseren »Belami« Erich von Bertleff zu Standbesuchen animiert wurden. Auch unser schwarzweißes Schaumberger-Plakat, das den in ein Buch vertieften Napoleon mit dem einprägsamen Slogan »Wissen ist Macht – Lesen Sie ein Molden-Buch!« darstellte und das wir auf der Messe als einziges Werbemittel einsetzten, verfehlte seine Wirkung nicht. Wir wurden zwar keineswegs ernst genommen, aber man schmunzelte wenigstens über uns. Und das bereits erfüllte unsere von Renate Erich PR-mäßig vorzüglich betreute Mannschaft mit dem notwendigen Selbstbewußtsein.

Auch den Hauch der weiten Welt – zumindest soweit es sich um Bücher handelte – konnten wir in Frankfurt spüren. Internationale Verbindungen waren für mich als alten Zeitungshasen – seit 1946 war ich mit einer kurzen Unterbrechung bis 1962 als Journalist und Zeitungsverleger tätig gewesen – eine Selbstverständlichkeit. Als Journalist wie auch in meinen Diplomatenjahren in New York war mir Englisch zur zweiten Arbeitsprache geworden. Die Kollegen aus Rom, Tokio, Paris, London oder Washington kannte ich von gemeinsam verbrachten Gipfelkonferenzen oder Kriseneinsätzen oft besser als jene aus München, Salzburg oder Hamburg. Man hatte sich in New Delhi im Vorzimmer des Ministerpräsidenten Nehru getroffen, in einem Schützengraben bei Port Said 1956 gemeinsam auf die britisch-französische Invasionstruppe gewartet oder im Sovietskaja Hotel in Moskau, auf einen Besuchstermin bei Nikita Chruschtschow harrend, miteinander so manche Flasche Wodka ausgetrunken. Die Kameraderie der internationalen »Journalisten-Globetrotter-Gewerkschaft« schuf häufig rauhe, aber haltbare menschliche Beziehungen, die jetzt – Jahre später – Früchte tragen sollten. Die jungen Kollegen aus den vierziger und fünfziger Jahren, ob sie nun Indro Montanelli, Cy Sulzberger, Axel Springer, Michel Gordey, Alexej Adschubej, Gordon Brook-Sheperd oder Hugo Portisch geheißen haben mögen, waren in den Hierarchien aufgestiegen (im Falle des Chruschtschow-Schwiegersohnes Alexej Abschubej allerdings mit der Ablösung des Schwiegervaters auch wieder in die Tiefe gestürzt) und nunmehr in der Mitte der sechziger Jahre an wichtigen Schaltstellen eingesetzt. Während meiner journalistischen Tätigkeit hatte ich aber natürlich auch viele Akteure der Weltpolitik persönlich kennengelernt. Einige von ihnen würde ich nun für den neuen Verlag unter Vertrag zu bringen trachten. Andere würden mir vielleicht helfen können, an wichtige und bedeutende Autoren heranzukommen. Ohne den Hintergrund meiner Zeitungsvergangenheit und ohne meine vielfältigen internationalen Beziehungen wären Namen wie Charles de Gaulle, Moshe Dayan, König Hussein von Jordanien, Papst Paul VI., Harold Wilson, Anwar El Sadat oder auch Kurt Waldheim und Bruno Kreisky wohl nie auf den Programmlisten des Molden-Verlages als Autoren aufgeschienen.

In Frankfurt fiel mir bald auf, daß auf dem internationalen Parkett eine nicht zu unterschätzende Chance für unser Haus liegen würde. Das war vor allem darauf zurückzuführen, daß die Masse der deutschen Verleger entweder der fremdsprachigen Literatur – die Belletristik bildete bei einer begrenzten Anzahl von Verlagen allerdings eine Ausnahme – nur wenig Beachtung schenkte oder sich interessante Neuerscheinungen von Agenten oder ausländischen Verlagen anbieten ließ. Es war offensichtlich unüblich, mit nicht deutschsprachigen Autoren direkt in Kontakt zu treten. Einige große Verlage verfügten zwar über eigene »Scouts« in New York und vereinzelt auch in Paris, ihre eigenen Rechte deutschsprachiger Autoren hingegen versuchten sie auf der Messe oder über Agenten anzubringen.

Dadurch, daß ich viele Jahre lang eine Zeitung gemacht hatte, die ihrerseits schon seit ihrer Gründung – »Die Presse« erblickte in den Wirren des Revolutionsjahres 1848 erstmals das Licht der Welt – über ein beachtliches Netz ständiger Korrespondenten in aller Welt verfügte, schien es mir naheliegend, auch für meinen neuen Buchverlag an den neuralgischen Stellen des internationalen Verlagsgeschehens eigene Vertreter oder eben Scouts, wie man sie in der Branche nennt, zu finden. (Ein Scout ist ein literarischer Pfadfinder im wahrsten Sinne des Wortes: Er findet Themen, Manuskripte, Autoren, Buchrechte und hält den Verlag, für den er arbeitet, auf dem laufenden.)

Nach einigem Suchen gelang es mir, eine Equipe von durchweg ebenso charmanten wie geeigneten Damen zu verpflichten, die bald zu einem essentiellen Bestandteil des Verlages wurden: Melsene Timsit in Paris, die sich schnell zu einer wahren Koryphäe entwickelte; Sonia Courtenay in London; Rhoda Weyr in New York (später folgte ihr dort Ursula Bender und schließlich Tania Dueggelin); Monika Nagler in Stockholm für Skandinavien und Ilse Pordes in Hongkong für den Fernen Osten. Unsere Scouts, besonders jene in Paris, London und New York, haben für den schnellen Aufbau des Verlages eine ganz entscheidende Rolle gespielt. Ohne sie wäre es völlig unmöglich gewesen, in so kurzer Zeit auf den wesentlichen internationalen literarischen Märkten Fuß zu fassen und frühzeitig an jene Autoren heranzukommen, mit denen ich dann versuchen konnte, den gezielten Angriff auf die deutschen Bestsellerlisten zu beginnen. Aber diese Scouts waren es auch, die mich mit den wichtigen Kollegen in den großen fremdsprachigen Verlagen bekannt machten, deren fachlicher Rat, deren Vertrauen und schließlich deren Freundschaft es für uns überhaupt erst möglich machen sollten, in knapp drei Jahren von einem unbekannten Newcomer aus der Aschenbrödel-Ecke in die Spitzengruppe deutschsprachiger Verlage vorzustoßen.

Eines war mir nämlich schon im ersten Verlagsjahr klargeworden: Die herkömmlichen Weideplätze deutschsprachigen literarischen Schaffens waren allemal schon lange vergeben. Eine Reihe bestens eingeführter und erfahrener Verlage von Hamburg bis Stuttgart und von München über Berlin bis Düsseldorf und Frankfurt oder auch Bern kümmerte sich um alle wichtigen Autoren, sei es nun auf dem belletristischen oder dem Sachbuchsektor. Weder war anzunehmen, daß erfolgreiche Autoren irgendeine Neigung entwickeln würden, von einem renommierten Haus zu einem unbekannten Neuling umzusteigen, noch hatte ich die Absicht, meine Autoren durch Abwerbung zu akquirieren. Wir hatten nur drei Chancen: Entwicklung und Aufbau neuer Themenkreise für Bücher (zum Beispiel zeitgeschichtliche oder politische »Schnellschüsse«, Austriaca oder neue Reihen, wie etwa »Was sie wirklich sagten«), Finden und Aufbau neuer deutschsprachiger Autoren und schließlich die intensive Erfassung und Prüfung der internationalen, und da vor allem der angelsächsischen und der französischen Buchproduktion für ihre Eignung auf dem deutschen Markt.

Dieser letzte Sektor war nun von den großen Kollegen in Deutschland und der Schweiz (in Österreich gab es, von zwei oder drei Ausnahmen abgesehen, nur lokale oder fachlich orientierte Verlagshäuser) nicht allzu intensiv beackert worden. Hier also mußte eine Einstiegsmöglichkeit liegen, und diese galt es zu nützen. Deswegen von Anfang an mein Motto: Der deutsche Buchmarkt muß von außen aufgerollt werden, und um das zu erreichen, konnte das Beste gerade noch gut genug sein. Deshalb auch die große Bedeutung, die einerseits den Scouts in unserem Hause zukam, und andererseits mein stetes Bemühen, neue und noch unbekannte Talente, abseits von den begangenen literarischen Wegen, aufzuspüren.

Mit der Akquisition von Autoren und mit der Gestaltung eines attraktiven Programms allein konnte es aber natürlich nicht sein Bewenden haben. Die Bücher mußten in zeitgemäßer Form produziert und dann dem Buchhandel wie auch dem breiten Publikum entsprechend präsentiert werden.

Die graphische Gestaltung und die Herstellung waren unter Hans Schaumbergers Ägide in guten Händen; in den ersten zwei Produktionen des Verlages wurden Geleise gelegt und Maßstäbe gesetzt, an die wir uns sodann für fast zwei Jahrzehnte so gut wie unverändert halten konnten. Vom Signet bis zur Entwicklung der Schutzumschläge und der Gestaltung des graphischen Gesamtbildes sahen Molden-Bücher eben etwas anders aus, das merkte man am deutlichsten, wenn man in eine Buchhandlung hineinkam. Die Wirkung auszuprobieren war allerdings in den ersten Jahren deshalb noch recht schwierig, weil es in der Mehrzahl der Buchhandlungen noch keine Molden-Bücher gab, die sich von den Produkten anderer Verlage hätten unterscheiden können. Hier mußte nun die Öffentlichkeitsarbeit und vor allem natürlich die Tätigkeit des

Vertriebs einsetzen. Genauso wie beim Programm und bei der graphischen Gestaltung mußten wir auch hier Neues und Anderes zu bieten wissen, wenn wir nicht unter »ferner liefen« registriert, zu leicht befunden und abgelegt werden wollten.

Hier, so glaubte ich anfänglich, würde ich entsprechende professionelle Voraussetzungen aus unserer früheren Tätigkeit einbringen können, die uns den Start erleichtern würden. Waren wir doch in der großen Mehrzahl – Miniapparat und Autoren der ersten Stunde – aus dem Journalismus herausgewachsen, hatten Zeitungen gemacht, beworben und verkauft. Alles mit beträchtlichem Erfolg. Im harten Konkurrenzkampf am Boulevard täglich Massenzeitungen zu verkaufen, das schien mir doch die ideale Schulung und Voraussetzung, um nur ein, zwei oder von mir aus sogar vier oder fünf Dutzend Bücher im Jahr an den Mann oder besser gesagt an den Buchhändler und durch ihn beziehungsweise mit seiner Hilfe schließlich an den Leser zu bringen.

Diese meine ersten Rückschlüsse, daß Kenntnisse in einer Branche in einer anderen, verwandten hilfreich sein und Startvorteile bringen würden, erwiesen sich aber bald als ebenso voreilig wie oberflächlich. Ähnlich wie auch der beste Metzgermeister trotz seiner hervorragenden Kenntnisse im Tranchieren eines Kalbskopfes noch nicht die notwendigen Erfahrungen für einen Gehirnchirurgen mitbringt, war natürlich auch meine Analogie, daß Buch und Zeitung – weil wesensverwandte Produkte – auch in Werbung und Verkauf ähnlich behandelt werden könnten und sollten, falsch und irreführend. Besonders deutlich wurde dies bei der Werbung, wo wir auch gleich unser erstes Lehrgeld zahlen mußten. Bei der Zeitung wird für den Zeitungstitel, der für den Leser aufgrund jahre- oder oft jahrzehntelanger Erfahrungen für eine ganz bestimmte Beschaffenheit steht und bürgt, geworben. Der Inhalt der einzelnen, täglichen Zeitungsnummern muß dagegen in den Hintergrund treten. Genau umgekehrt ist es aber bei dem Buchverlag, besonders bei einem neuen und noch völlig unbekannten Unternehmen, wo Handel und Endverbraucher noch keinerlei Erfahrungswerte mit dem Verlagsnamen verbinden können.

Unser erstes und im Verlagsjahr Nummer eins auch einziges Plakat, auf das wir alle so stolz waren, bezog sich ausschließlich auf den Verlag. Nachdem kein Mensch wußte, wer oder was eigentlich Molden sei, war das Plakat, außer seinem Schmunzeleffekt auf der Messe, ein Mißerfolg und notwendigerweise eine werbliche Fehlanzeige. Gott sei Dank haben wir damals schnell geschaltet. Als wir knapp vor der Frankfurter Buchmesse unseren ersten Bestseller »Die grünen Teufel« auf den Markt brachten, gab es auch schon ein entsprechendes, auf das Buch bezogenes Plakat dazu.

Auf anderen Sektoren allerdings halfen uns die Erfahrungen aus dem Zeitungssektor doch ein gutes Stück weiter: vor allem natürlich die Tatsache, daß wir in fast jeder größeren Redaktion und auch bei den meisten Rundfunk- und Fernsehanstalten den einen oder anderen Kollegen von früher her kannten und daher mit unseren Büchern und Autoren relativ leicht Zugang zu den Medien fanden. Renate Erich, unsere erste und unermüdliche Pressedame, konnte hier ihre Fähigkeiten schnell unter Beweis stellen. Besonders günstig war die Situation natürlich in Österreich, wo ein nicht unerheblicher Teil der Spitzenjournalisten aller wichtigen Blätter bei Zeitungen arbeitete oder zumindest früher einmal gearbeitet hatte, die zu meiner Pressehaus-Zeitungsgruppe gehört hatten. Aber auch in der Bundesrepublik gelang es Renate bald, sich die Türen der wesentlichen Redaktionsstuben zu öffnen: Mit einem gewissen, leicht ironischen Wohlwollen wollten die dort doch einmal sehen, was die ehemaligen Kollegen aus Wien da wohl mit ihrem komischen neuen Zwergverlag zusammenbringen würden. Daß viele unserer Autoren nun auch wieder Journalisten oder den Medienleuten zumindest aus ihrer täglichen Arbeit ein Begriff waren, half natürlich auch.

Wesentlich schwieriger war es hingegen mit dem Vertrieb. Hier konnten uns die eigenen Erfahrungen aus dem Zeitungssektor kaum helfen. Im Gegenteil! Vieles, was wir von früher her kannten und was bei Zeitungen richtig gewesen war, erwies sich hier geradezu als besonders falsch und nachteilig. Bei der Zeitung war es klar gewesen, daß man womöglich alle auch nur erreichbaren Verkaufsstellen und Kioske mit allen Blättern des Hauses in genügend großer Zahl belieferte. Was nicht verkauft wurde, kam zurück. Gewöhnlich nicht einmal die ganze Zeitung, sondern – um Porto zu sparen – nur der abgeschnittene Zeitungstitel; der Rest ging direkt in die Makulatur. Daß diese Art von Vertriebssystem für den Buchverkauf nicht anzuwenden war, ergab sich schon aus der Kostenrelation: Die reinen Herstellungskosten eines gebundenen Buches (Hardcover) von ungefähr 320 Seiten einschließlich Satz, Papier, Druck, Bindung, Schutzumschlag und Verpackung sind unter Annahme einer Druckauflage von 10000 Exemplaren etwa zwanzigmal so hoch wie die entsprechenden Produktionskosten einer Tageszeitung.

Abgesehen davon, daß schon aus Kostengründen eine zeitungsähnliche Vertriebsform ausschied, konnte auch aufgrund der im deutschen Verlagsbuchhandel üblichen und seit Jahrzehnten eingeführten Usancen der uns von der Zeitung her bekannte Kommissionsverkauf beim Buch nicht in Frage kommen. Das Buch wird von den Verlagsvertretern auf der Reise, also gewöhnlich Monate bevor es erscheint, dem Buchhändler angeboten und an diesen fest verkauft. Nur in seltenen Sonderfällen kommt das sogenannte Remissionsrecht zur Anwendung, was so viel bedeutet, daß der Buchhändler unter ganz bestimmten, gesondert zu vereinbarenden Umständen ein Buch wieder an den Verlag zurückgeben kann. Wir mußten also auch hier ganz gehörig umlernen.

Das Klassenziel der ersten Jahre mußte es sein, einerseits die Buchhändler von der Qualität und der Verkäuflichkeit unserer Produktion zu überzeugen und sie durch gute und attraktive Konditionen zum entsprechenden Einkauf zu animieren, andererseits aber eben diese Konditionen in jenen Grenzen zu halten, die für unsere Kalkulation noch vertretbar waren. Hier den richtigen Mittelweg zu finden war von vornherein nicht leicht, und das Problem nahm noch an Brisanz zu, als wir anfingen, in größerem Umfang sogenannte Bestseller zu produzieren, die wir nolens volens in hohen Auflagen in den Handel bringen mußten, was wiederum nur dann möglich erschien, wenn der Buchhändler durch entsprechend attraktive Konditionen veranlaßt werden konnte, bei diesem Spiel mitzumachen.

Nun war es mir natürlich von Anfang an klar, daß das deutsche Sortiment nicht ausgerechnet auf den Molden-Verlag gewartet hatte. Es war eher das Gegenteil zu befürchten. Die deutsche Verlags- und Buchhandelslandschaft befand sich Mitte der sechziger Jahre zwar nicht gerade in einer Krise, aber die erste Wirtschaftswunderdekade nach der Währungsreform war zu Ende gegangen, der große Nachholbedarf sowohl des deutschen Bildungsbürgertums als auch einer heranwachsenden Generation war gedeckt. Die Branche machte zwar nicht in Weltuntergangsstimmung, aber sie war auch weit davon entfernt, himmelhoch zu jauchzen. Den neu auftauchenden Verlag aus Wien betrachtete der deutsche Buchhandel daher mit ebenso skeptischem wie distanziertem Interesse; wobei man den Sortimentern lassen muß, daß sie durchaus bereit waren, sich eines Besseren belehren zu lassen.

Natürlich war die Situation in Österreich eine völlig andere. Das österreichische Sortiment freute sich vom ersten Tag an, daß da plötzlich ein bekannter lokaler Name aufgetaucht war, der einen Verlag gründete, der noch dazu die Pflege von Austriaca als eines seiner wesentlichen Anliegen ankündigte. Niemand konnte aber eine solche regional bedingte Sympathie auch von den Sortimentern in der Bundesrepublik oder der Schweiz erwarten. Wir mußten uns daher auf dem Sektor Public Relations schon noch einiges einfallen lassen, um den Vorsprung der eingeführten Konkurrenz – nicht nur aufgrund jahrzehntelanger Zusammenarbeit und Erfahrung, sondern auch wegen des gemeinsamen »Stallgeruchs« – einzuholen. Und hier zeigte sich schon wieder die Erkenntnis, daß wir nur mit spektakulären Büchern und mit überzeugenden Autoren, das heißt mit dem Stoff, aus dem die Bestseller gemacht werden, in kurzer Zeit versuchen konnten, den Beweis anzutreten, daß wir ebensogut, wenn nicht besser als die alteingesessenen Kollegen Bücher machen und verkaufen konnten.

Nun, das Jahr 1965 hatte uns – eigentlich mehr durch Zufall – mit den »Grünen Teufeln« den ersten Bestseller gebracht. 1966 wollten wir es mit drei Büchern schaffen. (Bekanntlich soll man ja das Unmögliche wollen, um das Mögliche zu erreichen.) Otto Basils »Wenn das der Führer wüßte« drang freilich nur fast bis zur Spitze vor; ähnlich erging es dem ausgezeichneten Vietnambuch »Victor Charlie« von Kuno Knöbl. Beide Bücher waren gut und lesbar, aber beide kamen zu früh oder zu spät, wie man will: Die erste große Woge der Hitler-Literatur war schon vorbei, und die zweite, die erst mit Gerd Heidemanns Hitler-Tagebüchern ein so abruptes Ende finden sollte, war noch nicht angebrochen. Dasselbe galt für das Thema Vietnam. Die Zeit, in der Indochina der Schauplatz exotischer Abenteuerstorys sein konnte, ging gerade zu Ende, und die düstere Aktualität der Toten im Reisfeld hatte – zumindest für das breite, lesende Publikum – noch nicht begonnen. Doch von beiden Büchern verkauften wir je etwa 20000 Exemplare; beide machten sich bezahlt; und bei beiden hatten wir etliches dazugelernt.

Immerhin erreichten wir unser erklärtes Ziel mit dem dritten Buch, das eigentlich nur als Resultat der Begeisterung des Autors wie auch des Verlegers für ein Thema entstanden war: Ernst Trosts »Das blieb vom Doppeladler« war ein echtes Austriacum und schilderte die Welt des alten Österreich und was von ihr in der Mitte der sechziger Jahre noch übrig war. In Österreich und weit darüber hinaus wurde es sofort zu einem durchschlagenden Erfolg, blieb jahrelang ein wichtiger Backlisttitel und ist heute noch in Lizenzausgaben erhältlich. Das Geheimnis dieses Erfolgs war ganz einfach: Ein für das Thema geradezu maßgeschneiderter Autor schrieb ein Buch, auf das offensichtlich Zehntausende längst gewartet hatten.

Der richtige Durchbruch allerdings gelang uns erst im dritten Jahr.

205 000 Dollar für Stalins Tochter

Nachdem wir um 12 Uhr pünktlich unsere versiegelte Offerte abgegeben hatten, war Rhoda Weyr noch immer sehr aufgeregt und nippte nervös an ihrem Orangensaft: »Fritz, wenn du jetzt vielleicht zu viel geboten hast und du kriegst schließlich das Buch, und nachher stellt sich heraus, du hättest es auch um fünfzigtausend Dollar billiger bekommen können, wirst du dich dann sehr ärgern?« »Quatsch«, meinte Bill Jovanovich zu Rhoda, »wenn man eine Summe geboten hat, noch dazu für eine gute Sache, dann hat es keinen Sinn zurückzuschauen, dann muß man eben weitermachen.«

Wir saßen im piekfeinen New Yorker Restaurant »Brussels«, ein paar Meter östlich der Park Avenue an der 52. Straße. Es war Anfang Mai 1967. Rhoda Weyr hatte eben mein Angebot für die deutschen Rechte an den Memoiren der Stalin-Tochter Swetlana Allilujewa im Büro des Agenten Perry Knowlton, der die Interessen Swetlanas auf dem Buchsektor wahrnahm, deponiert. Bill Jovanovich, der große Montenegriner aus Colorado, dessen Vater aus den schwarzen Bergen des Balkans nach Amerika ausgewandert war, um sich als Bergmann sein Brot zu verdienen, bestellte noch eine Runde Drinks. Bill Jovanovich war der Chef des Hauses Harcourt, Brace & World, eines der großen Verlagshäuser in New York. Rhoda war, ebenso wie ich, erst zwei oder drei Jahre vorher ins Verlagsgeschäft eingestiegen und befand sich nun im Mittelpunkt der Ereignisse, als das erste große Deal des gerade der

Gehschule entwachsenen Molden-Verlages durchgezogen werden sollte. Bill Jovanovich und Michael Bessie, damals Chef des Atheneum-Verlages in New York, hatten mir in den vergangenen Tagen geholfen und Ratschläge gegeben. Es war ja auch nicht so einfach, die Memoiren der Stalin-Tochter, von deren Inhalt zu diesem Zeitpunkt noch nicht eine Zeile bekannt war, in edlem Wettkampf mit der mächtigen Konkurrenz der eingeführten deutschen Verlage auf dem harten Boden des New Yorker Literaturgeschäftes an Land ziehen zu wollen.

Etliche Wochen vorher war Swetlana Allilujewa über Teheran in den Westen gegangen. Sie war wohl der spektakulärste Flüchtling, der die Sowjetunion seit Trotzkis Abgang verlassen hatte. Swetlana wurde zuerst in die Schweiz gebracht und dort, für Journalisten und Verleger unerreichbar, bei Freunden versteckt. Ich war gerade von der Hochzeitsreise mit meiner frischgebackenen Frau Hannerl aus dem Fernen Osten nach Wien zurückgekehrt, als mich die Nachricht von Swetlanas Entschluß, ins Exil zu gehen, erreichte. Ich war wie elektrisiert: Gewohnt, als Journalist zu denken, kam mir schnell die Idee, hier müsse doch ein wichtiges Buch zu erwarten sein. Zufällig kannte ich den Schweizer Rechtsanwalt, der Swetlanas Angelegenheiten nach ihrem Eintreffen in der Eidgenossenschaft betreute. Von ihm erfuhr ich, daß die Meldung, Swetlana hätte ein Manuskript mitgebracht, auf Wahrheit beruhe und daß alle Angelegenheiten, die mit diesem Manuskript zu tun hätten, von einer New Yorker Anwaltsfirma namens Greenbaum, Wolff & Ernst wahrgenommen würden. Mehr konnte mir auch mein Schweizer Gewährsmann nicht sagen.

Ich wandte mich also an Rhoda Weyr, unseren Scout in New York. Rhoda hatte ein paar Jahre vorher in meinem damaligen Wiener Pressehaus für eine englische Zeitung, die wir im Zusammenhang mit dem »Weltjugendfestival 1959« herausbrachten, gearbeitet. Damals hatte ich sie kennengelernt und bald begriffen, daß es sich hier um eine sehr wache und ideenreiche Frau handelte. Sie heiratete dann Tom Weyr, einen Wiener Journalisten, und ging mit ihm nach Amerika. Als 1964 der Plan, einen Buchverlag zu gründen, von mir Besitz ergriff, fragte ich sie, ob sie für uns in New York »scouten« wollte. Rhoda sagte zu. Sie verstand vom Verlagsgeschäft und von Büchern nicht mehr als ich, aber dies schien mir kein Hindernis. Wir alle würden eben lernen müssen.

Nun, mit Swetlanas Ankunft im Westen schien sich mir und damit auch Rhoda die erste ganz große Chance zu bieten, uns auf dem internationalen Parkett zu bewähren. Ich rief Rhoda in New York an, was damals noch etwas komplizierter war als heute, erreichte sie endlich, hörte im Hintergrund ein Baby schreien und konnte mich nur mit Mühe verständlich machen. Ja, Rhoda würde sich sofort darum kümmern und mich auf dem laufenden halten. Das tat sie auch. Sie nahm ihr erst wenige Wochen altes Baby, das sie wie eine Wunderwaffe in einer Tragtasche mit sich trug, und ging in die ehrwürdigen Büros der Anwaltsfirma Greenbaum, Wolff & Ernst. Dort wollte man sie zuerst überhaupt nicht empfangen. Aber nachdem das Baby lang genug geschrien hatte, hörte man sie schließlich doch an – schon um sie wieder loszuwerden. Die New Yorker Anwälte wußten eigentlich noch gar nicht, was mit den Rechten an den Swetlana-Memoiren geschehen sollte. Sie hatten natürlich auch noch nichts davon gelesen. Sie wußten nur eines, nämlich, daß sie diese »hot property« so schnell wie möglich einem Profi, das heißt einem literarischen Agenten, zur Weiterbetreuung übergeben wollten. Schließlich erklärte man Rhoda, der Agent, den man sich gerade in dieser Stunde ausgesucht hatte, sei Perry Knowlton. Rhoda, neu im Geschäft, hatte keine Ahnung, wer das sei, aber man gab ihr die Adresse und Telefonnummer. Sie bedankte sich höflich, beruhigte das Baby und eilte weiter zur literarischen Agentur, in der Perry Knowlton tätig war.

Dort saß sie erst einmal im Vorzimmer herum, sprach kurz mit der einzigen Person, die sie bei dieser Agentur kannte, nämlich einem jungen Mädchen, das sich mit Auslandsrechten beschäftigte, und diese stellte fest, daß man auch dort noch keineswegs wisse, was mit Swetlanas Memoiren geschehen solle. Rhoda möge doch in ein paar Wochen wieder anrufen oder, besser noch, vorbeikommen. Das war nicht nach Rhodas Geschmack, und sie wußte auch, daß dieses Ergebnis mir in keiner Weise passen würde. Aber was sollte sie tun? Sie konnte ja Herrn Knowlton nicht zwingen, sie zu empfangen. So saß sie traurig und etwas hilflos weiter im Vorzimmer der Agentur.

Es war Mittag, und das Personal begann, sich zum Lunch zu begeben. Ein großer, eleganter Herr erschien, aus einem der Büros kommend, im Vorraum und wartete auf den Aufzug. Die Rezeptionistin rief ihm zu: »Mr. Knowlton, ich habe da noch eine Message für Sie.« Endlich hatte Rhoda ihre Beute gesichtet, und der Aufzug kam auch gerade. Knowlton betrat die Kabine, und natürlich hinter ihm Rhoda samt Baby. Leider war das Büro nur im sechsten Stock; also hatte Rhoda nicht viel Zeit. Sie stellte sich vor und erklärte, worum es ihr ging. Perry Knowlton sagte: »Aha, und was spricht eigentlich für diesen Molden und seinen unbekannten Verlag?« Rhoda, unter Zeitnot, sprudelte: »Er war nie ein Nazi, er macht einen neuen Verlag, er kommt aus dem Journalismus, und er hat bereits alle Werbeflächen auf der Frankfurter Buchmesse gemietet.« Knowlton grinste: »Was will er denn zahlen?« Rhoda meinte: »20000 Dollar?« »Das ist sicher zu wenig«, sagte Knowlton, »aber wenn Sie sich so interessieren, können wir dann schon noch einmal weiterreden. Rufen Sie mich an.« Rhoda und Baby hatten Perry Knowlton in der Zwischenzeit bereits durch die Halle des Gebäudes bis zum Taxi verfolgt. Knowlton stieg ein, und während er die Wagentür zuwarf, meinte er fröhlich: »O.k., lassen Sie mich hören, wie's weitergeht.«

Rhoda war einen großen Schritt weitergekommen. Sie raste nach Hause, gab dem armen Baby endlich etwas zu trinken und rief mich an. Wieder dauerte es Stunden, bis sie durchkam. In der Zwischenzeit telefonierte sie mit einigen New Yorker Freunden in der Verlagsszene. Auch bei den amerikanischen Verlagen war man dabei aufzuwachen. Die ganzen großen Namen wollten das Buch haben: Doubleday, Harcourt Brace, Atheneum, Random House, MacGraw-Hill und Harper & Row. Rhoda hörte auch, daß es deutsche Interessenten gäbe. Sanford Greenburger, der berühmte

Scout des Hauses Rowohlt, interessierte sich; ebenso die Leute von Hoffmann und Campe, von S. Fischer und, wie es hieß, auch von Droemer. Alle diese Informationen erzählte mir Rhoda, als sie mich endlich – nach unserer mitteleuropäischen Zeit um zwei Uhr nachts – zu Hause erreichte. Wir beschlossen, daß es besser wäre, wenn ich nach New York käme.

Zwei Tage später war ich drüben. In der Zwischenzeit hatte Rhoda noch einige Einzelheiten erfahren: Es bestünde keine Chance, Einsicht in das Manuskript zu nehmen und sich damit über den Inhalt des geplanten Buches zu informieren. Perry Knowlton würde innerhalb der nächsten Tage eine Auktion mit »sealed bids« – also mit versiegelten Offerten – durchführen. Der höchste Bieter würde das Buch bekommen, wobei nur ausgewählte Verlage an der Auktion teilnehmen könnten.

Erst mal ging es darum, überhaupt in die Auktion hineinzukommen. Der Molden-Verlag war erst knapp zwei Jahre alt. Die meisten Amerikaner hatten kaum je von uns gehört. Hier war es nun nützlich, daß ich ein paar amerikanische Verleger von früher kannte. Michael Bessie von Atheneum und Bill Jovanovich von Harcourt Brace & World. Beide hatten sich für die amerikanischen Rechte des Buches interessiert, und beide hatten sie sie nicht bekommen. Die Entscheidung war gerade vor meiner Ankunft in den USA für Harper & Row gefallen. Beiden machte es nun Spaß, ihrem jungen Wiener Freund ein wenig behilflich zu sein. Ein Kriegsrat jagte den anderen.

Wir erfuhren, daß bereits konkrete Offerten für die deutschsprachigen Buchrechte vorlagen, die weit über meine Vorstellungen – die ursprünglich bei 50000 Dollar gelegen hatten (und da hatte ich noch gehofft, es würden auch die deutschen Serien- und Zeitungsvorabdrucksrechte dabei sein) – hinausgingen. Ich mußte mich also entschließen, mehr zu bieten. Und ich mußte zur Kenntnis nehmen, daß, wie mir Perry Knowlton mitteilte, die Vorabdrucksrechte gesondert vergeben werden würden. Das heißt, was immer wir jetzt als Garantie zahlen würden, wäre nur durch das Buch selbst und durch die Weitergabe der Taschenbuchrechte und Buchklublizenzen einzuspielen. Ich entschloß mich, auf 100 000 Dollar zu gehen.

Aber zuerst telefonierte ich noch mit Wien. Die Freunde im Wiener Büro waren leicht geschockt. Das ist ja wahnsinnig viel Geld, das sind über 400 000 Mark, fast drei Millionen Schilling, wie sollen wir das je einspielen? Mir war inzwischen auch klargeworden, daß wir auf 100 000 Dollar nicht mehr stehenbleiben würden – die Auktion würde noch wesentlich höher gehen. Meine innere Grenze, die ich mir gesetzt hatte, lag bei 200 000 Dollar, also 820 000 Mark, das waren damals circa 5,6 Millionen Schilling. Trotz des damals so gutgehenden Pressehauses in Wien war das viel Geld, vor allem weil man mir gesagt hatte, daß die Garantie sofort gezahlt werden müsse. Fünf bis sechs Millionen Schilling waren aber sicher nicht in der Kasse.

Da fiel mir ein, daß ich ein paar Tage vorher bei einer Cocktailparty in Wien einen Freund, den jungen Bankdirektor Niko Schmidt-Chiari, getroffen hatte. Ich hatte ihm so nebenbei erzählt, daß ich hinter dem Swetlana-Buch her wäre, aber noch gar nicht wisse, ob wir es überhaupt bekommen könnten. Niko Schmidt-Chiari meinte damals: »No ja, wenn du Geld dafür brauchst, so könnten wir dir ja einen Kredit geben.« Ich fragte ihn: »Auf was?« Er meinte: »Ja sicher, das ist natürlich hier etwas Neues, wir sind das nicht gewohnt, aber an sich seid's ihr ja gut, und du verpfändest uns ganz einfach die Buchrechte. Wir geben dir den Kredit.« Ich sagte: »Bis zu welcher Höhe?« Er meinte, er wisse auch nicht, was ich brauchen würde. Was könnte denn das sein? Instinktiv sagte ich damals, daß es bis zu sechs Millionen Schilling sein könnte. »Gut«, sagte Niko, »wenn's soweit ist, laß es mich wissen. Ich werde dann schauen, was ich für dich tun kann.«

Ich rief in der Creditanstalt an, sprach mit Niko, und er sagte: »Ja, das ist o.k. Wenn notwendig, kannst du darüber verfügen – auf ein Jahr.« Ich bedankte mich und war damit wohl gerüstet, um in die Endphase des Kampfes einzusteigen. In der Zwischenzeit hatte mich natürlich das Fieber gepackt. Es war das erste Mal, daß ich bei einer großen Auktion mitmachen konnte. Aber außer mir selbst nahm mich hier leider keiner ernst. Oder vielleicht war es damals ein Glück. Die Scouts der großen deutschen Verlage lächelten gutmütig, wenn sie von Rhoda oder von mir hörten und erfuhren, daß wir auch in New York seien und versuchten, Swetlana an Land zu ziehen. Ausgerechnet auf den Molden werden sie in New York gewartet haben – so meinte man damals in der deutschen Branche.

Noch einmal ging ich zu Perry Knowlton. Und noch einmal besuchte ich die amerikanischen Rechtsanwälte von Swetlana. Ich erklärte ihnen mein Konzept, insbesondere daß es notwendig sei, so schnell wie möglich auf den Markt zu kommen. Daß wir unbedingt mit dem »Spiegel«, der voraussichtlich die deutschsprachigen Vorabdrucksrechte erhalten würde, eine enge Zusammenarbeit durchführen müßten, um zu vermeiden, daß irgendwelche Passagen der bis dahin streng geheimgehaltenen Memoiren vorher von anderen Zeitungen oder Zeitschriften an die Öffentlichkeit gebracht würden. Angeblich habe der »Stern« bereits von sowjetischer Seite eine »bereinigte« Version des Swetlana-Buches zugespielt erhalten, so erzählte man sich in Hamburg. Das sei ausgeschlossen, meinten die Rechtsanwälte, das einzig vorhandene Exemplar liege in ihrem Safe. Niemand könne an den Inhalt der Memoiren heran außer denjenigen, die die Rechte erwürben. Ich dachte mir, die kennen die deutsche Magazinbranche nicht; dort wird mit anderen Methoden gearbeitet. Auf jeden Fall gelang es mir, sie davon zu überzeugen, daß wir – obwohl klein, neu und unbekannt – ernsthafte Interessenten seien.

Sie erkundigten sich auch über mich und erfuhren, daß ich in der Zeitungsbranche in New York von meiner »Presse«-Zeit her einigen Leuten bekannt war und daß man glaubte, mit mir könne man arbeiten. Einer der Anwälte hatte im Krieg bei der OSS (Office of Strategic Services, im Zweiten Weltkrieg etwa mit der deutschen »Abwehr« zu vergleichen) gedient und bekam heraus, daß ich Träger der »Medal of Freedom« sei. Das half damals wohl auch. Und natürlich die in Frankfurt gemieteten Werbeflächen, die Rhoda frühzeitig ins Gespräch gebracht hatte. Keiner der Herren war je in Frankfurt gewesen, aber aus irgendwelchen Gründen schienen ihnen die »Banners« über die Frankfurter Straßen sehr eindrucksvoll.

Schließlich war es soweit: Perry Knowlton teilte uns mit, bis nächsten Mittag um zwölf müßten die versiegelten Offerten bei ihm im Büro liegen; nachmittags werde dann die Entscheidung fallen. Ich hatte erfahren, daß Rowohlt noch ganz stark im Rennen sei. Ich rief den Rowohlt-Vertreter in New York, Greenburger, an und besuchte ihn in seinem Büro. Ich schlug ihm vor, daß Rowohlt und Molden gemeinsam ein Angebot machen sollten. Greenburger war von der Idee angetan und telefonierte mit Ledig-Rowohlt. Dieser winkte ab. Begreiflicherweise. Warum sollte er sich mit irgendeinem unbekannten Verlag zusammentun? Rowohlt allein war gut genug.

Wir rechneten uns auch aus, daß die Agenten die berechtigte Hoffnung hatten, die deutschsprachigen Rechte bis auf 200 000 Dollar hinaufzujubeln. Irgendwie schien mir diese Ziffer ungefähr das Höchste zu sein, was man bieten könne. Dann schrieben wir bei Rhoda das Offert. Als sie den Betrag tippen wollte, sagte ich: »Nein, schreib nicht 200 000, schreib 205 000 Dollar; vielleicht bietet einer 200, und dann sind wir grad ein bißchen drüber.« Das war dann schließlich auch die endgültige Ziffer: 205 000 Dollar oder 820 000 Mark.

Und so saßen wir jetzt im »Brussels« und konnten nichts tun als warten. Bill Jovanovich erzählte Geschichten, teils aus dem New Yorker Verlagsgeschäft, teils aus Montenegro. Er sprach über seinen Freund Milovan Djilas, der in Jugoslawien gerade aus dem Gefängnis herausgekommen war, und meinte, daß dieser doch wohl ein Autor für uns sein müsse. Djilas interessierte mich, und trotz meiner Aufregung machte ich mir eine Notiz. Nach einem opulenten Essen, das Bill uns gegeben hatte – »Nachdem ich die Swetlana nicht bekommen habe, kann ich euch jetzt wenigstens ein anständiges Essen bieten« –, ging ich noch hinauf zum Atheneum-Verlag und sprach mit Michael Bessie. Es war ja an sich nichts mehr zu machen, außer die Zeit totzuschlagen. Auch Michael meinte, wir hätten das Bestmögliche getan, und ich solle mich nicht ärgern, wenn ich das Buch nicht bekäme. Man müsse ja verstehen, daß Namen wie Rowohlt oder Droemer oder Fischer in der New Yorker Verlagsszene einen anderen Klang hätten als Molden. Dann klopfte er mir auf die Schulter und sagte: »Fritz, blick nicht zurück im Zorn, du wirst noch viele gute Bücher kriegen.«

Ich wanderte zurück ins Hotel Carlyle, setzte mich hin und las irgendein Manuskript, das man uns angeboten hatte – um 5000 Dollar –, aber ich konnte mich nicht konzentrieren. Um fünf Uhr kam Rhoda. Wir saßen herum und hatten eigentlich keine Themen mehr. Um halb sechs Uhr klingelte das Telefon, Perry Knowlton war am Apparat. Ich wollte mir eigentlich die Ohren zuhalten, um nicht sein liebevoll-mitleidiges »sorry, I'm afraid, not this time« hören zu müssen. Aber schon das erste Wort von ihm klang anders. »Hi, Fritz, you've got it.« Ich konnte es nicht fassen: Das war der erste große Sieg. Wir hatten die Swetlana!

Rhoda erzählte mir später, von diesem Tag an war Molden in Amerika eingeführt. Es gab keine wichtigen Bücher mehr, bei denen wir nicht wenigstens die Chance bekamen, mitzubieten. Und auch in Deutschland war es der große Wendepunkt. Die Buchhändler begannen, unsere Vertreter ernst zu nehmen und die Molden-Programme sorgfältig durchzulesen. Der Durchbruch war gelungen. Von diesem Moment an schien mir buchstäblich alles möglich.

Ich verständigte den Wiener Verlag, erreichte Willi Fux, den Verlagsdirektor. Er jubelte. Ebenso Hansi Eidlitz, der Cheflektor. Und am nächsten Tag stand der Name Molden im Zusammenhang mit Büchern zum erstenmal in den meisten deutschen Tageszeitungen.

Ich flog nach Wien zurück, und diesmal buchte ich Erste Klasse: Jungverleger mit Stil! Als ich hoch oben im Flugzeug, weit über den Wolken irgendwo über Neufundland, durch die kleine Luke hinausblickte, schienen mir die Sterne zum Greifen nahe. Einen hatte ich schon in der Hand: Swetlana. Und doch waren es erst zwei Jahre, seit wir die ersten Bücher gedruckt, und noch nicht einmal drei Jahre, seit ich beschlossen hatte, den Buchverlag zu starten.

Schnellschüsse im Nahen Osten

Das Flugzeug der Austrian Airlines war vom Roten Kreuz gechartert worden, um Blutkonserven und Medikamente von Wien nach Tel Aviv zu bringen. Ich war der einzige Passagier. Wir schrieben Mittwoch, den 7. Juni 1967. Die Maschine hatte in der Abenddämmerung bereits weit draußen über dem Mittelmeer ihre Flughöhe verlassen und befand sich nun im Anflug auf den Flughafen Lod. Der Pilot hatte mich freundlicherweise eingeladen, im Cockpit Platz zu nehmen. Wir befanden uns noch in etwa 3 000 Meter Höhe, und ich konnte wie auf einer Landkarte den zentralen Teil Israels vor mir erkennen. Geradeaus – genau östlich – sah man Feuerschein aus den Bergen von Judäa. Das mußte Jerusalem sein, wo heftig gekämpft wurde. Oben im Nordosten entdeckte ich Mündungsfeuer schwerer Artillerie: die Golanhöhen und dahinter Syrien. Vom Hauptkriegsschauplatz, der Sinaifront im Südwesten, bekamen wir nichts zu sehen. Es war dunstig, und die Front war wohl auch schon zu weit entfernt. Gaza und El Arish an der Mittelmeerküste der Halbinsel Sinai waren ja längst von den israelischen Panzerverbänden erobert worden, und der Krieg hatte sich zu den Pässen des Sinaigebirges und in Richtung Suezkanal verlagert. Mittwoch, der 7. Juni, war bereits der dritte Tag jenes Krieges zwischen Israel und den von Nassers Ägypten geführten arabischen Staaten.

Ich war von Wien nach Israel unterwegs, um meinen am ersten Kriegstag vor Gaza durch eine Minenexplosion verwundeten Autor und Freund Ernst Trost in einem israelischen Lazarett aufzusuchen und ihn von meiner Buchidee »David und Goliath« zu überzeugen. Trost war von seiner Zeitung, der »Kronenzeitung« in Wien, schon vor einiger Zeit zur Berichterstattung über den sich zuspitzenden Konflikt nach Israel geschickt worden. Vor seiner Abreise hatten wir über die Möglichkeit eines Buches über die Lage im Nahen Osten gesprochen. Nun war der Krieg ausgebrochen – und Ernst Trost lag im Krankenhaus. Er war mit der israelischen Armee als Kriegsberichterstatter losgezogen und wenige Stunden später verwundet worden. Trotzdem schien er mir der beste Mann für ein Buch über diesen entscheidenden Krieg zu sein. Trost hatte in den maßgeblichen Wochen vor Ausbruch des Krieges die Situation an Ort und Stelle recherchiert. Er war überdies als außenpolitischer Redakteur einer großen Tageszeitung auch mit der Gesamtsituation vertraut, und – was fast noch wichtiger war – er konnte hervorragend und schnell schreiben. Wie es sich eben für einen erstklassigen Journalisten gehört.

In welchem Zustand aber würde ich Ernst Trost vorfinden? Würde sein Gesundheitszustand, würden seine Ärzte es ihm gestatten, sofort an die Arbeit zu gehen? Alle diese Fragen konnte mir in Wien niemand beantworten. Ebensowenig war ich in der Lage, von dort aus telefonisch zu Trost durchzukommen. Und schließlich – wenn Trost ausfallen sollte, würde ich einen geeigneten Ersatzmann am ehesten an Ort und Stelle unter den vielen in Israel versammelten Journalisten finden. Also auf nach Israel!

Zunächst schien die Sache recht hoffnungslos. Der gesamte zivile Luftverkehr in das Kriegsgebiet war eingestellt. So versuchte ich es über die Vereinten Nationen, die mir im Sinaikrieg anno 1956, als ich noch selber als Journalist für meine Zeitung schrieb, schon einmal geholfen hatten; damals wurde ich mit einem UN-Hubschrauber von Ismailia auf der ägyptischen Seite des Suezkanals nach dem israelisch besetzten Sinai geflogen. Derartiges konnte aber diesmal nicht klappen, denn die UN hatten ja schon vor Wochen auf Antrag Nassers ihre Friedenstruppe aus dem Konfliktraum und vor allem aus dem Sinai abgezogen und so erst den

Ägyptern die Möglichkeit gegeben, ihren Aufmarsch zu planen und durchzuführen. Als ich meine Reisepläne schon fast aufgeben wollte, erfuhr ich von der Aktion des Roten Kreuzes. Mit etwas Protektion gelang es mir, in dem Flugzeug als zwar nicht gerade blinder, aber doch eher inoffizieller Passagier mitzukommen.

Am Flughafen Lod, der völlig verdunkelt, aber sonst in Hochbetrieb war, holte mich Fritz Höss, damals Botschaftssekretär an der österreichischen Botschaft in Tel Aviv, ab und berichtete mir über die neueste Kriegslage. Vor allem aber kam er gerade von Ernst Trost, dem es offensichtlich bereits besser ging. Höss brachte mich rührend in seinem Haus unter und fuhr mich am nächsten Morgen zu dem Krankenhaus in der Nähe von Tel Aviv, in dem Ernst Trost lag. Er war von einer Mine, die neben seinem Auto an der Einfahrt in das hartumkämpfte Gaza explodiert war, am Bein verletzt worden. Dabei hatte er noch Glück gehabt, denn ein Kollege und zwei israelische Soldaten waren bei der Explosion ums Leben gekommen.

Von meiner Idee, ein Buch über die Hintergründe und den Ablauf des gerade im Gange befindlichen Krieges zu publizieren, hielt Ernst Trost eine ganze Menge. Nur selbst wollte er es nicht schreiben: Er sei eben erst verwundet worden, könne sich nicht vom Bett wegbewegen, um die notwendigen Recherchen durchzuführen, und könne auch nicht im Spital tippen. Außerdem würde es ihm sein behandelnder Arzt wohl gar nicht erlauben. Hier hakte ich ein, wir sollten doch erst mal mit dem Doktor sprechen. Dieser erschien dann auch bald zur Morgenvisite, und ich unterbreitete ihm unser Anliegen. Er war sofort von der Idee begeistert und erklärte sich bereit, Trost ein eigenes Zimmer zur Verfügung zu stellen, um ihm die Arbeit in Ruhe zu ermöglichen. Ernst Trost war zwar schon halb überzeugt, hatte aber immer noch einige Bedenken.

Ich begann fieberhaft zu organisieren. Mit Hilfe von Fritz Höss und einigen Offizieren der Presseabteilung der israelischen Armee gelang es, Trost vom Krankenbett aus Zugang zu allen wichtigen Unterlagen des Kriegsverlaufs zu verschaffen. Noch war der Krieg nicht vorbei. Trost benötigte Augenzeugenberichte vom Suezkanal, aus Sharm El Sheik an der Südspitze der Halbinsel Sinai, das gerade von israelischen Fallschirmspringern erobert werden sollte, und aus der eben besetzten Altstadt von Jerusalem. Also machte ich mich auf den Weg. Die Israelis nahmen mich mit einer Transportmaschine zum Suezkanal mit, wo ich feststellen konnte, daß bereits ägyptische Kriegsgefangene in Kähnen über den Kanal in ihre Heimat zurückgebracht wurden. Ansonsten war von der ägyptischen Armee weder in El Kantara noch in Ismailia viel zu bemerken – außer Hunderten von verlassenen Panzern und Lastwagen.

Dann brachte mich eine andere israelische Aufklärungsmaschine weiter nach Sharm El Sheik. Aus wenigen hundert Metern Flughöhe konnte ich Karawanen flüchtender ägyptischer Soldaten durch die Wüste wandern sehen. Es waren Einheiten, die am Golf von Akaba gelegen hatten und die nun versuchten, durch die Wüstenberge die Heimat zu erreichen. Sie wußten offensichtlich noch nicht, daß die israelische Armee schon längst den Suezkanal erreicht und jeden Fluchtweg abgeschnitten hatte. In Sharm El Sheik hingegen hatte es kaum Kämpfe gegeben. Nachdem sich die ägyptischen Truppen bei Nacht und Nebel abgesetzt hatten, konnten Einheiten der israelischen Marine von Eilat aus mit Schnellbooten diesen wichtigen Stützpunkt am Roten Meer kampflos besetzen. Und die israelischen Fallschirmjäger, deren Kommandant Oberst Levy mir am nächsten Tag dort die Lage erklärte, waren bitter enttäuscht, als sie bei Sharm El Sheik absprangen, um von jubelnden israelischen Matrosen begrüßt zu werden.

Am nächsten Tag war ich zwecks Lokalaugenscheins in Jerusalem. Ich stellte fest, daß es in diesem Krieg sehr schwer war, als Aushilfsberichterstatter tätig zu sein. Denn überall, wo ich hinkam, war der Krieg gerade schon vorbei. So war es zuerst am Mitlapaß, dann am Suezkanal, in Sharm El Sheik und jetzt auch hier in Jerusalem. Dafür konnte ich nach genau zwanzig Jahren wieder durch eine nicht geteilte Stadt spazieren. Das letzte Mal war mir dies im Sommer 1947 gelungen, als ich als junger Berichterstatter für die »Presse« da war. Damals hieß das Land noch Palästina und war britisches Mandatsgebiet. Später, nach der Gründung des Staates Israel im Mai 1948, wurde die Stadt geteilt (ähnlich Berlin und doch nicht vergleichbar). Es gab nur einen offiziellen Übergang, das sogenannte Mandelbaumtor, das man aber nur als Ausländer mit Sondergenehmigung passieren durfte. Israelis konnten nicht in die Altstadt und Jordanier nicht in die Neustadt. Nun war die Stadt wiedervereint, zur Freude der Juden. Was sich die Araber dachten, konnte ich nicht feststellen, aber sicher hatten sie sich die Wiedervereinigung anders vorgestellt. Völlig verblüfft und von den Ereignissen überwältigt, standen sie schweigend in kleinen Gruppen in den Gassen der Altstadt und des Basars und beobachteten in ohnmächtigem Zorn die israelischen Soldaten, die zu ihrem wiedereroberten Heiligtum, der Klagemauer, pilgerten.

Ich besuchte einen alten Freund, den israelischen Bürgermeister von Jerusalem, Teddy Kollek, einen geborenen Wiener, der mich sofort zu einer Stadtrundfahrt mitnahm. In Anbetracht der Tatsache, daß eben drei Tage lang schwere Kämpfe mitten in Jerusalem gewütet hatten, waren eigentlich relativ wenig Zerstörungen zu sehen. Kollek, begreiflicherweise voll Freude und Tatendurst, erklärte mir, wie er sich den Ausbau der wiedervereinigten Stadt vorstelle. Er träumte von einem harmonischen Zusammenleben von Juden, Moslems und Christen in einem großen, modernen Jerusalem. Ich bin dann in den folgenden Jahren oft noch in Jerusalem gewesen, um an der dortigen Buchmesse teilzunehmen, und habe Teddy Kollek immer wieder gesehen. Es ist ihm gelungen, einen großen Teil seiner Pläne in die Tat umzusetzen. Nur das harmonische Zusammenleben der Juden mit den Arabern scheint nicht möglich geworden zu sein, was sicher nicht Teddy Kolleks Schuld ist: denn er hat wie wenige andere – zum Beispiel auch Moshe Dayan – immer wieder den Dialog mit den Arabern gesucht.

Zurück nach Tel Aviv. Dort hatte Ernst Trost sich längst mit seinem Schicksal abgefunden und war schon mitten in der Arbeit an »David und Goliath«. Ich übergab ihm das Resultat meiner Recherchen, und wir beschlossen, daß ich gar nicht mehr zur »Vierten Front« auf den Golan fahren würde, da auch dort der Krieg in der Zwischenzeit schon beendet war. Ich flog nach Wien zurück, um die Produktion des Buches vorzubereiten. Trost blieb in Israel, schrieb sein Buch zu Ende und brachte am 14. Juli den letzten Teil des Manuskripts nach Wien mit. Während wir dann diesen »Schnellschuß« in Rekordzeit produzierten, mußte Ernst Trost noch einmal in Wien in die Klinik, da sein verwundetes Bein wieder operiert werden mußte.

So lieferte ich ihm das erste Exemplar seines Buches Mitte August im Spital ab. Dort sah es die diensthabende Ärztin auf seinem Nachttischchen liegen und borgte es sich aus. Am nächsten Morgen erklärte sie Trost, sie habe seinetwegen die ganze Nacht kein Auge zugemacht und das Buch in einem Ruck ausgelesen. Dieses Urteil der ersten Leserin erwies sich als gutes Omen: Das Buch wurde überall hymnisch besprochen und war bald auf der Bestsellerliste – das erste Sachbuch, das wir auf die »Spiegelliste« brachten. Aber für mich war der größte Triumph die Tatsache, daß ein von einem Journalisten geschriebenes und von uns mit zeitungsähnlichen Methoden als Schnellschuß produziertes Buch seriös sein und gleichzeitig auch erfolgreich ankommen konnte. »Ein sorgfältig und verantwortungsbewußt geschriebenes Buch«, rezensierte die »Neue Zürcher Zeitung«. »Das Buch ist zeitgeschichtliche Pflichtlektüre«, meinte »Die Presse«. Und »Die Zeit« schrieb: »Ernst Trosts Buch ist ungemein spannend und flüssig geschrieben.«

Ernst Trost hat im Laufe der Jahre insgesamt elf Bücher für den Molden-Verlag geschrieben, ein zwölftes hatte er in Arbeit, als uns der Konkurs ereilte. Für mich war und ist Trost geradezu der Musterautor, den man sich als Verleger erträumen kann. Voll von Ideen, wendig, aber immer seriös und exakt, genau in der Recherche und mit einem unglaublich starken Gefühl für die Sprache. Darüber hinaus war er immer pünktlich, was ja sonst nicht gerade die Stärke der Autoren ist, und von einer großartigen Loyalität seinem Verlag gegenüber. Es gibt nicht viele Gründe, die es – von allen rechtlichen und materiellen Fragezeichen abgesehen – für mich persönlich wünschenswert erscheinen lassen könnten, noch einmal als Verleger tätig zu werden. Einer davon aber wäre zweifellos, mit Menschen wie Ernst Trost zusammenarbeiten zu können.

Mit »David und Goliath« begann der Molden-Verlag eine ganze Reihe von Nah-Ost-Büchern, von denen in Anbetracht der rasch wechselnden Ereignisse in diesem heißen Winkel der Weltpolitik nicht wenige als Schnellschüsse publiziert wurden. Das östliche Mittelmeer, Kleinasien, die arabische Welt, Israel und Nordafrika mit seiner Vormacht Ägypten, das gleichzeitig in den Nasser-Jahren auch als Vormund der arabischen Nationen zu wirken bemüht war – dieses in vielem so verschiedene Konglomerat von Völkern, Staaten und Kulturen hatte mich schon immer fasziniert. Bereits 1947 war ich erstmals in Palästina und auf Zypern unterwegs gewesen. Dann waren journalistische Reisen nach dem Libanon, Syrien und dem Irak gefolgt, später auch in die damals noch von den Briten kontrollierten Scheichtümer am Persischen Golf.

In Ägypten lernte ich 1952 Naguib und Nasser kennen und traf auch den jungen Anwar El Sadat zum erstenmal. Er pries mir den Sudan in den höchsten Tönen als ein Land, von dem er – wenn es 1954 in die Unabhängigkeit entlassen werden würde – wichtige Impulse für die Entwicklung Afrikas erwartete. Also fuhr ich weiter in den Sudan und, den Spuren früherer Entdecker folgend, mitten durch eine heute gar nicht mehr vorstellbare koloniale »heile Welt« der schnurrbärtigen britischen District Commissioners, der breitbordigen, altmodischen Nildampfer und schließlich der nicht endenwollenden, durch das Steppengras stapfenden Trägerkarawanen, bis hinauf nach Uganda und dem Viktoriasee. Kurz darauf war ich während der Zypernkrise wieder in der Levante; dann 1956, eben erst dem Drama von Budapest entronnen, erneut zum Suezkrieg in Ägypten und Israel, Jordanien, Saudi-Arabien, Kuweit; in wochenlangen Kamelritten ging es zurück zu einem Grenzfort der Arabischen Legion nahe dem Dreiländereck Irak,

Saudi-Arabien und Jordanien. Und dazwischen, wann immer möglich und einplanbar, ein Halt in der für mich eindrucksvollsten aller Städte dieser Welt: Jerusalem, der heiligen Stadt der drei großen monotheistischen Religionen, der Stadt, in der uns eine dreitausendjährige Geschichte heute noch brennend heiß umgibt.

Diese meine Faszination für den Nahen Osten ließ mich nicht mehr los, und sie fand daher auch ihren deutlichen Niederschlag in der politischen und zeitgeschichtlichen Produktion meines Verlages. Louis Barcata, einer der ganz Großen unter den journalistischen Globetrottern dieser Epoche, reiste nach dem Sechstagekrieg durch die arabische Welt und schrieb auf meine Bitte 1968 »Arabien nach der Stunde Null«; ein Jahr später publizierten wir das Buch des ebenso zierlichen wie intelligenten und mutigen Königs der Jordanier, Hussein, »Mein Krieg mit Israel«.

Dann lernte ich Amos Elon kennen. 1926 in Wien geboren, war er als Kind nach Palästina gekommen, hatte die Geburt des Staates Israel erlebt, war Journalist und kritischer Liebhaber seines jungen Staates geworden. In seinem Buch »Die Israelis, Gründer und Söhne« wurden zum erstenmal von israelischer Seite die Errungenschaften, aber auch die Schattenseiten des neuen Staates und seiner jüdischen Bewohner in großer Ehrlichkeit dargestellt. Amos Elon hat dann 1975 die definitive Theodor-Herzl-Biographie »Morgen in Jerusalem« verfaßt, die ich mit um so größerer Freude veröffentlichte, als Herzl ja, bevor er sich dem Zionismus und dem »Judenstaat« zuwandte, Redakteur jener »Neuen Freien Presse« in Wien war, bei der mein Vater später jahrzehntelang als Redakteur, Chefredakteur und Herausgeber tätig sein sollte und deren Nachfolgeblatt, »Die Presse«, ich bis 1962 herausgab.

Gleichsam als Gegenstück zu Amos Elon kam 1972 noch eine andere wichtige Stimme aus dem Nahen Osten bei uns zu Wort: Mohammed Heikal, Herausgeber der führenden ägyptischen Tageszeitung »Al Ahram« und später Nassers Informationsminister, zeichnete ein faszinierendes Bild vom Leben und Ende des ägyptischen Volksführers Gamal Abdel Nasser.

Viel besser als Nasser kannte ich seinen großen Gegenspieler, General Moshe Dayan. Ich hatte ihn in den fünfziger Jahren in Tel Aviv kennengelernt und war sofort von der starken Persönlichkeit dieses sensiblen und stillen Mannes, dessen Temperament eigentlich nur dann ganz nach außen drang, wenn er von seinen geliebten archäologischen Forschungen sprach, in den Bann gezogen. Im Laufe der Jahre verband uns eine enge Freundschaft, die dank der Tatsache, daß sich auch seine charmante und liebenswerte Frau Rahel mit Hannerl anfreundete, dazu führte, daß Dayans Haus für uns in Israel fast ein zweites Zuhause wurde, während Moshe und Rahel uns in Alpbach besuchten. Auf den dortigen Hochalmen studierte der im palästinensischen Kibbuz aufgewachsene Agronom Dayan die alpenländischen Viehwirtschaftsmethoden. 1976 veröffentlichte ich Moshe Dayans Autobiographie, fünf Jahre später sein archäologisches Werk »Leben mit der Bibel«.

Es war sehr beeindruckend, daß General Moshe Dayan, den Henry Kissinger zu den größten militärischen Genies der Weltgeschichte zählte, an der Publikation seiner archäologischen Arbeiten wesentlich mehr Anteil nahm als an seinen militärischen Memoiren. Zur Präsentation seines Bibelbuches im April 1981 kamen die Dayans als meine Gäste nach München. Für Hannerl und mich, die wir ihn von früher nahe kannten, war er bereits vom Tode gezeichnet, machte aber brav und tapfer die ganze gräßliche Prozedur der Pressekonferenzen, Empfänge und offiziellen Dinners mit. Ein paar Wochen später fuhren Hannerl und ich zur Buchmesse nach Jerusalem, wo mir von Teddy Kollek im dortigen Rathaus die Auszeichnung »Freund Jerusalems« verliehen wurde. Zu unserer großen Freude waren Moshe und Rahel Dayan von Tel Aviv zu dieser Feierstunde überraschend heraufgekommen.

Drei Tage später verbrachten wir unseren letzten Abend in Israel bei ihnen. Wir saßen lange in ihrem traumhaften Garten, der einem Freilichtmuseum glich, da Dayan einen Teil seiner archäologischen Sammlungen dort aufgestellt hatte. Moshe zeigte uns einige neue Fundstücke. Dann führten sie uns, beschützt von einigen hünenhaften Leibwächtern, zwischen denen Dayan noch zarter und kleiner wirkte, in ein marokkanisch-jüdisches Restaurant in einem Vorort von Tel Aviv. Wir sprachen von den damals unmittelbar bevorstehenden Wahlen zur israelischen Knesset (bei denen Dayan zwar wiedergewählt wurde, seine Partei aber eine Schlappe gegen Begin erlitt), von der ewigen Kriegsgefahr im Nahen Osten, von Dayans Traum einer endlichen Versöhnung mit den Arabern und von einem Buch, das er diesem Thema widmen wollte. »Hoffentlich muß ich nicht wieder in die Regierung«, meinte er beim Abschied, »ich möchte lieber schreiben, wenn ich noch Zeit habe.« Wir besprachen ein Wiedersehen in Alpbach und ahnten schon, daß es dazu nicht mehr kommen würde.

Moshe Dayan starb im Oktober 1981, wenige Tage nach der Ermordung von Anwar El Sadat, den er von allen seinen arabischen Gegnern am meisten respektiert hatte. Ein paar Monate nach seinem Tode traf ich Rahel Dayan bei der Präsentation der französischen Ausgabe seines letzten Buches in Paris. Vor den erstaunten Augen des französischen Staatspräsidenten Mitterrand fielen wir uns in die Arme. Rahel erzählte mir, daß der Abend mit uns der letzte gewesen sei, an dem Moshe Dayan vergnügt mit Freunden ausgegangen sei. Und sie berichtete auch, daß Moshe von der Ermordung Sadats zutiefst erschüttert gewesen sei. Mit Dayan war ein enger Freund von uns gegangen, mit Anwar El Sadat ein ebenso geschätzter Autor und ein großer Mensch von dieser Welt abgetreten. Sie, die große Welt nämlich, und wir in unserem kleinen Verlag waren durch den Verlust dieser beiden Menschen wesentlich ärmer geworden.

Zwei Tage nach der Ermordung Sadats am 6. Oktober 1981 erschienen bei mir in Frankfurt auf der Buchmesse – es war die letzte, an der der Molden-Verlag vor unserem Zusammenbruch präsent sein sollte (aber das konnten wir damals natürlich nicht voraussehen) – der Berliner Fotograf Konrad Müller und der holländische Journalist Mark Blaisse, die seit Juli – also über zwei Monate – fast Tag und Nacht mit Sadat zusammengewesen waren, um einen Bildband vorzubereiten, der bei uns erscheinen sollte.

Während des islamischen Fastenmonats Ramadan weilten sie mit ihm in seinem Heimatdorf im Nildelta, später auf Sinai und im Präsidentenpalast in Kairo. Schließlich begleiteten sie Sadat auch noch auf seiner letzten Reise in die USA, als er dem Präsidenten Ronald Reagan in Washington seinen Besuch abstattete. Müller und Blaisse hatten sich bei mir durch einen phantastischen Bildband, den sie zwei Jahre vorher über Bruno Kreisky gemacht hatten, sehr empfohlen. Auch Sadat war durch den Kreisky-Band so beeindruckt, daß er gleich seine Zustimmung zu diesem Projekt gab. Nun standen sie vor mir und zeigten mir die Bilder von Sadat. Sadat aber war tot, ermordet und schon begraben. Wir entschlossen uns spontan, das Buch dennoch zu machen. Bilder und Text waren erstklassig, ein echtes und ergreifendes Dokument.

Ich rief den damaligen österreichischen Bundeskanzler Bruno Kreisky im Wiener Kanzleramt am Ballhausplatz an und bat ihn, ein Vorwort zu schreiben. Kreisky, der mit Sadat befreundet gewesen war, sagte sofort zu. Anfang November war das Buch auf dem Markt. In seinem Vorwort aber erwähnt Kreisky, Dayan habe ihm den Eindruck vermittelt, daß er sogar in einer Regierung Begin jede Friedenschance wahrnehmen würde, wobei es keine Frage sein könne, daß dabei das Problem der Palästinenser die zentrale Rolle spielen müsse. Dann würdigte Kreisky Sadats historische Reise nach Jerusalem, Camp David – den Frieden zwischen Ägypten und Israel – und beklagte die Nichteinigung über die Palästinenser. Und Dayans Rücktritt. Als Kreisky seinen Nachruf auf Sadat schrieb, war auch Dayan schon tot. Ich glaube, daß Kreiskys letzte Worte zur Ermordung Sadats, in denen er Shakespeare zitiert, in Abwandlung für beide Männer Gültigkeit hat, für den ägyptischen Fellachensohn Anwar El Sadat wie für den israelischen Wehrbauern Moshe Dayan: »Er war ein Mann, nehmt alles nur in allem, ihr werdet nimmer seinesgleichen sehn.«

Erfolgsrezept: Bestseller mit Käfer garniert

Im August 1967 war Swetlanas Buch »20 Briefe an einen Freund« übersetzt und de facto fertig produziert. Aber es gab noch immer Probleme. Diese waren ursprünglich dadurch entstanden, daß die übergenauen New Yorker Anwälte der altrenommierten Kanzlei Greenbaum, Wolff & Ernst die internationalen Copyright-Bestimmungen so genau gehandhabt hatten, daß die Gefahr bestand, unser Buch würde erst nach Weihnachten erscheinen können. Dies aber war eine sehr gefährliche Entwicklung, weniger weil uns dadurch das Weihnachtsgeschäft entgangen wäre, sondern vielmehr deshalb, weil in der Zwischenzeit in Deutschland die Haie der Tiefe – in diesem Fall in der Gestalt der Illustrierten »Stern« – aufgewacht waren. Bekanntlich hatte ja »Der Spiegel« die Vorabdrucksrechte für das Swetlana-Buch erworben. Dies ließ die »Stern«-Leute, die sich ursprünglich auch dafür interessiert hatten, nicht mehr ruhig schlafen.

Plötzlich, mitten im Sommer, verkündete der »Stern«, er sei nunmehr in den Besitz der »authentischen« Swetlana-Memoiren gelangt und werde nicht verfehlen, diese demnächst zu veröffentlichen. Der »Stern« hatte sich für seinen vermeintlichen Coup des ominösen sowjetischen Journalisten und Drahtziehers in allen Gassen, Victor Louis, bedient. Oder waren vielleicht eher die Sowjets dabei, sich des »Stern« zu bedienen, um im Westen eine von ihnen sorgfältig bereinigte Version der für sie ach so peinlichen Swetlana-Story zu verbreiten? Wie immer es auch gewesen sein mag, der »Stern« spielte unter Vorwegnahme später bei den Hitler-Tagebüchern so zielführend weiterentwickelter Methoden voll mit. Ich traf mich in Köln mit Hans Detleff Becker, dem Verlagschef des »Spiegel«, und wir besprachen Gegenmaßnahmen, um uns – soweit dies noch möglich war – vor den unabsehbar schädlichen Folgen der unberechtigten Publikation des Swetlana-Manuskripts zu schützen. Keine Frage, »Der Spiegel« und Molden saßen hier im gleichen Boot.

Das wichtigste schien im Augenblick, die amerikanischen Anwälte dazu zu bewegen, ihre komplizierten und zeitraubenden Copyright-Operationen abzukürzen. Sie mußten dem »Spiegel« und uns sofort grünes Licht zum Beginn des Abdrucks beziehungsweise zur Auslieferung des Buches geben. Damit würden wir endlich auch in die Lage versetzt werden, vom »Stern« ultimativ die Absetzung seiner geplanten Serie zu fordern und, falls notwendig, rechtliche Schritte gegen das Hamburger Magazin einzuleiten.

Vorerst bemühte ich mich, die zuständigen Herren des »Stern«, an der Spitze Henri Nannen, davon zu überzeugen, daß sie dabei seien, eine gefälschte oder zumindest grob veränderte Version des Swetlana-Manuskripts gegen den Willen der Autorin zu veröffentlichen. Beim »Stern« war man nicht beeindruckt. Man habe ganz korrekt für das Manuskript an Victor Louis bezahlt und damit die Abdrucksrechte erworben. Niemand könne wissen, welches die richtige Version sei, und überdies sei es fragwürdig, ob die westliche Copyright-Gesetzgebung überhaupt für den Fall Swetlana zutreffe. Da Nannen & Co. ja keine Greenhorns im Mediengeschäft waren und über Echtheit und Herkunft »ihrer« Version der Swetlana-Memoiren besser Bescheid wissen mußten als irgend jemand anderer, konnten diese Erklärungen nur blanken Zynismus widerspiegeln. Aber solange ich nicht grünes Licht von Mr. Greenbaum bekam, konnte ich nichts unternehmen, was den »Stern« auch nur im entferntesten beeindrucken würde. Und dort wurde bereits die Erstveröffentlichung ihres Swetlana-Abdrucks angekündigt.

Also auf ins nächste Flugzeug nach New York. Diesmal holte mich Rhodas Mann Tom Weyr ab und hievte mich in den PanAm-Hubschrauber, mit dem wir auf dem Dach des Wolkenkratzers in der Park Avenue über der Great Central Station landeten. Von dort ging es nur um ein paar Ecken zu Greenbaum, Wolff & Ernst, wo schon Alan Schwartz, Swetlanas allzeit getreuer Rechtsberater, der auch ihre Einreise in die Vereinigten Staaten abgewickelt hatte, auf uns wartete. Ich bemühte mich, den Herren klarzumachen, daß keinerlei Zeit mehr zu verlieren war: Wenn der »Stern« mit seiner Swetlana-Version ungehindert auf den Markt kommen könne, würden nicht nur die mit dem »Spiegel« und mit Molden abgeschlossenen Verträge auf das schwerste verletzt, sondern es würde darüber hinaus das breite Publikum jedes Vertrauen in Wert oder Unwert des »echten« Buches verlieren müssen. Nach langen Debatten waren Schwartz und Genossen endlich weich. Sie stimmten zu, daß Molden und »Der Spiegel« ihren Veröffentlichungstermin vorverlegen durften, und erklärten sich auch bereit, uns bei den zu befürchtenden rechtlichen Auseinandersetzungen mit dem »Stern« jede Unterstützung zu geben. Etwas erleichtert jettete ich nach Frankfurt zurück.

Wenige Tage später befanden wir uns im offenen Kriegszustand mit dem »Stern«. Dieser hatte trotz aller Warnungen und Abmahnungen mit der Publikation der ersten Folge der »Sowjet-Version« der Swetlana-Memoiren begonnen. Es gelang uns, in enger Zusammenarbeit mit dem »Spiegel« innerhalb von zwei Tagen eine einstweilige Verfügung zu erwirken, die dem »Stern« den Verkauf dieses Heftes und die weitere Veröffentlichung der angeblichen Swetlana-Memoiren untersagte. Für den Verkauf der ersten Swetlana-Nummer des »Stern« hatte die einstweilige Verfügung kaum mehr praktische Konsequenzen, da natürlich zwei Tage nach Erscheinen schon ein Großteil der Wochenauflage abgesetzt war und die Zeitungs- und Kioskhändler sich im allgemeinen von einstweiligen Verfügungen und ähnlichen Verbreitungsbeschränkungen nur wenig beeindrucken lassen. Aber die Verfügung war für die Zukunft von größter Bedeutung. Der »Stern« konnte die zum Großteil bereits gedruckte nächste Nummer nicht mehr ausliefern und mußte die Publikation der manipulierten Swetlana-Texte beenden.

Das Unglück war fürs erste abgewendet. Obwohl wir schließlich etwa 95 000 Exemplare unserer deutschen Originalausgabe verkaufen konnten und obschon es Inge Faseth, unserer famosen Nebenrechts-Betreuerin, gelang, Taschenbuch- und Buchklublizenzen bestens zu placieren, war das Buch am Ende durch die Streitereien mit dem »Stern« in ein etwas schiefes Licht geraten. Die Öffentlichkeit war bis zu einem gewissen Grad verunsichert worden, und dies fiel nicht nur auf den »Stern« zurück, sondern auch auf Swetlana Allilujewa und ihr Buch. Genauso wie siebzehn Jahre später, als der »Stern« Gerd Heidemanns gefälschte Hitler-Tagebücher zu publizieren begann und der Skandal schließlich aufflog, nicht nur der »Stern« selber, sondern die ganze Zeitungsbranche eine erhebliche Vertrauenseinbuße des verwirrten und desillusionierten Publikums hinnehmen mußte.

Ein paar Jahre nach unseren Swetlana-Aufregungen hatte ich übrigens auch mein erstes und einziges Erlebnis mit Gerd Heidemann zu verzeichnen. Unser damaliger Erfolgsautor Will Tremper – sein Roman »Das Tall Komplott« zierte gerade die Bestsellerlisten – brachte uns Heidemann ins Haus. Bei unserem Münchener Geschäftsführer Gert Frederking trafen wir uns, und er bot mir vorerst ein Buch über den geheimnisvollen Schriftsteller B. Traven an. Als sich mein Interesse in Grenzen hielt, berichtete er, daß er kürzlich die ehemalige Göring-Yacht »Karin II« gekauft habe. Dadurch sei er in Kontakt mit einigen ehemaligen Größen des Nazi-Regimes gekommen. Er sei jetzt in der Lage, sensationelle Enthüllungen aus dem Dritten Reich zu beschaffen. Da er sich mehr als Rechercheur denn als Schreiber sah, sollte Will Tremper ein Buch daraus machen. Wir hingegen sollten als Garantiezahlung gleich mal 200 000 Mark bezahlen, da die Materialbeschaffung größere Summen erfordern würde. An diesen, wie mir schien, überhöhten Forderungen und an einem unguten Gefühl, das weder Frederking noch ich ganz unterdrücken konnten, ist die Geschichte dann gescheitert. Auf diese Weise kam ich wenigstens nie in Versuchung, gefälschte Hitler-Tagebücher zu veröffentlichen.

Welchen Saldo konnte ich nun unter dem Strich des ganzen Swetlana-Rummels ziehen? Rein von den Ziffern her konnten wir die extrem hohe Vorauszahlung von 820 000 Mark aus dem Verkauf von knapp unter 100 000 Büchern, die damals 19,80 DM kosteten, also bei 15 Prozent Honorar insgesamt knapp 300 000 Mark erlösten, nicht wieder einspielen. Aus den diversen Nebenrechten flossen uns etwa 200 000 Mark zu, an Deckungskostenbeitrag spielten wir 190 000 Mark ein, und aus dem Abverkauf von 35 000 übriggebliebenen Restexemplaren verbuchten wir nach Abzug der Produktionskosten circa 10 000 Mark. Das bedeutete einen rechnerischen Verlust von 120 000 Mark. Demgegenüber stand aber die Tatsache, daß wir durch den spektakulären Ankauf der Swetlana-Rechte und durch die Herausgabe des Buches »20 Briefe an einen Freund« über Nacht in der deutschsprachigen Öffentlichkeit und vor allem auch im Buchhandel und in der Presse zu einer festen Größe geworden waren. Niemals hätten wir dasselbe mit noch so intensiver Werbung schaffen können.

Dabei konnte sich unser Programm auch über Swetlanas »20 Briefe an einen Freund« hinaus in jeder Hinsicht sehen lassen. Mit Trosts »David und Goliath« hatten wir zum wichtigsten Ereignis des Jahres in sechs Wochen einen »Eigenbau« produziert, der nicht nur zeitlich sechs Konkurrenztitel schlug und das mit Abstand erfolgreichste Buch über den Sechstagekrieg wurde, sondern sofort auch in sieben Sprachen übersetzt wurde. Noch im selben Jahr konnten wir Jean Guittons »Dialog mit Paul VI.« und Ota Šiks »Plan und Markt im Sozialismus« – darauf werden wir gleich noch zurückkommen – unter Vertrag nehmen und publizieren. Mit Ladislav Mnackos »Wie die Macht schmeckt« und Sarah Gainhams »Julia Homburg« verlegten wir unsere ersten zwei wichtigen Romane, die den Weg für weitere erfolgreiche Belletristiktitel bahnten.

Ein halbes Jahr später konnten wir die Früchte unserer Bemühungen ernten. Im März 1968 veranstalteten wir anläßlich der

Eröffnung unseres Münchener Büros in Nymphenburg eine Präsentation des Molden-Verlags im Deutschen Museum in München. Vier unserer Autoren, Sarah Gainham, Hans Hass, Ladislav Mnacko und Friedrich Torberg lasen aus ihren Neuerscheinungen, und es gab ein rundes Verlagsfest. Wir hatten etwa hundert Gäste erwartet. Allein aus dem Sortiment erschienen über zweihundert Kollegen, vom Lehrling bis zum Seniorchef. Insgesamt drängten sich mehr als fünfhundert Neugierige, lauschten den Autoren, unterhielten sich offensichtlich blendend bis Mitternacht und verzehrten Käfers in der »Stadtküche« des Deutschen Museums gekochte Köstlichkeiten bis auf den letzten Bissen. Am Schluß dieses denkwürdigen Abends kam mein Geschäftsführer Olaf Paeschke glückstrahlend auf mich zu: »Herr Molden, wir haben es geschafft, in der Bundesrepublik sind wir jetzt ›in‹.« Ich stimmte ihm happy zu: »Ja, dank einer erfolgsgarantierenden Mischung von Käfer und Swetlana!« Und so war es wohl auch.

Die Dissidenten

Wien liegt an – oder besser gesagt neben – der Donau, und die Donau fließt nach Osten. Man könnte aber auch sagen, Wien liegt seit der Errichtung des Eisernen Vorhangs, also etwa seit 1948, am Ende einer Sackgasse. Denn 80 Kilometer nördlich oder 50 Kilometer östlich von Wien enden bei irgendwelchen ärarischen Grenzhäusern und Fahnenstangen mit leicht vergilbten rot-weißroten Fahnen die wohlasphaltierten österreichischen Bundesstraßen, und es beginnt die Welt der Drahtverhaue, der weithin sichtbaren Wachtürme und der Minenfelder. So war es seit den späten vierziger Jahren, und so ist es im wesentlichen heute noch. Gewiß, es gibt Erleichterungen. Denn auch die Satellitenstaaten der Sowjetunion brauchen die Westdevisen aus dem Fremdenverkehr, und so hat sich an den offiziellen Grenzübergängen einiges geändert: Visaerleichterungen, ein freundlicherer Umgangston an der Grenze und ähnliches mehr. Allerdings bezieht sich das im wesentlichen nur auf die einreisenden Westtouristen. Lediglich die Ungarn haben ganz im Sinne des von ihnen praktizierten Gulaschkommunismus auch die umgekehrte Fahrbahn ein wenig aufgemacht.

Wie nahe die alte k.u.k. Haupt- und Residenzstadt den einstigen Kronlanden immer noch ist, merkten wir am deutlichsten in Krisenzeiten, während der sogenannten Tauwetterperioden. 1956 erhoben sich die Ungarn, 1968 verkündeten Reformpolitiker in der Tschechoslowakei den Prager Frühling. Das Volk fegte die von den Sowjets errichteten Macht- und Unterdrückungsstrukturen kurzfristig hinweg, um dann, nachdem sich der Kreml vom ersten Schrecken erholt und die von ihren Völkern hinausgeworfenen Kollaborateure mit Hilfe sowjetischer Panzer und ganz im Geiste der im Rahmen des Warschauer Paktes geübten sozialistischen Solidarität erneut in ihre Zwingburgen eingesetzt hatte, um so fester an die Kandare genommen zu werden.

Seit 1947 gab es bei uns in Wien ständig politische Flüchtlinge (der Ausdruck »Dissidenten« war damals noch unbekannt). Zuerst kamen sie aus Ungarn, wo im Frühjahr 1947 der noch aus freien Wahlen hervorgegangene Führer der Kleinen Landwirtepartei und Ministerpräsident Ferenc Nagy unter sowjetischem Druck zurücktreten und fliehen mußte; dann, ein Jahr später, aus der Tschechoslowakei, als der liberal-demokratische Außenminister Jan Masaryk unter mysteriösen Umständen durch einen in Prag seit altersher kultivierten Fenstersturz (dieser böhmischen Unsitte verdankten wir ja schon anno 1618 den Ausbruch des Dreißigjährigen Krieges) vom Leben zum Tode kam und seine Entourage samt den führenden nicht-kommunistischen Politikern und Journalisten, soweit sie noch wegkamen und sich durch die damals noch sowjetisch besetzte Ostzone Österreichs nach Wien durchschlagen konnten, in jenen Wiener Kaffeehäusern, Amtsstuben und Redaktionsbüros Zuflucht suchten, die sie – welche Ironie der Weltgeschichte! – noch wenige Jahrzehnte vorher als Völkerkerker und Herd der Unterdrückung bezeichnet hatten. Aber genau aus diesen, jetzt in der Retrospektive gar nicht mehr so ungastlich wirkenden Zeiten des »Völkerkerkers« der alten Donaumonarchie, gab es unzählige Kontakte und Berührungspunkte zwischen den sogenannten Nachfolgestaaten ČSSR, Ungarn, Rumänien, Jugoslawien und dem nunmehr als Republik etablierten »Restösterreich« und seiner Hauptstadt Wien.

Seit diesen Jahren zu Beginn des »Kalten Krieges« war ich also die Besuche von auf der Flucht befindlichen Journalisten, Schriftstellern und Politikern aus dem Osten und Südosten Europas, die das weiche kakanische Deutsch mit irgendeinem sympathischen

Akzent sprachen, gewohnt. Unzählige Abende und oft Nächte hatten wir durchdiskutiert, immer wieder waren sie in meiner »Presse« zu Wort gekommen, und im Jahr 1956 hatte ich die einmalige Gelegenheit, den »Sozialistischen Realismus« des Panzerkommunismus während der ebenso kurzen wie glorreichen ungarischen Revolution, die im wesentlichen von jungen, aus den kommunistischen Jugendorganisationen kommenden Studenten, Intellektuellen und Arbeitern getragen wurde, in ihrer tragischen Endphase der Schlacht um Budapest mitzuerleben. Tief erschüttert schrieb ich damals mein erstes deutschsprachiges Buch »Ungarns Freiheitskampf«, das bei Frick erschien. Als ich dann in der Mitte der sechziger Jahre mit der ersten Produktion meines neuen Verlages an die Öffentlichkeit trat, schien die Entspannungspolitik auch in Osteuropa erste Früchte zu tragen.

Für mich war die Beschäftigung mit den Fragen dieses uns nicht nur geographisch so nahestehenden Bereichs eine der essentiellen Aufgaben des neuen Verlages. Thomas Ross, politischer Korrespondent führender deutschsprachiger Blätter, von der »Presse« bis zur »Frankfurter Allgemeinen Zeitung«, schrieb das in vorsichtigem Optimismus gehaltene Buch »Osteuropa kehrt zurück«, und Christian Willars befaßte sich mit der »Böhmischen Zitadelle«. 1966 tauchte dann Ladislav Mnacko, der – obwohl überzeugter Kommunist seit Jugendtagen – von den Behörden der ČSSR aufgrund seiner kritischen Schriften aus seiner slowakischen Heimat ausgewiesen und der tschechoslowakischen Staatsbürgerschaft für verlustig erklärt wurde, bei mir auf. Er hatte einen außerordentlich eindrucksvollen politischen Roman »Wie die Macht schmeckt« geschrieben, der eine klare Abrechnung mit der politischen Korruption, aber noch mehr mit der geistigen Prostitution in einem imaginären kommunistischen Lande darstellte.

Der »rote Hemingway«, wie ihn die FAZ bezeichnete, war kein einfacher Geselle, aber mir lag er vom ersten Augenblick an. Ich fand sein Buch großartig und freute mich dementsprechend, daß es nicht nur ein kritischer, sondern auch ein Verkaufserfolg wurde. Es gab jede Menge Übersetzungen in fremde Sprachen, Lizenzabschlüsse für Taschenbuchausgaben und Buchklubs, und sogar Filmstar Burt Lancaster kam im Sommer 1967 aus Hollywood nach Anif bei Salzburg, wo wir quasi eine Sommerresidenz des Verlags aufgeschlagen hatten, um mit Mnacko und mir über die Weltfilmrechte von »Wie die Macht schmeckt« zu verhandeln. Hannerl, die – obwohl damals mit unserem älteren Sohn hochschwanger – geziemend nachkam, wurde von Burt Lancaster, ungeachtet ihres ebenso rundlichen wie eindeutigen Zustandes, beflirtet und verehrungsvoll gezwickt; alles dies beim Abendessen in der überfüllten Almeida-Bar am Mondsee. Zur nächtlichen Stunde nach Salzburg heimkehrend, berichtete mir Hannerl ihre Erlebnisse, und wir stellten übereinstimmend fest: andere Länder, andere Sitten. Lancaster und sein mit ihm reisender Agent-Manager deponierten dann sogar eine Kaution von 30000 Dollar – damals wie heute viel Geld. Wie sich später herausstellte für nichts, da es Lancaster dann nicht gelang, die von ihm geplante Produktionsgruppe mit United Artists auf die Beine zu stellen. Erfreulicherweise verfiel die Kaution zu unseren Gunsten.

Mit Mnacko, der im Laufe der Jahre noch etliche Bücher für uns schreiben sollte, war der anhebende Prager Frühling in meine Welt getreten. Dank ihm und vor allem dank der Tatsache, daß zwei meiner engsten Mitarbeiter, Renate Erich und Erich von Bertleff, durch Abstammung oder verwandtschaftliche Beziehungen Prag und der Tschechoslowakei eng verbunden waren, hatten wir von Anfang an mit den Ereignissen in Prag und ihren geistigen und politischen Akteuren engen Kontakt. Es war daher kein Wunder, daß wir rund um den Prager Frühling ein gutes Dutzend Bücher zum Teil prominentester tschechoslowakischer Autoren bei uns publizieren und damit der freien Welt präsentieren konnten.

Von Professor Ota Šik, dem reformistischen Ostblock-Wirtschaftsplaner, brachten wir noch 1967 sein grundlegendes Werk »Plan und Markt im Sozialismus«. Ich besuchte Ota Šik, der im Prager Frühling dann zum Stellvertretenden Ministerpräsidenten und Wirtschaftsminister avancierte, im Frühsommer 1968 in seinem Prager Amtssitz. Ota Šik war ein rundlicher und fröhlich dreinblickender Herr, der in keiner Weise wie ein Politiker aussah. Eher wie ein Universitätsprofessor, der er ja auch war, oder wie ein Industriemanager, was er leicht hätte sein können. Šik wollte meine Meinung und meinen Rat in Sachen einer geplanten Strukturverbesserung der einst hochqualifizierten, aber durch zwanzig Jahre realen Sozialismus heruntergewirtschafteten tschechischen graphischen Industrie. Ich versprach ihm, so bald wie möglich ein kleines Expertenteam von Technikern und Exportkaufleuten aus der graphischen Branche nach Prag zu schicken. Ich habe in den folgenden Wochen dann auch in Wien entsprechende Fachleute aufgetrieben und bei einem zweiten Besuch in Prag mit Ota Šik vereinbart, daß das Expertenteam am 26. August zu einer ersten Besprechung nach Prag fahren werde. Dazu kam es nicht mehr, weil die Sowjets und einige andere Warschauer-Pakt-Staaten bereits am Abend des 20. August begannen, die Tschechoslowakei zu besetzen und damit dem Prager Frühling ein jähes Ende zu bereiten.

Ich war in jenem heißen, intensiven und leider so vorzeitig beendeten Sommer zweimal in Prag gewesen. Es war jedesmal ein großes und unvergeßliches Erlebnis. Die Gespräche in der Universität mit dem neugewählten Rektor Professor Eduard Goldstücker, im Zentralkomitee der tschechischen KP mit dessen Generalsekretär Dubček, bei der staatlichen literarischen Agentur und vor allem an den lauen Sommerabenden in den Biergärten oder Weinstuben der Prager Kleinseite, wo man unter breit ausladenden Kastanienbäumen mit Schriftstellern und Studenten bis in die frühen Morgenstunden über eine bessere Zukunft diskutierte.

Einmal ging ich noch spät in der Nacht mit Bertleff durch die Gassen der Altstadt zurück in unser Hotel. Plötzlich schoß mir durch den Kopf, daß ich fast zwölf Jahre früher, im Herbst des Jahres 1956, in Györ und Budapest mit ähnlich enthusiastischen ungarischen Intellektuellen ebenfalls über eine bessere Welt und eine schönere Zukunft, die eben dann beginnen sollte, aber durch die sowjetischen Panzer gestoppt wurde, diskutiert hatte. Ich meinte zu Bertleff, nachdem ich diesen Gedanken ausgesprochen hatte: »Hoffentlich geht es diesmal nicht hier wieder so aus?« »Nein, mach dir keine Sorgen«, antwortete er. »Die Tschechen sind vielleicht nicht so heroisch, aber wesentlich schlauer und vorsichtiger als die Ungarn. Irgendwie werden die sich das mit den Russen richten. Die hatten schon immer einen direkten Draht nach Moskau.« Leider behielt Erich von Bertleff diesmal nicht recht.

Nach dem bitteren Ende des Prager Traumes strömten tschechische Freunde nach Wien. An manchen Tagen sah es bei uns in der Eroicagasse wie in einer Jugendherberge aus. Auch hier wieder die Analogie zu Ungarn ein Dutzend Jahre früher! Milan Kundera, Antonin Liehm, Karel Pecka, Ludvik Vaculik und Erich von Bertleff veröffentlichten in der Folgezeit bei uns Bücher zu diesem Thema.

Im Frühjahr desselben Jahres hatte ich zusammen mit dem Leiter unseres Frankfurter literarischen Büros, Janko von Musulin, einem anderen, aber wesentlich freieren slawischen Nachbarland Österreichs einen Besuch abgestattet, nämlich Jugoslawien. In Erinnerung an Bill Jovanovichs Anregung suchte ich dort den mir bis dahin persönlich unbekannten, aber durch sein Standardwerk »Die neue Klasse« bereits vertrauten Milovan Djilas auf. Djilas lebte mit seiner Frau Stefica und seinem Sohn Aleksa in einer hübschen kleinen Wohnung in der Palmoticeva in einem bürgerlichen Belgrader Stadtviertel aus der Zwischenkriegszeit. Djilas, der von meinem Besuch informiert war, begrüßte mich freundlich. Stefica kredenzte Kaffee, und ich verbrachte die erste von vielen Stunden mit diesem wahrhaft eindrucksvollen und vielleicht interessantesten Mann, den ich in meinem Leben getroffen habe.

1911 in Montenegro, einem damals noch selbständigen Balkanfürstentum, als Sohn bäuerlicher Grundbesitzer nationalistisch serbischer Observanz geboren, wurde der junge Milovan nach dem Abitur zum Studium nach Belgrad, das einstweilen Hauptstadt des nunmehr auch Montenegro umfassenden Jugoslawien geworden war, geschickt. Über Nacht geriet er in eine neue intellektuelle Welt und bald auch in Opposition zum reaktionärdiktatorischen Regime des jugoslawischen Königreichs. Er wurde Kommunist, ein junger Revolutionär, der bald im Gefängnis landete. Dort blieb er drei Jahre und kam als führender Funktionär der Partei wieder heraus. Er wurde nach Montenegro verbannt und ging bei Kriegsbeginn, nachdem die Deutschen Jugoslawien besetzt hatten, zu den Partisanen, wo er als Zentralkomitee-Mitglied bald einer der Führer des Partisanenaufstands und engster Mitarbeiter Titos wurde.

Immer mehr avancierte er in eine Kronprinzenfunktion, die er auch nach Kriegsende beibehielt. Er war einer der Drahtzieher des Bruches Titos mit Stalin, obwohl letzterer ihn sehr schätzte und Djilas immer wieder als Gesprächspartner anforderte. Nach dem Ausscheiden Jugoslawiens aus der Kominform begann Djilas, sich zunehmend Gedanken über das Nicht-Funktionieren des Kommunismus zu machen: Ideen, die er später in der »Neuen Klasse« niederschrieb, entstanden damals. Er versuchte, Tito von seinen Gedankengängen zu überzeugen. Tito aber verlangte von ihm, seiner Häresie abzuschwören. Djilas weigerte sich und gab »Die Neue Klasse« zur Veröffentlichung frei. Deshalb verlor er alle Parteiämter und wurde aus der Partei ausgeschlossen. Er saß dann acht Jahre in Gefängnissen Titos, die er fast alle von früher her kannte, denn dort hatte ihn auch die faschistische Polizei des jugoslawischen Königreichs eingesperrt. All dies konnte Djilas aber nichts anhaben. Einmal erzählte er mir, wenn es nicht wegen seiner Familie wäre, die unter seiner Abwesenheit leiden könnte, würde er ohne weiteres wieder ins Gefängnis gehen, denn dort könne man so ruhig und intensiv nachdenken und schreiben wie sonst nirgends. Die einzige Schwierigkeit sei, Schreibpapier und Bleistifte zu bekommen.

Djilas hatte eben ein neues Manuskript fertiggestellt, das er »Die unvollkommene Gesellschaft« nannte. Es lag natürlich nur auf Serbokroatisch vor, aber nach allem, was er mir davon erzählte, mußte es sich wieder um ein wichtiges Werk handeln. Im Frühjahr 1969 erschien das Buch bei uns in deutscher Übersetzung. Milovan und Stefica erhielten ausnahmsweise die Erlaubnis, Jugoslawien zu verlassen und zur Präsentation des Buches nach Wien zu kommen. Zum erstenmal in fünfzehn Jahren erhielt Djilas einen Reisepaß und konnte ins Ausland fahren.

Im Auditorium maximum der Wiener Universität hatten wir eine phantastische Diskussion mit Studenten, vor allem auch aus den revolutionären Gruppen der Achtundsechziger Studentenbewegung. Mir schien der alte Revolutionär, der sein halbes erwachsenes Leben im Gefängnis und den Rest der Zeit als Partisanengeneral und im Politbüro einer mächtigen KP verbracht hatte, wesentlich fortschrittlicher und moderner als die »jungen Revolutionäre«, die ihm gegenübersaßen. Meine Besorgnisse, es würde zu Schwierigkeiten kommen, erwiesen sich übrigens als falsch; der Alte und die Jungen verstanden sich (wenn auch nur mit Hilfe von Dolmetschern) blendend und diskutierten bis spät in die Nacht.

»Die unvollkommene Gesellschaft« wurde ein Bestseller und hielt sich monatelang auf den Listen. Von da an verlegte Milovan Djilas alle seine Bücher in meinem Verlag. In späteren Jahren übertrug er mir sogar die Betreuung seiner Weltrechte, was mich mit großem Stolz erfüllte.

Persönlich freundeten wir uns sehr an. Milovan war durch alles, was er erlebt, getan, beobachtet und mitgemacht hatte, zu einem weisen und toleranten Mann von völlig kompromißloser Integrität geworden. Anfang der siebziger Jahre sperrten die jugoslawischen Behörden wieder seinen Paß, und so fuhren Hannerl und ich oft nach Belgrad, um die Familie Djilas zu besuchen. Auf langen Spaziergängen in der Umgebung Belgrads lernte ich unendlich viel von diesem Mann, der es durch seinen Intellekt allein fertiggebracht hatte, den schwierigen Weg vom radikalen kommunistischen Revolutionär, vom überzeugten Stalinisten zum demokratischen Sozialisten liberaler Prägung zu bezwingen. Am meisten aber bewundere ich seinen Mut und die Bereitschaft, für seine Überzeugung jedes Opfer zu bringen. Er ließ sich lieber von Tito acht Jahre einsperren, als daß er auch nur ein Wort von dem, was er für richtig hielt, zurückgenommen hätte.

Einen anderen großen Dissidenten von gleicher Charakterfestigkeit wie Djilas, den ich zu meinen Autoren zählen durfte, habe ich leider persönlich nie kennengelernt: Andrej Dimitrijewitsch Sacharow. Als im Frühjahr 1974 Freunde die Frage an mich herantrugen, ob ich interessiert sei, ein Manuskript des »Vaters der Wasserstoffbombe« Sacharow zu veröffentlichen, hatte ich zuerst Zweifel, ob ein wissenschaftlich-physikalisches Fachwerk überhaupt in das Programm unseres Verlages passen würde. Doch schnell wurde ich eines Besseren belehrt. Ein Mitarbeiter unseres Hauses, Dr. Ernst Neumayr, der nicht nur als Verlagsvertreter, sondern darüber hinaus als Übersetzer aus slawischen Sprachen und als Autor für uns tätig war, übersetzte mir die vorliegenden Originalmanuskripte Sacharows. Es handelte sich um eine politische Kampfschrift, in der Sacharow sich für die Einstellung der nuklearen Rüstung einsetzte und gleichzeitig den Kampf um die Menschenrechte in der Sowjetunion aufnahm.

Obwohl mir von seiten der sowjetischen literarischen Agentur in Wien nahegelegt wurde, dieses Manuskript nicht zu verlegen, da Andrej Sacharow aufgrund spezieller sowjetischer Gesetze über die Auslandsrechte seines Manuskriptes gar nicht verfügen dürfe, konnte ich mich diesen Argumenten nicht anschließen. Denn die Sowjetunion ist Mitglied des Welturheberrechtsabkommens. Aufgrund dieser Konvention, der natürlich auch die Bundesrepublik und Österreich angehören, ist jeder Autor berechtigt, frei über die ihm zustehenden Urheberrechte zu verfügen. Wenn es daher der ausdrückliche Wunsch des Autors Sacharow war – und dies wurde mir völlig zweifelsfrei nachgewiesen –, daß sein Buch im Westen und in unserem Fall im deutschen Sprachgebiet erschiene, konnten interne sowjetische Gesetze, die noch dazu meiner Meinung nach mit den Bestimmungen der Berner Konvention nicht konform gehen, unsere Verhaltensweise nicht beeinflussen.

Sacharows erstes Buch »Stellungnahme« erschien dann auch anstandslos bei uns; ebenso sein zweites Werk »Mein Land«, das anläßlich der Verleihung des Friedensnobelpreises an ihn im Herbst 1975 herauskam, und schließlich 1980, nach seiner durch die Sowjetbehörden verfügten Verbannung nach Gorki, sein bisher letztes Buch »Furcht und Hoffnung«. Das Vorwort für dieses Werk schrieb uns Professor Michael Voslensky, der letzte von mir entdeckte große Dissident meiner Verlegerkarriere. Er veröffentlichte 1980 bei uns sein in sieben Jahren schwer erarbeitetes Werk (1973 hatten wir den Verlagsvertrag unterschrieben) »Nomenklatura: die herrschende Klasse in der Sowjetunion«. Das Buch ist in wenigen Jahren zu einem internationalen Standardwerk geworden und in vielen hunderttausend Exemplaren durch die ganze Welt gegangen. Michael Voslensky war selbst hoher Funktionär in der sowjetischen Hierarchie gewesen, bis er den Weg in die Freiheit wählte.

Und schließlich gab es dann noch unsere hausgemachten Dissidenten im Westen, wie beispielsweise Roger Garaudy, langjähriges Mitglied des Zentralkomitees der Kommunistischen Partei Frankreichs, ein Jahrzehnt Chefideologe der mächtigsten KP der freien Welt und Mitglied der französischen Nationalversammlung. Garaudy war zu Zeiten der ungarischen Revolution noch in der stalinistischen Linie marschiert, hatte sich aber zunehmend Gedanken über die Entwicklung des Kommunismus gemacht und schließlich Ende der sechziger Jahre mit seiner Partei gebrochen. Die Niederschrift dieser »Großen Wende im Sozialismus« erschien schon 1970 bei uns. Im selben Jahr wurde Garaudy aus seiner Partei, die er geliebt hatte und die er verändern wollte, ausgeschlossen. 1973 veröffentlichten wir seine »Alternativen«, in denen er neue und andere Wege zum »demokratischen Sozialismus« aufzeigte.

1973 brachten wir postum auch noch die Erinnerungen Ernst Fischers, des großen alten Mannes des österreichischen Kommunismus, der 1934 nach dem Scheitern des Wiener sozialdemokratischen Februaraufstands nach Moskau und zur KP gestoßen war, heraus. Dieser KP hielt er dann mehr als ein Vierteljahrhundert als Mitglied des Politbüros, Chefideologe und Propagandachef die Treue. Die Niedertrampelung des Prager Experiments ließ ihn endgültig enttäuscht das Wort vom »Panzerkommunismus« prägen. Ein Jahr später wurde er aus der KP ausgeschlossen. Schon 1968 hatten wir in unserer Reihe »Was sie wirklich sagten« von Ernst Fischer das Werk »Was Marx wirklich sagte« publiziert, ein Jahr später das von ihm zusammen mit seinem Freund und Weggenossen Franz Marek geschriebene »Was Lenin wirklich sagte« herausgegeben. 1972 starb Ernst Fischer. »Das Ende einer Illusion«, seine Erinnerungen der ersten Nachkriegszeit bis 1955, waren gerade knapp fertiggestellt. Der zweite Band, der seinen Bruch mit dem Stalinismus und schließlich auch mit der KP schildern sollte, wurde nie mehr geschrieben.

Politik und Politiker im Westen

Zeitgeschehen und Zeitgeschichte, Politik und Politiker hatten mich, seit ich denken konnte, immer brennend interessiert. Mein Vater stand als Chefredakteur einer Tageszeitung und als politischer Kommentator des österreichischen Rundfunks völlig im Bann der Politik und hatte in uns Buben in den aufregenden dreißiger Jahren, bis Hitler 1938 in Österreich seinen Anschluß inszenierte, frühzeitig das nötige Verständnis für politische Vorgänge geweckt. Von Mama wurden wir in die Welt des Wortes und des Geistes eingeführt, aber auch hier war der Primat der Politik nicht mehr zu vermeiden. Kein Wunder, daß sich dann noch durch erste eigene politische Erlebnisse in der NS-Zeit, in Nazigefängnissen, im Krieg und im Untergrund die eigene aktive Anteilnahme am politischen Geschehen zu Hause und draußen in der Welt zunehmend intensivierte. Ein paar erste Nachkriegsjahre als Sekretär des österreichischen Außenministers und dann als Diplomat in den USA hatten auch noch das Ihre dazu beigetragen, mein Interesse an diesen Bereichen zu steigern. Ebenso ging es dann in den langen Zeitungsjahren weiter.

Als wir den Buchverlag starteten, war es für alle Beteiligten klar, daß Politik, Zeitgeschichte und geopolitisch-strategisches Weltgeschehen ebenso einen Eckpfeiler unserer Aktivitäten darstellen sollten wie national-ökonomische Fragen und weltanschaulich-philosophische Grundthemen. All dies beschäftigte uns mit großer Leidenschaft. Aber trotzdem – oder vielleicht gerade deshalb –

wurden wir ständig mißverstanden. Ich stellte mir meinen Verlag als ein freies Forum vor, wo jedes wesentliche, zeitaktuelle Thema und jede vernünftige, aber auch leidenschaftlich vorgebrachte Meinung veröffentlicht werden konnten und sollten. Nur die Extremisten, egal ob links oder rechts, wollte ich nicht zulassen, und die notwendige Toleranz dem Andersdenkenden gegenüber sollte gewahrt bleiben. In unserer mitteleuropäischen Welt, die nach den Jahrzehnten der Intoleranz und der rechten und linken -ismen aller Art noch immer einen kräftigen Nachholbedarf an liberalem Verständnis dem andersdenkenden Zeitgenossen gegenüber nötig hat, hatten wir natürlich allüberall Schwierigkeiten. Wenn ich Bruno Kreisky, Ernst Fischer, Harold Wilson oder auch nur Peter Glotz veröffentlichte, wurde ich von den Konservativen als verkappter Roter angeprangert. Publizierte ich aber de Gaulle, McNamara, Schuschnigg oder gar den bayerischen CSU-Politiker Graf Huyn, wurde ich von den Linken je nach Bedarf als Reaktionär, Konservativer, als Kalter Krieger oder gar als Sympathisant der Faschisten angegriffen. Linke Buchhändler in Berlin weigerten sich, unsere Djilas- und Sacharow-Bücher zu verkaufen, mit der Begründung: Es sei doch ganz klar, daß Molden im Solde der CIA stünde, denn wer solche antisowjetischen Autoren bringe, könne nicht für den Frieden sein. Hier wurde jede Diskussion leider sinnlos, denn wenn ich jungen linken Sortimentern auf irgendwelchen Debatten anläßlich der Buchmesse zum x-ten Mal erklärte, daß ich im Gegensatz zu einer Vielzahl ihrer jetzigen Idole schon in faschistischen Gefängnissen gesessen sei, als sie selbst noch gar nicht auf der Welt waren, erntete ich im günstigsten Fall nur trotziges Schweigen.

Eine der ganz wenigen wirklich positiven Seiten, die ich dann 1982 meinem Konkurs und Zusammenbruch abringen konnte, war die Tatsache, daß die von »Prawda« bis »Konkret« immer wiedergekäute Märe, daß der Molden-Verlag von den Subventionen der CIA erhalten werde, sich endlich selbst ad absurdum geführt hatte.

Charles de Gaulle empfing mich ein einziges Mal, nachdem ich die deutschsprachigen Rechte an seinen »Memoiren der Hoffnung« erworben hatte. Das Gespräch, das in Colombey-les-deux-Eglises stattfand, ging eher steif vor sich. Der General teilte mir mit, daß er bereits den Übersetzer für sein Werk ausgesucht hätte, nämlich den Chefdolmetscher des Deutschen Auswärtigen Amtes in Bonn, Hermann Kusterer, der offensichtlich seine Gespräche mit deutschen Staatsmännern, insbesondere mit Konrad Adenauer, zu seiner Zufriedenheit gedolmetscht hatte. Im Anfang etwas perplex über diese einigermaßen ungewöhnlich präzisen Instruktionen des Autors, war ich de Gaulle nachher für seine Mitteilung dankbar, denn Kusterer erwies sich fürwahr als ein ausgezeichneter Übersetzer. De Gaulle nahm es mir persönlich offensichtlich ein wenig übel, daß ich seine Memoiren in zwei deutschsprachigen Ländern, in denen kürzlich konservative durch sozialistische Regierungen abgelöst worden waren, zu verlegen gedachte. Als ich mich jedoch als Freund und Verleger von Jean Guitton und damit auch des Buches von Papst Paul VI. ausweisen konnte, wurde er merklich freundlicher und schien mir die politischen Eskapaden der Bundesdeutschen und Österreicher in das sozialistische Lager nicht mehr weiter übelzunehmen. Wir besprachen noch die Präsentation seines Buches, zu der er sich bereit erklärte, nach Paris zu fahren. Dazu kam es allerdings dann nicht mehr, da General de Gaulle im November 1970 starb, seine Memoiren aber erst im Februar 1971 auf deutsch erschienen. Wie stark in Deutschland das Interesse an politischen Memoirenbänden damals noch war, beweist die Tatsache, daß unser De-Gaulle-Band monatelang auf dem ersten Platz der Bestsellerlisten zu finden war.

Auch in Österreich waren damals politische und zeitgeschichtliche Titel höchst populär. Schon 1969 erschien bei uns das Memoirenwerk des letzten österreichischen Bundeskanzlers vor dem Hitler-Anschluß, Dr. Kurt von Schuschnigg. Dieser war 1934 nach der Ermordung seines Amtsvorgängers Engelbert Dollfuß durch die Nazis Bundeskanzler geworden und hatte vergeblich versucht, in den vier Jahren seiner Regierungstätigkeit den inneren politischen und sozialen Frieden wiederherzustellen und gleichzeitig den immer stärker werdenden Druck des Dritten Reiches auf die kleine Alpenrepublik abzuwehren. Unfähig, mit den von seiner autoritären Regierung in die Illegalität verbannten Sozialdemokraten zu einem Ausgleich zu kommen, umgeben von Verrätern und Opportunisten, konnte er trotz außerordentlichen persönlichen Mutes, mit dem er Hitler bis zum letzten Augenblick entgegentrat, die Katastrophe nicht mehr verhindern. Am 11. März 1938 marschierte die deutsche Wehrmacht in Österreich ein. Hitler verkündete den Anschluß, und Kurt von Schuschnigg wurde in das Konzentrationslager Dachau eingeliefert, wo er mehr als sieben Jahre bis zum Zusammenbruch des Tausendjährigen Reiches verbrachte. Die SS-Wachmannschaften evakuierten dann ihn und andere prominente politische Gefangene in die »Alpenfestung« nach Südtirol, wo Schuschnigg schließlich von den einmarschierenden Amerikanern befreit wurde.

Er arbeitete zwei Jahre an seinem Buch, und in dieser Zeit sahen wir uns häufig, da er öfter von seinem Tiroler Wohnsitz nach Wien kam, um sich mit seinem Lektor Johannes Eidlitz oder mit mir zu beraten. Ich habe Schuschnigg in dieser Zeit außerordentlich schätzen gelernt. Ein Mann von integerem Charakter, der aus seinen Fehlern und aus der Geschichte viel gelernt hatte. Ein österreichischer Patriot war er immer gewesen, ein Demokrat war er durch die Ereignisse der letzten dreißig Jahre seines Lebens ohne jeden Zweifel aufgrund seiner eigenen bitteren Erfahrungen geworden.

Im März 1970 ging in Österreich eine politische Epoche zu Ende. Die sozialistische Partei unter Führung von Bruno Kreisky konnte erstmals nach dem Zweiten Weltkrieg eine Mehrheit in den Parlamentswahlen erringen, und damit war auch ein Vierteljahrhundert konservativer Bundeskanzler aus dem Lager der Österreichischen Volkspartei abgeschlossen. Bruno Kreisky löste Josef Klaus als Regierungschef am Ballhausplatz im österreichischen Kanzleramt ab. Klaus, ein eigenwilliger Mann, der vor seiner sechsjährigen Kanzlerschaft als Finanzminister und als Salzburger Landeshauptmann öffentlich tätig gewesen war, hatte sich seine

Niederlage weitgehend selbst zuzuschreiben. Er hatte es nicht verstanden, in den Reihen seiner eigenen Partei für Frieden und Eintracht zu sorgen, und stieß die Wähler mit seinem »Alles oder Nichts«-Ultimatum, daß er nur mit einer absoluten Mehrheit wieder Kanzler werden wolle, ebenso vor den Kopf wie dreizehn Jahre später sein Nachfolger Kreisky.

Klaus also zog sich ins Ausgedinge zurück und begann seine Memoiren zu schreiben. Niemand hatte dem sehr korrekten, aber eher trockenen Herrn ein interessantes Buch zugetraut. Weit gefehlt! Das Memoirenwerk »Macht und Ohnmacht in Österreich« war nicht nur guter politischer Lesestoff, sondern wurde auch ein durchschlagender Erfolg. Vielleicht hatten viele, die ihn 1970 nicht mehr gewählt hatten, ein schlechtes Gewissen bekommen und sozusagen als Wiedergutmachung das Buch gekauft.

Kurz darauf erschien dann das mit Abstand erfolgreichste aller unserer politischen Österreich-Bücher, »Figl von Österreich« von Ernst Trost: die postume Biographie des legendären ersten Nachkriegskanzlers Leopold Figl, die Ernst Trost so lebendig gestaltete, daß wir an die 30000 Exemplare davon absetzen konnten.

Internationale Staatsmänner, bundesdeutsche und österreichische Politiker und politische Autoren, egal ob Soziologen, Politologen oder Journalisten, wechselten einander in den Programmen unseres Verlages ab. Vom britischen Premierminister Harold Wilson über den Generalsekretär der Vereinten Nationen Kurt Waldheim, vom griechischen Sozialistenführer und späteren Ministerpräsidenten Andreas Papandreou bis zum langjährigen amerikanischen Verteidigungsminister Robert McNamara und dem Präsidenten des Club of Rome, Aurelio Peccei, spannte sich der weite Bogen unserer mehr oder weniger staatsmännischen internationalen Autoren. Jeder wollte umworben, womöglich ein wenig beweihräuchert und auf ein Podest gehoben werden. Wie viele Gespräche mußten geführt werden, um einen Vertrag unter Dach und Fach zu bringen oder mit einem schwierigen Autor Einigung über den Inhalt seines Buches zu erzielen! Und wie das nun einmal so ist, viele Verträge kamen nie zustande.

So zum Beispiel der mit Henry Kissinger. Dieser war mir aus früheren Zeiten, als er noch Professor in Harvard war und Bücher über Metternich und ähnliche nachahmenswerte Akteure der Weltgeschichte schrieb, gut bekannt. Er kam damals manchmal nach Wien und verdrückte zu meiner Ehefrau Hannerl bassem Erstaunen einmal eine ganze Sachertorte anläßlich einer Jause bei uns in der Eroicagasse. Vielleicht auch gestärkt durch diesen kräftigen Kalorienstoß bester Wiener Konditorskunst wurde er bald darauf Nixons Sicherheitsberater und schließlich, wie jedermann bekannt, des 20. Jahrhunderts berühmtester Außenminister.

1976, nach Carters Wahl zum Präsidenten, ging er in Pension und begann seine Memoiren zu schreiben. Welche bald von einem quicken New Yorker Agenten – wenn auch noch ungeschrieben, so doch zu höchsten Preisen – auf allen internationalen Märkten angeboten wurden. In Anbetracht der verspeisten Sachertorte, unserer Jahre zurückreichenden Bekanntschaft und der Tatsache, daß mein alter Freund und Kollege George Weidenfeld, der in der Zwischenzeit zum Lord Weidenfeld of Chelsea geadelt worden und infolgedessen in das britische Oberhaus eingezogen war, wiederum seinerseits mit Kissinger freundschaftlich eng verbunden und auch bereits als sein britischer Memoirenverleger festgeschrieben war – kurz, im Besitz aller dieser Atouts begann ich mich um die deutschsprachigen Rechte des zu erwartenden sensationellen Riesenwerkes zu bewerben.

Zu diesem Zweck mußte ich nach Paris fliegen, wo sich Kissingers Agent gerade aufhielt, und dort bei ihm vorsprechen. Es war klar, es würde sich um sehr viel Geld handeln, denn es gab noch etliche andere Interessenten. Andererseits war unbekannt, wann Kissinger eigentlich sein Manuskript abliefern wollte und was genau drinstehen würde. Einige Experten befürchteten, daß der Ex-Minister vielleicht um seiner künftigen Karriere willen heikle Themen mit großer Zurückhaltung behandeln würde. Auch war es unklar, wie sehr oder wie wenig in zwei, drei Jahren das deutschsprachige Publikum noch an vielbändigen Kissinger-Memoiren interessiert sein würde. Umgekehrt war es eine Prestigefrage, und der Autor Kissinger war eine schöne Feder auf jedem Verlegerhut.

Nach langen Diskussionen mit dem Agenten machte ich ein Angebot von 200000 Dollar. Einige Tage später erfuhr ich, daß es bereits höhere Offerten gäbe, ich aber noch einmal bieten könne. Ich bekam heraus, daß Bertelsmann 260000 Dollar geboten hatte. Wiederum stundenlange Konferenzen in unserem Wiener Hauptquartier. Wir telefonierten mit Taschenbuchverlagen und Buchklubs, darunter mit dem zuständigen Programmchef des größten deutschen Buchklubs, des Bertelsmann-Leserings, Karl-Ludwig Leonhardt. Dieser sagte mir in seiner sehr ehrlichen und offenen Art, daß er keinesfalls mehr als maximal 50000 Mark garantieren könne. Wenn er das Buch mal gelesen habe, könnte es sein, daß er sein Angebot verdoppeln würde; andererseits wäre es auch möglich, daß er dann überhaupt ausstiege. Die Auskünfte der Taschenbuchleute waren ähnlich deprimierend. Trotzdem entschloß ich mich, schon wegen der Vorabdruckmöglichkeiten, auf 280000 Dollar zu gehen. Der Agent war beeindruckt und sagte, er würde mich bald verständigen. Am nächsten Tag rief er mich an und teilte mir mit, daß die Bertelsmänner ein Angebot von sage und schreibe 450000 Dollar für Kissinger gemacht hätten. Ich dankte und verzichtete.

Nie ist uns klargeworden, warum Bertelsmann nicht 300000 Dollar geboten hat, dann hätte er das Buch auch bekommen. Die 450000 Dollar waren uns allen ein völliges Rätsel, kaufmännisch nicht zu verstehen, besonders wenn man die Zurückhaltung der Lizenznehmer aus dem Taschenbuch- und Buchklubbereich in Betracht zog. Damals aber – ich glaube, es war im Sommer 1977 – ist es mir zum erstenmal kalt über den Rücken gelaufen. Denn es war hoffnungslos, mit den so eindrucksvoll dargelegten, unbegrenzten Reserven der Giganten wie Bertelsmann Schritt zu halten. Damals wurde mir endgültig klar, daß die Großen, wenn sie nur wollten, mich oder jeden meiner Größenordnung auf den Rücken legen können.

Es gab noch andere politische Bücher, die nicht bei uns erschienen. Eines zum Beispiel hatten wir schon unter Vertrag, und es stand mit dem ansprechenden Titel »Die deutsche Herausforderung« bereits im Molden-Verlagskatalog. Der Autor hieß Franz Josef Strauß. Ein Jahr lang hatten er, Johannes Eidlitz, der als unser Cheflektor dieses wichtige Buch betreuen sollte, und ich uns regelmäßig in Franz Josef Strauß' Haus bei Wasserburg am Inn, in Bad Reichenhall, wo er zur Kur weilte, oder in Bonn im Bundesfinanzministerium getroffen, um das geplante Buch zuerst im Grundkonzept und dann in Einzelstücken zu erarbeiten. Anfangs ging alles blendend; Strauß erwies sich als ein gescheiter, hochgebildeter und amüsanter Arbeitspartner. Wenn wir uns bei ihm in Wasserburg in der wunderschönen alten Brauerei seiner Frau trafen und von der stets liebenswürdigen Hausfrau mit bayerischen Jausen versorgt wurden, blinzelten Eidlitz und ich uns zu: Wie man sich doch irren kann. Was hatten doch alle möglichen Leute uns immer über diesen Franz Josef Strauß für schreckliche Geschichten erzählt. Und jetzt das genaue Gegenteil – ein sympathischer, weltoffener Mann, voll Ideen und Toleranz, keine Spur von autokratischem Gehabe und jede Menge Zusammenarbeit.

Das einzige, was mich mit der Zeit etwas irritierte, war, daß wir nie ein Manuskript zu Gesicht bekamen. Aber wir sollten uns keine Sorgen machen, sagte mir Strauß am Telefon, als ich ihn urgierend anrief. Es sei alles schon beim Schreiben, und wir würden es verläßlich zeitgerecht erhalten. Leider erhielten wir es nie. Schließlich war Strauß auch nicht mehr für uns zu sprechen. Sein Sekretär sagte uns zwar, das Manuskript sei schon auf der Post, aber – wie das Leben halt oft so spielt – es langte nie bei uns an. Daher ist das Buch dann auch nie bei uns erschienen, was schade war – schon deshalb, weil unsere Vertreter es bereits hervorragend vorverkauft hatten. Unsere Beziehungen waren dadurch ein bißchen abgekühlt, und wenn ich Strauß mal zufällig irgendwo bei einem Empfang traf und er mich auch nur von der Ferne sah, drehte er sofort ab. Vielleicht befürchtete er eine Frage nach dem verschollenen Manuskript. Aber die Zeit heilt bekanntlich alle Wunden, und nach einiger Zeit hatten wir die Episode vergessen. Offensichtlich auch Franz Josef Strauß.

Jahre später saß ich einmal mit meiner Frau und unserem geliebten Leonard Bernstein, mit dem wir gerade an einem neuen Buch arbeiteten, mit Lennies Exklusiv-Übersetzer Peter Weiser und noch ein paar Freunden im Münchener Restaurant Tivoli, als an einem Nebentisch Franz Josef Strauß samt Entourage Platz nahm. Strauß erkannte Bernstein, den er sofort freundschaftlich mit »Bernie« ansprach. Beflügelt vom vortrefflichen Soavewein wurde aus den beiden Tischen bald einer, und es kam zur großen Verbrüderung, die in Anbetracht der diametralen politischen Gegensätze zwischen Bernstein und Strauß das basse Staunen so mancher Beobachter hervorrief.

Strauß, so wie in der guten alten Zeit besonders freundlich zu mir, regte ein Treffen an, das in Form eines Mittagessens im Extrastüberl des Münchener Gourmet-Restaurants Käfer bald danach stattfand. Wir sprachen vor allem über einen oder mehrere Memoirenbände, zu denen ich Strauß zuredete. Gibt es doch kaum einen deutschen Politiker, der so viel zu erzählen hätte. Wir vereinbarten weiteren Kontakt, und ich sandte ihm noch ein Exposé. Diesmal aber hielt ich mich nicht an die besprochenen Pläne. Nicht etwa aus böser Absicht. Ein paar Wochen später kam es im Mai 1982 zu unserem Debakel; mein Konkurs hinderte mich abrupt daran, weitere Buchprojekte durchzuziehen.

Aber es gab natürlich auch genügend deutschsprachige Politiker, deren Bücher wir jahraus, jahrein laufend publizierten: von Bruno Kreisky über Karl Gruber bis Josef Mock in Österreich, von Peter Glotz und Georg Kronawitter bis Hans Graf Huyn in der Bundesrepublik. Von den Wissenschaftlern und Journalisten wie Ralf Dahrendorf, Norbert Leser, Hugo Portisch, Rolf Biegler, Alexander Vodopivec oder Otto Schulmeister ganz zu schweigen. Die zwei letzten politischen oder besser gesagt zeitgeschichtlichen Bücher, die vor unserem bitteren Ende noch erschienen, waren Friedrich Schreibers »Die Saudis« und General Robert Closés »Das Ungleichgewicht des Schreckens«.

Der Don und der Schmetterling

Ich saß hoch oben auf der Penthouse-Terrasse eines der modernen Apartmenthäuser an der Siebenten Avenue in Downtown Manhattan. Es war ein warmer Abend, und Bill Targ hatte mir einen langen Drink mit viel Eis hingestellt. Es war jener heiße Sommer des Jahres 1968, in dem die Studenten in Paris und in Deutschland unruhig wurden und auf die Straße zu gehen begannen. Auch in den Vereinigten Staaten rumorte es an den Universitäten: dort wegen der Malaise mit Vietnam, in Europa wegen der allgemeinen Unzufriedenheit einer Jugend, die den Krieg und die ersten Aufbaujahre der Trümmerperiode nicht mehr erlebt hatte und weder mit der neuen Wohlstandsgesellschaft, die ihr ohne ethisches Korsett gebastelt schien, noch mit den Idealen, Sorgen und Sprüchen der elterlichen Kriegsgeneration etwas anzufangen wußte. Über diese neuen Phänomene auf beiden Seiten des großen atlantischen Teiches sprachen wir an diesem Abend.

Bill Targ war damals Senior Editor des renommierten Putnam-Verlages in New York, während seine temperamentvolle Frau Roslyn eine literarische Agentur betrieb. Eigentlich wollten wir schon längst in irgendein benachbartes Steakhouse zum Essen gehen, aber es war nach wie vor schwül, und die Sonne stand wie eine riesige Scheibe (die Farbe war so, als hätte sie eine clevere Werbeagentur für eine »Merfen-Orange«-Promotion ausgewählt) über dem Hudson River. Bill füllte noch einmal die großen Gläser mit Wodka, Tonic und viel Eis auf, placierte sich wieder in seinen

Liegestuhl und nahm ein dickes Manuskript in die Hand: »Dies, lieber Fritz, ist die spannendste und bestgeschriebene Story, die ich seit Jahren gelesen habe. Von einem jungen, unbekannten Autor namens Mario Puzo, der zwei Romane geschrieben hat, die bei Atheneum erschienen sind, aber fürchterliche Flops waren. Er lebt jetzt als Werbetexter, eher schlecht als recht. Seine Agentin Candida Donadio hat uns sein neues Manuskript zugeschickt, weil Atheneum es abgelehnt hat.« Dann erzählte mir Bill den Inhalt des Romans, bei dem es um die New Yorker »Cosa Nostra«, den amerikanischen Ableger der sizilianischen Mafia, gehen sollte. Bill war ganz enthusiastisch, und obwohl ich eigentlich fand, es gebe schon genug Romane aus dem Milieu der New Yorker Unterwelt, riß mich seine Begeisterung mit. Ich fragte, ob ich das Manuskript vielleicht lesen könne. »Sure«, meinte Bill, ich könne es über das Wochenende haben, nur müßte ich es ihm am Montag in den Verlag bringen, denn dann würden die Putnam-Leute anfangen, die Taschenbuch- und Buchklubrechte zu verhökern, und dazu brauche er das Manuskript.

Die siebenhundert Seiten des »Godfather« – so hieß das umfangreiche Elaborat auf englisch, auf deutsch nannten wir es dann »Der Pate« – wurden von Roslyn sorgsam in einen Schuhkarton verpackt, und ich schleppte es mit mir, zuerst in das Steakhouse, wo wir nicht nur, wie es sich gehört, köstliche Steaks verzehrten, sondern auch die liebe Kollegenschaft durch den Fleischwolf des Branchentratsches zogen, und dann in mein Hotel. Trotz Klimaanlage war es in meinem Zimmer noch immer viel zu heiß, um schlafen zu können. Also begann ich, das Manuskript des Herrn Puzo zu lesen. Und ich hörte so bald nicht auf. Ich sagte eine Wochenend-Badeeinladung nach Long Island ab, las den ganzen Samstag und Sonntag und brachte das Manuskript, wie vereinbart, pünktlich um neun Uhr am Montag früh in Bill Targs Büro bei Putnams.

Er wollte wissen, wie es mir gefiele. »Schau mich an«, antwortete ich, »seit achtundvierzig Stunden habe ich nicht geschlafen, weil ich nicht aufhören konnte, dieses verdammte Manuskript zu lesen.

Das ist ein großartiger Roman, und dieser Don Vito Corleone ist eine so unglaublich starke Figur, daß jeder, auch wenn er eigentlich gar kein Mafioso ist, sich mit ihm identifizieren muß.« Bill war zufrieden und gab mir noch den Rat, möglichst bald die deutschen Rechte zu erwerben, denn sobald Putnam die diversen amerikanischen Nebenrechte verkauft haben würde, müßten auch alle anderen Preise steigen. Noch am selben Nachmittag pilgerte ich mit Rhoda Weyr zu Candida Donadio, einer eindrucksvollen italo-amerikanischen Dame, die, Mario Puzo in Statur und Leibesumfang ähnlich, diesen seit Jahr und Tag mit viel Mühe und gutem Willen, aber bis dahin ohne nennenswerten Erfolg vertreten hatte. Ich sagte ihr, daß ich die deutschen Rechte des »Godfather« gerne erwerben würde.

Candida war ganz begeistert, denn bis dahin hatte noch nie ein ausländischer Verleger irgendein Manuskript von Puzo angesehen, geschweige denn erwerben wollen. Wir einigten uns schnell auf den Preis von 5 000 Dollar für die Garantiezahlung und auf ganz normale Honorarsätze. Ich glaube, wenn ich damals nur 3 000 Dollar geboten hätte, würde ich das Buch auch bekommen haben. Im Sommer 1969 erschien »Der Pate« dann in deutscher Übersetzung und wurde schnell zum größten Romanerfolg dieses Jahres. Mario Puzo, der zwanzig Jahre auf diesen Durchbruch hatte warten müssen, war überglücklich, daß er nun nicht nur in den Vereinigten Staaten, sondern auch in Deutschland, wo er nach dem Krieg als Soldat gedient, sein erstes Buch »Die dunkle Arena« geschrieben und sich schließlich auch seine Frau geholt hatte, zum anerkannten und erfolgreichen Romancier avanciert war.

Zum erstenmal im Leben besaß Mario Geld; er trat eine Europareise an und besuchte uns in Wien. Wir führten ihn in eines meiner Wiener Lieblingsbeiseln, das berühmte Restaurant Wegenstein »Zum Weißen Schwan« in der Nußdorferstraße. Puzo gefiel es dort sehr gut, wir saßen im altmodischen Gasthausgarten, und er genoß seinen Zwiebelrostbraten. Wenn wir wieder einmal nach New York kämen, wolle er sich im Italienerviertel an der Lower East Side in Manhattan revanchieren, sagte er. Da würden wir die

Welt des »Paten« richtig kennenlernen. Gesagt, getan. Ein halbes Jahr später war ich mit Hannerl in New York, und Mario lud uns ein, den Abend mit ihm zu verbringen. Punkt sechs Uhr erschien er im Hotel Carlyle, wo wir einige unserer New Yorker Autoren auf einen Drink eingeladen hatten. Mario, wie schon erwähnt, ein eher rundlicher Herr, sah sich von lauter schlanken Gästen, wie Frederick Morton oder Susan Howatch, umgeben. Er fühlte sich offensichtlich nicht sehr wohl und unterhielt sich eher mißmutig mit Hannerl.

Plötzlich ging die Tür auf, und der berühmte Futurologe Herman Kahn, Gründer und Leiter des fabulosen »think tank« des Hudson Institute erschien. Das heißt, er quetschte sich mühevoll zur Türe herein. Herman Kahn war wohl der dickste Mann, zumindest aber sicher der umfangreichste Autor, den ich je getroffen habe. Als er im Sommer 1983 starb, berichtete »Time«, die ihm eine ganze Seite Nachruf widmete, er habe 300 Pfund gewogen. Auf jeden Fall mußten wir damals, 1970, in New York das einzige Sofa im Raum für Kahn freimachen, da er auf keinem der vorhandenen Sessel, die das Hotel Carlyle beistellen konnte, Platz fand. Kahn kümmerte das alles gar nicht. Er schraubte sich in das Sofa hinein und ließ sich von Mario Puzo eine dicke Zigarre, die dieser ihm freudestrahlend anbot, anzünden. Puzo stellte sich Herman Kahn vor und versicherte ihm, es sei ihm ein ganz besonderes Vergnügen, ihn kennenlernen zu dürfen. Mario nahm sich dann noch einen Drink und kam zu mir herüber: »Das ist seit langer Zeit mein schönster Tag«, sagte er, »hast du den Herman Kahn gesehen? Der ist ja mindestens doppelt so dick als ich! Das werde ich dir nicht vergessen, daß du uns zusammen eingeladen hast.«

Nach der Cocktailparty führte Mario das Hannerl und mich stolz im riesigen chauffeurgelenkten Cadillac hinunter in das italienische Viertel »Little Italy«. Auf der Fahrt zur »Lower East Side« sah es trostlos aus: In vielen Straßen waren alle Bogenlampen außer Betrieb; der Unrat auf den Straßen war sichtlich seit Monaten nicht mehr weggekehrt worden; und man konnte kaum Menschen zu Gesicht bekommen, ausgenommen vielleicht ein paar

Schnapsleichen oder Drogensüchtige, die mühsam durch die Straßen schlichen. Aber plötzlich, von einem Augenblick zum anderen, änderte sich die Situation vollkommen: Die Straßen erstrahlten in hellstem Licht, sie waren von einer fröhlichen Menschenmenge bevölkert; Mütter mit Kinderwagen befanden sich auf einem abendlichen Einkaufsbummel; Buben spielten in Seitengassen Fußball; alle Geschäfte waren offen. Das Ganze wirkte wie das belebte Zentrum einer italienischen Kleinstadt. Mario Puzo sah unser ungläubiges Staunen, ließ den Wagen halten, bugsierte uns in ein besonders nettes, kleines italienisches Restaurant und klärte uns auf. Diese friedliche und heile Welt im Herzen der ärmsten Slums von New York sei ausschließlich der Mafia zu verdanken. Diese sorge mit eiserner Hand dafür, daß man ihre eigenen Wohnviertel in Ruhe lasse. Polizei und Straßenreinigung würden durch entsprechende Spenden ebenso in Trab gehalten, wie Rauschgifthändler oder auch nur einfache Ganoven unter der eindeutigen Drohung zitterten, daß sie prompt umgelegt würden, wenn sie sich nicht von dem Viertel fernhielten.

Das Lokal, in dem wir gar köstliche neapolitanische Spezialitäten verspeisten, schien uns wie ein Treffpunkt der »ehrenwerten Gesellschaft«, wie sich die Cosa Nostra selbst gerne bezeichnet, zu wirken. Die Typen, die dort aus und ein gingen, im Hintergrund an der Bar einen Grappa tranken oder mit gewichtigen Gesichtern in Extrazimmern verschwanden, schienen den Figuren, die man in den beiden Hollywoodschinken des »Paten« immer wieder auftreten sah, wie ein Ei dem anderen zu gleichen. Aber das nächtliche Straßenleben rundherum kam eindeutig mehr aus der Welt der »Mamma Lucia«, der liebenswerten Matrone einer kleinbürgerlichen italo-amerikanischen New Yorker Familie, die Mario Puzo in seinem ersten großen Roman, der in Amerika allerdings durchgefallen war, aufgezeichnet hatte. Bei uns, wo »Mamma Lucia« erst nach dem Erfolg des »Paten« erschien, wurde das Buch prompt ebenfalls ein Bestseller. Mir persönlich hat »Mamma Lucia« von allen Büchern Puzos eigentlich immer am besten gefallen, obwohl ich zugeben muß, daß man sich als Verleger nur im stillen Kämmerlein mit rein qualitativen Wertungen befassen sollte.

Mario Puzo hat unserem Haus und mir bis zum bitteren Ende die Treue gehalten; er hat nicht vergessen, daß ich der erste ausländische Verleger war, der ihn je zur Kenntnis genommen hat, und daß er durch uns alles in allem weit mehr als eine gute Million Mark netto verdiente. Immer wieder haben Verleger und vor allem Agenten versucht, uns Puzo abzuwerben; schon allein die Tatsache, daß hier ein großer amerikanischer Autor mit seinem deutschen Verleger direkten geschäftlichen Verkehr pflegte, wurde ihm und uns von der Agentenriege sehr übelgenommen. Aber Mario hat es, soweit ich es beurteilen kann, gut überlebt – und wir haben es sowieso nicht überlebt. Der eine oder andere Agent mag sich über mein Ableben als Verleger (von seinem Gesichtspunkt aus durchaus verständlich) gefreut haben. Mein ständiges Bemühen, mit den Autoren direkt Kontakt zu pflegen und die »ordnende Hand« des Agenten (die mich einmal trotz aller verlegerischen Erfolge mit James Michener diesen wichtigen Autor nur deshalb gekostet hat, weil ich einem der Agenten nicht in den Kram paßte) ein wenig in den Hintergrund zu schieben, mußte ja da und dort Ärgernis erregen.

Doch, »nehmt alles nur in allem«, sonst kann ich mich über die Agenten nicht beklagen. Manchmal mag ich sie geärgert haben, manchmal war es umgekehrt, aber im Grunde sind sie, wenn man bedenkt, was ich für ein verrückter Typ in dieser Branche war, per saldo alle recht fair mit mir umgegangen. Wobei die Rolle eines Hechtes im Karpfenteich, die ich lange Zeit im deutschen Verlagswesen zu spielen hatte, auch für die Agenten nicht immer schädlich war. Im Sommer des Konkurses hat mich der plötzliche Besuch von Erich Linder, dem Nestor unter den literarischen Agenten, in Alpbach – ohne jeden konkreten Anlaß, nur als Zeichen freundschaftlicher Verbundenheit – ganz besonders gefreut und aufgerichtet. Leider habe ich ihn nicht wieder gesehen, Erich Linder ist kurze Zeit später gestorben. Sein ehrliches, liebevoll besorgtes Gesicht, mit dem er mir an jenem Sommertag in

Alpbach gegenübersaß, werde ich nie vergessen. Erich Linder war eben eine Klasse für sich.

Fast genau ein Jahr nach dem heißen Abend auf der Terrasse des Targschen Penthouses, dem ich Don Mario zu verdanken hatte, saß ich wieder bei einem befreundeten Verleger. Der Ort war allerdings diesmal Paris, und es ging um einen Schmetterling. Ich war mit Melsene Timsit bei Robert Laffont in dessen schöner Wohnung in Neuilly, gleich am Bois de Boulogne, zu Gast. Robert erzählte von einem faszinierenden Manuskript eines (unschuldig?) wegen Mordes zu lebenslänglichem Zuchthaus in der Hölle von Cayenne in Französisch Guyana verurteilten Bagnosträflings. Der Mann wurde im »Milieu« der dreißiger Jahre »Papillon« (Schmetterling) genannt und hatte nach seiner Verurteilung in Paris insgesamt dreizehn Jahre auf den Pfefferinseln, auf den Heilsinseln und in den tödlichen Sumpfgebieten von Französisch Guyana, davon etliche Jahre wie ein wildes Tier in einen Käfig gesperrt, zugebracht. Obwohl mehrere Fluchtversuche scheiterten, ließ er sich nicht entmutigen, und 1942 gelang es ihm und einigen Schicksalsgenossen, in einer Nußschale von einem Boot die Küste von Venezuela und damit ein Jahr später die Freiheit zu erreichen. Robert Laffont erzählte uns noch viele aufregende Einzelheiten von Papillon, dessen wirklicher Name Henri Charrière war.

Papillon hatte seine abenteuerliche Geschichte im Jahre 1967, also fast fünfzehn Jahre nachdem er sich nach Venezuela hatte retten können, niedergeschrieben. Auf die Idee war er gekommen, weil er eines Tages in der venezuelanischen Hauptstadt Caracas in einer französischen Buchhandlung ein Buch von Albertine Sarrazin, »Der Astragal«, gesehen hatte, das er nach einem kurzen Blick auf den Klappentext auch gleich kaufte. Dieses Buch schildert die Geschichte einer Gefangenschaft und Flucht. Papillon fand, er könne dies besser, setzte sich hin und schrieb dreiundzwanzig Schulhefte voll. Diese schickte er an Jean-Pierre Castelnau, den Mann, der Albertine Sarrazins Buch lektoriert hatte. Castelnau zeigte das Manuskript – oder besser gesagt: die 23 Hefte – Robert

Laffont, der sofort begriff, was in diesem Stoff steckte. Das Buch »Papillon« würde nun demnächst bei ihm erscheinen.

Ich war sofort von den Erzählungen Laffonts begeistert und bat ihn um das Manuskript. Er gab es Melsene Timsit, die es mit nach Hause nahm und mir zwei Tage später – ich war noch in Paris – einen außerordentlich positiven Lesebericht schrieb. Ich nahm das Manuskript nach Wien mit. Mausi Pongracz, unsere hochgeschätzte Belletristik-Cheflektorin, lehnte es ebenso ab wie Johannes Eidlitz, der Cheflektor des Hauses. So stand es zwei zu zwei: Melsene und ich waren für das Buch, Mausi Pongracz und Hansi Eidlitz dagegen. Ich bat zwei junge Mitarbeiter, das Manuskript zu lesen – beide waren begeistert. Gleichzeitig war das Buch in Frankreich nun erschienen, und Laffont hatte in wenigen Wochen 60 000 Stück verkauft. Melsene rief mich verzweifelt an: Das Buch sei bereits ein riesiger Schlager geworden, es werde von seinem Autor täglich im Radio gelesen, und etliche deutsche Verleger hätten schon bei Laffont angefragt, ob sie die Rechte bekommen könnten.

Es war klar, ich mußte mich nun entscheiden. Es fiel mir einerseits schwer, gegen den Rat meiner Fachleute im Hause, Eidlitz und Pongracz, zu entscheiden. Aber andererseits war ich von dem Stoff überzeugt und glaubte, daß Robert Laffont hier sicher das richtige Fingerspitzengefühl hatte. Auch Melsenes Enthusiasmus mußte ins Kalkül gezogen werden. Das Gegenargument von Pongracz und Eidlitz, die deutschen Leser würde das Schicksal eines französischen Ganoven nicht besonders interessieren, hatte zwar einiges für sich, konnte mich aber nicht überzeugen. Robinson Crusoe und Lawrence von Arabien waren ja auch keine Deutschen gewesen, und doch hatten ihre Abenteuer Hunderttausende in Deutschland begeistert. Schließlich gab ich Melsene grünes Licht, und sie kaufte die deutschen Rechte von Papillon für ganze 5 000 Dollar.

Dies geschah im Sommer 1969. Kurz darauf erschien der »Pate« bei uns auf dem deutschsprachigen Markt. Nach langen Diskussionen mit Olaf Paeschke, der unsere neugegründete Münchener

Firma in der Nymphenburger Stievestraße leitete, und mit Gert Frederking, unserem neuen Vertriebsleiter für Deutschland, beschlossen wir, den offensichtlichen Erfolg des »Paten«, unseres ersten großen belletristischen Bestsellers, auszunützen und »Papillon« – obwohl das Buch wegen seines Umfangs und des sich darauf für die Übersetzung ergebenden Zeitbedarfs erst im Frühjahr 1970 erscheinen konnte – bereits im Herbst 1969 sowohl auf der Messe in Frankfurt als auch im Sortiment anzukündigen. Wir mußten hier auf weiten Gebieten verlegerisches Neuland betreten.

Bestseller waren bei uns in der Anfangsperiode rein zufällig entstanden, so beispielsweise unser erster Seller »Die grünen Teufel«. Unsere nächsten großen Bestseller waren durch die Bank Sachbücher gewesen, nämlich Swetlanas »20 Briefe an einen Freund«, dann Trosts »David und Goliath«, Herman Kahns »Ihr werdet es erleben« und im Sommer 1969 Herbert Pichlers »Die Mondlandung«, ein durch viele Monate geradezu generalstabsmäßig geplantes Buch, und zwar redaktionell, technisch und vertriebsmäßig geplant. (Es gelang uns, wenn auch mit großen Schwierigkeiten, am Tage der Rückkehr der Astronauten vom Mond auf die Erde, das erste Exemplar des fertigen Buches dem österreichischen Bundeskanzler Josef Klaus zu überreichen.) Aber alle diese Bücher waren Sachbücher gewesen. Sie bezogen sich auf ein konkretes Ereignis wie zum Beispiel den Sechstagekrieg oder die erste Mondlandung (wobei wir allerdings auch eine Version für den Fall des Mißlingens des Experiments hatten vorbereiten müssen) bzw. auf eine historische Persönlichkeit, in unserem Fall Swetlana Allilujewa, die Stalin-Tochter. Sowohl bei den redaktionellen als auch bei den technischen Vorbereitungen hatten wir wieder einmal auf unsere Erfahrungen aus anderen Medien zurückgreifen können, und bei Vertrieb und Werbung hatten wir, umgekehrt, die Medien voll auf unserer Seite gehabt. Die Ankunft der Swetlana, der Sechstagekrieg, sogar die neuen Vorhersagen von Herman Kahn über die Zukunft der Welt und natürlich am meisten die Mondlandung waren echte »News«: Nachrichten, die sowohl von Zeitungen, Magazinen, Fernsehen und Radio verbreitet wurden. Wir mußten uns nur an diese Nachrichten geschickt anhängen, und unsere Bücher konnten sich wie Viermaster-Segelschiffe unter dem guten Wind der Nachrichten bewegen.

Bei starken belletristischen Titeln allerdings war alles anders. Hier mußten wir den helfenden Wind, den uns bei den Sachbüchern die entsprechenden Ereignisse beziehungsweise deren Knechte, die News-Medien, gratis und franko zur freundlichen Verfügung stellten, selbst erzeugen. Das heißt, wir mußten unser eigenes Werbe- und Vertriebskonzept entwickeln, wenn wir hoffen wollten, 50000, 100000 oder noch mehr Exemplare eines Romans, noch dazu eines bis dahin auf unserem Markt unbekannten Autors, zu verkaufen. Von 1969 bis 1971 haben Olaf Paeschke, Gert Frederking und ich eine neue Strategie entwickelt, die unter Einbeziehung der Medien, aller nur denkbaren neuen Werbe- und Vertriebsmethoden und insbesondere, wenn nur irgend möglich, unter aktiver Mitwirkung der Autoren selbst, unsere starken Titel auf breiter Front in den Buchhandel und dann zum Publikum bringen sollten.

Eine wesentliche Voraussetzung allerdings mußte auch noch stimmen: Die ausgewählten Bücher mußten inhaltlich und von der »Schreibe« her so geartet sein, daß sie für ein breites Publikum geeignet waren. Im Laufe der Jahre haben wir dann unsere Werbe- und Vertriebsmethoden so weit entwickelt und konnten so viele Erfahrungen sammeln, daß uns auf diesen Sektoren kaum noch schwerwiegende Fehler unterlaufen sind. Flops sind vielmehr vor allem dann entstanden, wenn wir schon bei der Auswahl jener Bücher, die wir die »Lokomotiven« nannten und die mit entsprechender Unterstützung zu Bestsellern gemacht werden sollten, irrten. Das heißt, wenn uns in bezug auf Publikumswirksamkeit oder das potentielle Leserinteresse eines Titels Fehleinschätzungen unterliefen.

Die Zusammenarbeit unserer Münchener Dreiergruppe, zu der sich in Wien noch Hans Schaumberger als graphischer Ratgeber, Josef Lukes für den österreichischen Vertrieb und Willy Fux für die finanziellen und kaufmännischen Fragen gesellten, funktionierte hervorragend. Wenn ein neues wichtiges Projekt auftauchte, wurde entweder auf meinem Stollhofer Landsitz oder in unserem Salzburger Büro in Anif eine Klausurtagung abgehalten. Ging es um Fragen des Programms, so war natürlich auch das Lektorat vertreten. Nach zwei Tagen hatten wir ein Konzept auf dem Tisch, und dann wurde abgewickelt. Der erste beispielhafte Fall, bei dem wir unsere neue Bestseller-Strategie voll durchexerzieren konnten, war eben »Papillon«: zwar ein noch unbekannter Autor, aber immerhin im Nachbarland Frankreich bereits eine Art Superstar, von dem wir sicher sein konnten, daß er in Deutschland mit den Medien entsprechend aufgebaut werden konnte.

Ich flog nach Paris, um Henri Charrière endlich persönlich kennenzulernen. Wir trafen uns im Büro von Robert Laffont; ich hatte Melsene Timsit mitgebracht, da diese ja »Papi« – wie er längst bei uns hieß – auf seinen geplanten Deutschland-, Schweiz- und Österreichtourneen begleiten und dolmetschen sollte. »Papi« war äußerst sympathisch, im Grunde sehr dankbar für alles und bescheiden, obwohl er damals bereits ein vielfacher Millionär war. Ein wenig wollte er allerdings schon herzeigen, was für ein toller Mann er war. So hatte Laffont im benachbarten Restaurant »Le Recamier« einen Tisch bestellt. Nachdem das Lokal nur ein paar Schritte entfernt war, wollten wir zu Fuß gehen. Charrière aber insistierte, daß wir unbedingt fahren sollten, sein Wagen warte unten. Das tat er auch: ein unglaublich eleganter Rolls-Royce, der mit Bar, Eisschrank, Fernseher und allen nur denkbaren Schikanen ausgestattet war. Wir fuhren zwar höchstens eine Minute, aber wir bewunderten das Auto gehörig, und »Papi« war glücklich und stolz auf seine Karosse.

Auf der Tournee hielt er sich phantastisch, mit Ausnahme der Tatsache, daß es immer etwas riskant war, eine Dame neben ihn zu setzen, denn »Papi« war ein »homme à femmes«, und daher zwickte er alle Damen, wo, wann und wie es nur ging. Melsene Timsit, die ja wochenlang mit ihm reiste und daher Zwickattacken besonders ausgesetzt war, entwickelte eine hervorragende Defensive. Sie setzte sich immer links von ihm: Auf der Teufelsinsel waren ihm nämlich zwei Finger der linken Hand abhanden gekommen, daher konnte er links nicht so kräftig kneifen.

Die Knef-Story

Will Tremper hatte mich mehrmals in Wien besucht und mir klarzumachen versucht, daß Hildegard Knef – mir natürlich vom Kino und seit einiger Zeit aus dem Radio und von ihren Platten bekannt – dabei sei, ein wichtiges und, wie er sich ausdrückte, ganz tolles Buch zu schreiben. Ich sollte mir doch endlich die Mühe machen, an den Starnberger See zu fahren, um die Künstlerin kennenzulernen. Tremper, der so vieles kann, wenn er nur will, wollte diesmal wirklich und brachte es daher auch bald fertig, mich in Richtung Oberbayern in Marsch zu setzen. Olaf Paeschke führte mich dann mit dem Wagen von München zum Starnberger See, und so fand ich mich an einem schönen Juniabend des Jahres 1969 in einem hübschen Garten, Hildegard Knef, ihrem Mann Tonio David Cameron und einer noch im Windelalter befindlichen Tochter gegenübersitzend.

Nach einigem Herumgerede über ihre nächsten beruflichen und meine neuesten Buchpläne kamen wir bald zum Thema. Ich fragte, ob ich wirklich ein bißchen Manuskript lesen dürfe. Frau Knef, sehr schön, sehr schlank, fast durchsichtig und offensichtlich sehr interessiert, menschlichen Kontakt zu etablieren, war höchst kooperativ. Sie meinte, wir sollten nur erst mal kurz Spargel essen und einen guten Blanc de Blanc dazu trinken. Dann sollte ich natürlich lesen und ihr auch gleich meine Meinung sagen. Der Spargel schmeckte gut, Smalltalk war gar nicht mehr notwendig. Wir drei kamen uns schnell näher, fanden gemeinsame Interessen und orteten zwischen Berlin, New York, München und Hollywood so manchen alten Bekannten.

Die Spargel (mit köstlicher Sauce Hollandaise) waren aufgegessen, Frau Knef drückte mir einen Ordner mit circa 120 Manuskriptseiten in die Hand und bot mir im Wohnzimmer eine lauschige Leseecke an. Das Ehepaar setzte sich in den Garten, und ich begann zu lesen, bald vergaß ich alles rund um mich. Das, was ich in der Hand hatte, war – ohne jeden auch nur geringsten Zweifel – von einer großen schriftstellerischen Begabung, wenn auch zum Teil noch etwas unbeholfen formuliert. Aber es war hin- und auch mitreißend; es war genau der Stoff, aus dem die großen Bücher gemacht werden. Und noch etwas erkannte ich an diesem Abend: Dieses Fragment, wenn es je ein Buch würde, könnte Hunderttausende, ja Millionen deutscher Frauen ansprechen. Mit dieser Persönlichkeit und mit ihrer Story würden sich die Lieschen Müllers ebenso identifizieren können wie intellektuelle Karrierefrauen.

Einmal stand ich mitten in der Lektüre auf: der viele Spargel..., ein menschliches Rühren. Hilde und Tonio hörten mich vom Garten aus meinen Stuhl bewegen und stürzten herein: »Herr Molden, machen Sie doch endlich den Mund auf, sagen Sie was!« »Ja, wissen Sie, ich wollte eigentlich nur fragen, wo die Toilette ist. Sie wissen, der viele Spargel!« Hilde Knef blickte mich eher ungläubig an: »Ach was, und dorthin gehört wohl auch mein Manuskript, das finden Sie doch, nicht wahr?!« Ich hatte größte Mühe, Künstlerin und Ehemann von meiner Ehrlichkeit im Hinblick auf den Spargel zu überzeugen. Ich durfte also mal, kehrte schleunigst wieder und las weiter im Knef-Manuskript. Um halb elf war ich fertig, ging auf die Terrasse und sagte ihnen, was ich beim Lesen immer stärker gedacht hatte: nämlich, daß dies hier der Anfang eines ganz wichtigen Buches sei und daß ich es sehr gern verlegen würde. »Wenn wir uns alle anstrengen und an einem Strick ziehen, kann das ein großer Erfolg werden.«

Einmal hatte auch das halbblinde Moldenhuhn das richtige Korn gefunden: Mit dem umwerfendsten Werbe-, Vertriebs- und Promotionplan und mit einer Hildegard Knef, die – wenn nötig –

mit uns auch auf den Mond zum Signieren gefahren wäre, erreichten wir schließlich den größten deutschsprachigen Bucherfolg nach dem Zweiten Weltkrieg. Insgesamt wurden in zehn Jahren über 2,5 Millionen Exemplare des »Geschenkten Gauls« in deutscher Sprache verkauft, davon allein über eine Million in unserer Original-Verlagsausgabe; ferner etwa 800 000 in diversen Buchklubausgaben, fast 600 000 im Taschenbuch und der Rest in Digest-Ausgaben.

Aber vorerst waren wir noch nicht soweit. Jetzt mußte Hilde erst mal ihr Buch fertigschreiben, und wir mußten den Verlagsvertrag unter Dach und Fach bringen. Im Spätsommer konnte der stets präsente Agent Paul Fritz die endgültige Offerte entgegennehmen. Einige wichtige Verleger hatten sich von vornherein nicht an einer höhergehenden Auktion beteiligen wollen, da sie, wie beispielsweise Herr von Wehrenalp, der Chef des Econ-Verlags, der Meinung waren, das Buch sei nicht stark genug, um einen hohen Einsatz zu rechtfertigen. Auch Willy Droemer, der sonst immer ein untrügliches Gefühl hatte, wollte nicht richtig mit. Eindeutig interessiert hatte sich Rudi Streit-Scherz, der Verleger des Scherz-Verlages in Bern, gezeigt. Mit ihm mußten wir als ebenso hartem wie potentiellem Gegner rechnen. Bei mir zu Hause war diesmal das von Eidlitz und Mausi Pongracz geführte Lektorat ganz dafür, daß wir das Buch machen sollten. Hingegen hatte Olaf Paeschke ernste Bedenken. Alles, was über 100 000 Mark Garantiezahlung hinausging, schien ihm überzahlt und wahrscheinlich nicht mehr einspielbar. Ich hatte in der Zwischenzeit weitere hundert Manuskriptseiten gelesen, die mich noch mehr in der Überzeugung bestärkten, daß wir uns dieses Buch und diese Autorin fast um jeden Preis sichern sollten. Schließlich zeigte es sich, daß Scherz und Molden die gleichen Garantien zu bieten bereit waren, nämlich je 250 000 Mark.

Jetzt ging es nur noch um die Einzelheiten der Tantiemen. Ich glaube, daß das Teilungsverhältnis der Honorare am Schluß eine große Rolle spielte. Auf jeden Fall offerierten wir dann die sogenannten »Thomas-Mann-Konditionen«, nämlich ein Honorar von

17 Prozent vom Ladenverkaufspreis bei allen über 100 000 verkauften Exemplaren. Damals schien uns dieser Vorschlag nicht weh zu tun. Denn erstens waren wir sehr weit weg von 100 000 verkauften Exemplaren, und zweitens, wenn wir schon in solche Höhen kommen würden, warum sollte dann nicht ein Superautor entsprechend verdienen dürfen? Wir konnten damals noch nicht ahnen, wie stark Vertriebskosten und Umsatzsteuer in den kommenden Jahren steigen würden, so daß es dann bei den prächtigen »Thomas-Mann-Konditionen« so weit kommen konnte, daß der Verleger alles tat, um Auflagen von über 100 000 Stück zu vermeiden, da er sonst effektiv draufzahlen mußte.

Nachdem alle materiellen Fragen der Angebote geregelt waren, empfing Hilde Knef noch jeden der beiden Verleger zu einem Gespräch unter vier Augen. Dann traf sie ihre Entscheidung, und Paul Fritz verständigte mich, daß Molden den »Geschenkten Gaul« bekommen habe. Das war im August 1969. Nun sollte Hilde in Ruhe Zeit haben, das Buch zu vollenden. Unsere Mausi Pongracz sollte ihr dabei als Lektorin beistehen. Die Knef-Camerons zogen in die Schweiz, nach St. Moritz, und Hilde begab sich in Klausur. Im Spätwinter 1970 war das Buch von der Autorin aus fertig. Das gab uns Zeit. Die Vorabdrucksrechte in Deutschland waren an die damals florierende Zeitschrift »Jasmin« vergeben worden. Es durfte aber nichts vor dem Sommer erscheinen.

Wir hatten genug Spielraum, um unsere Promotion und Vertriebspläne minutiös vorzubereiten. Wir mußten in Betracht ziehen, daß Anfang März 1970 »Papillon« erschienen war und dank des hervorragenden Einsatzes von »Papi« selbst, der durch ganz Deutschland kurvte, aber auch als Folge unserer neuartigen Vertriebs- und Promotionaktivitäten in kürzester Zeit die Spitzen der Bestsellerlisten erreichte und wir natürlich nicht einen Schlager durch einen anderen abwürgen wollten. Wir beschlossen, wie geplant, zuerst einmal auf breiter Front an dreitausend Buchhändler schön gestaltete Riesenleseproben zu verschicken, dann aber auch noch mit von der Knef gelesenen Werbeschallplatten bei den Buchhändlern nachzustoßen. Überhaupt sollte das Sortiment bis zum Erscheinen des Buches, das für den 4. August vorgesehen war, ständig durch Zusendungen, Geschenke, Plakate und Werbeankündigungen berieselt werden. Gleichzeitig wollten wir alles tun, um »Papillon« bis Mitte oder Ende August auf Platz eins der Bestsellerliste zu halten, um quasi wie bei einem Stafettenlauf den ersten Platz direkt von Charrière an Knef zu übergeben. Das ist übrigens auch, wie wir es uns ausgedacht hatten, gelungen.

Im Mai 1970 übersiedelten Hilde und Tonio in das abseits gelegene Haus eines Freundes an der Côte d'Azur. Dorthin brachte ich ihnen dann Anfang Juli das erste Exemplar ihres »Gauls«, piekfein in weißes Leder gebunden. In jenen Zeiten waren Hilde und Tonio zumindest für einen Außenseiter wie mich noch ein Herz und eine Seele. Sie genossen das Dolcefarniente an der Côte d'Azur, verwöhnten ihre Tochter Tinta und waren ganz einfach angenehme Zeitgenossen. Es gelang mir bald, nachdem wir einmal Vertrauen zueinander gefaßt hatten, eine gute und offene Beziehung zu beiden aufzubauen. Damals konnte man alles mit Hilde besprechen, sie war höchst kooperativ, immer selbst voll guter Ideen und ansonsten genau das, was man in den Staaten »a good sport« nennt.

Im August wurde das Buch offiziell präsentiert. Zu diesem Zeitpunkt hatten wir 17000 Vorbestellungen aus dem Sortiment; das war nicht schlecht, aber nur die Hälfte der Vorbestellungen, die »Papillon« bei Erscheinen gehabt hatte. Dann kamen die ersten öffentlichen Auftritte der Knef und ein paar frühe, sehr gute Besprechungen des Buches. Ende August waren wir bei 30000 verkauften Exemplaren. In sieben großen Städten machten wir Präsentationen, wo wir mit riesigem Troß aufkreuzten und jeweils alle Buchhändler, Journalisten und sonstige wichtige Leute einluden. Ich erinnere mich an die Abende in Hamburg, Düsseldorf, Frankfurt, Stuttgart, München, Zürich und Berlin. Aber ich bin sicher, wir waren auch in Wien. Diese Großveranstaltungen waren mein Bier, da mußte ich auch entsprechende Reden halten, für die lieben Gäste den Verbeugungsmatador spielen und Hildchen von morgens bis abends betreuen.

Dann begann die zweite Phase: Hilde fuhr, abwechselnd von Olaf Paeschke oder Gert Frederking begleitet, auf Signier-Tournee. Sie hatte schließlich bis Weihnachten mehr als zweihundert Signierbuchhandlungen besucht und ungefähr 60 000 Bücher signiert. Fürwahr eine tolle Leistung für ein so zierliches Geschöpf. Aber es hatte sich ausgezahlt, das viele Signieren, das Hilde schließlich schon Schwielen an den Händen verursachte – bei der besten aller Signierstunden, in der Buchhandlung Aigner in Ludwigsburg, signierte sie 800 Exemplare an einem Nachmittag. Bis Weihnachten, also in guten vier Verkaufsmonaten, hatten wir 284 000 »Gäule« verkauft. Ein Jahr später waren es schon 487 000, und Anfang 1972 überschritten wir die halbe Million.

Natürlich hatte das viele Geld auch seine Schattenseiten für die Familie Knef-Cameron. Wer ist denn auch schon auf so viel Geld auf einmal gefaßt – besonders wenn man vorher eher wenig davon hatte. Häuser an der Alster in Hamburg, bei St. Moritz im Engadin, und ich weiß nicht, wo noch, wurden gemietet, luxuriös ausgestattet und wieder aufgegeben. Gereist wurde nur mehr mit Zofe und Kindermädchen, bald auch – als die Terrorzeiten kamen – mit den entsprechenden Leibgorillas. Im Engadin begann Hilde dann an einem Roman zu schreiben, der aber, obwohl in der Anlage ausgezeichnet, leider nie vollendet wurde. Dafür kam dann ein Band mit Texten und Gedichten »Tapetenwechsel«. Sie machte auch viel im Fernsehen und jede Menge Langspielplatten. Dann hatte sie Sorgen mit der kleinen Tinta, die immer wieder krank wurde, und schließlich wurde Hilde selbst sehr krank.

Die Familie war in eine Villa im österreichischen Salzkammergut am Traunsee bei Altmünster umgezogen. Für mich als Eisenbahnfanatiker wäre das der ideale Wohnsitz gewesen, denn keine vierzig Meter vom Haus entfernt fuhr die Salzkammergutbahn vorbei. Achtundvierzigmal am Tage, allerdings auch Güterzüge eingeschlossen, quietschte das Bähnle an der Knefschen Mühle vorbei. Außerdem stand das Haus, wie das Mühlen meist zu tun pflegen, an einem Bach, und dieser war an der stärksten Nebelentwicklung schuld, die ich je im Salzkammergut erlebte. Und da hinein mußte eine kranke Hilde, die immer wieder nach Salzburg in die Klinik sollte. Daß unter alledem auch der Ehefrieden leiden mußte, darf nicht weiter verwundern. Für mich aber war es erschütternd mitanzusehen, wie eine kleine Gemeinschaft, die ich noch so gut funktionierend gekannt hatte, nun dabei war, kaputtzugehen.

Im Sommer 1974, nach mehreren schweren Operationen, entschloß sich Hilde Knef, ein neues Buch zu schreiben, das sich, wie beim »Gaul«, erneut mit ihrem eigenen Leben und in diesem Fall vor allem Leiden befassen sollte. Sie beriet sich viele Stunden mit mir, und ich war wieder einmal von ihrem großen Mut beeindruckt. In diesem Buch wollte sie keine Rücksichten nehmen, weder auf sich selbst noch auf die uns umgebenden Tabus, auch nicht auf ihre Mitmenschen und schon gar nicht auf ihre eigene Eitelkeit. Hilde setzte sich, krank wie sie war, also wieder hin und begann zu schreiben. Wieder wurde es ein großes und wichtiges Buch. Nicht mit dem »Gaul« zu vergleichen, weniger zum Lachen und auch kein Hausbuch für rührselige Optimisten. Ein hartes, manchmal fast böses Buch, anspruchsvoll für den Leser, der seinen Teil mitdenken mußte; aber als Ganzes trotzdem ein starkes und gekonntes Buch, sprachlich in vielem weiterentwickelt, vom oft schnoddrigen Berlinerisch des »Gaul« zu einer gehobenen, fast schon dichterischen Sprache.

Die Autorin selbst war auch ein wenig schwierig geworden. Wahrscheinlich war es auf ihre Krankheit zurückzuführen, daß sie sich kaum noch in der Lage sah, Vertrauensvorschüsse zu gewähren, nicht einmal bei alten Freunden, derer sie eigentlich sicher sein mußte.

Unser Lektor Franz Schrapfeneder hat das Werk mit der ihm eigenen Ruhe und Ausgewogenheit mit und vielleicht manchmal trotz der Autorin gut über die Runden gebracht. »Das Urteil« erschien im Juni 1975 und wurde in Anbetracht der Schwierigkeiten des Themas und der Tatsache, daß die Autorin wegen ihres angegriffenen Gesundheitszustandes natürlich entsprechend geschont werden mußte und nicht in dem Maße, wie wir es von früher bei Hildegard Knef gewohnt gewesen waren, für PR-Veranstaltungen zur Verfügung stehen konnte, ein unerwartet großer Erfolg. Es konnten etwa 150000 Exemplare des »Urteils« verkauft werden. Allein die Vorabdrucksrechte, die der »Stern« erworben hatte, spielten 360000 Mark ein, und der exklusive, hochliterarische New Yorker Verlag Farrar, Straus & Giroux brachte eine amerikanische Ausgabe heraus.

Trotz mancher für mich betrüblicher menschlicher Erfahrungen, die ich in den Folgejahren im Zusammenhang mit Hildegard Knef machen mußte, halte ich sie nach wie vor für einen der vielseitigst begabten Menschen, die ich in meiner Verlegerzeit treffen durfte. Ich bin davon überzeugt, daß sie das Zeug in sich hat, eine ganz große Schriftstellerin zu sein. In allen drei Büchern, die bei mir erschienen sind, kommt das immer wieder deutlich zum Ausdruck. Und sogar in ihrem letzten Buch, das nach unserem Ende bei Knaus erschienen ist, bricht ihre große Begabung immer wieder aus dem Meer von Animositäten und Selbstmitleid hervor, die das Buch leider ansonsten schwer lesbar machen. Wenn Hildegard Knef es fertigbrächte, wieder einmal, wie sie es in ihrem aufregenden Leben schon mehrmals mit soviel Mut gemacht hat, über ihren eigenen Schatten zu springen, losgelöst von ihrem eigenen Leben zu schreiben und andere Ufer anzusteuern, dann hätte sie als Autorin noch Großes und Wichtiges zu offerieren.

In den Zeiten des »Gaul« wurde in den Medien und besonders in der Fachpresse immer wieder das »Phänomen Knef« diskutiert. Wie war es möglich, daß plötzlich im Jahre 1970 eine Film- und Bühnenschauspielerin, deren große Erfolge weit zurücklagen, es fertigbringt, zuerst mit nur beschränkt vorhandenen stimmlichen Möglichkeiten Triumphe als Chanson-Sängerin zu feiern und sich dann über Nacht zur Top-Schriftstellerin der deutschen Nation zu mausern? In diesem Zusammenhang tauchte dann gern die These auf, die Knef, die ja gar nicht schreiben könne, hätte sich den »Gaul« von einem Ghostwriter schreiben lassen. Nun, ich habe neunzig Prozent der Arbeit am »Gaul« und hundert Prozent ihrer

Arbeit an den beiden anderen bei uns erschienenen Büchern aus nächster Nähe beobachten und miterleben können. Es wäre völlig grotesk anzunehmen, daß Hildegard Knef sich auch nur eine Zeile ihrer Manuskripte von einem Ghostwriter schreiben ließ, denn ich habe selten eine Autorin oder einen Autor getroffen, die oder der, sogar wenn ihr eigener Lektor irgendwelche stilistische Änderungen vorschlug, schon die Haare aufstellte und wegen jedes geänderten Wortes einen Grabenkrieg veranstaltete. Geschrieben hat sie sicher alles selbst, und die Ideen dazu hat sie auch selber gehabt, was sich ja schon aus dem Faktum ergibt, daß ihre beiden großen Bücher rein autobiographischer Natur sind.

Das Geheimnis des »Gaul«-Erfolges aber ist eben in der bereits erwähnten Fähigkeit der Knef begründet, ihre eigene Geschichte und natürlich auch ihre Person und ihr Schicksal so darzustellen, daß sich das deutsche Publikum voll mit dem, was es las, identifizieren konnte. Ich habe es oft genug bei Signierstunden oder bei sonstigen Begegnungen mit der Knef erlebt, daß deutsche Frauen in den »besten Jahren« auf sie zueilten und ihr versicherten, genau das, was Hilde in dem und dem Kapitel geschrieben habe, sei doch auch ihr eigenes Schicksal gewesen. Und wenn sie nur selber schreiben könnten, dann würden sie ihre eigenen Erfahrungen genauso darstellen, wie es die Knef getan habe. Mit anderen Worten: Hildegard Knef hat es fertiggebracht, mit ihrem »Geschenkten Gaul« stellvertretend für die »schweigende Mehrheit« der deutschen Frauen der Nachkriegsgeneration deren Erlebnisse, Empfindungen, Gefühle, Ängste und Hoffnungen wiederzugeben. Und dankbar haben Millionen deutscher Frauen den »Geschenkten Gaul« angenommen. Im Grunde war es ja ihr eigenes Buch.

Arthur, Alpbach und die »Callgirls«

Arthur Koestler kam 1954 zum erstenmal in das Tiroler Bergdorf Alpbach, um dort am Europäischen Forum Alpbach teilzunehmen. Zum zehntenmal wurde in jenem Sommer die vom Österreichischen College durchgeführte Veranstaltung abgehalten. 1945, wenige Wochen nach Kriegsende, hatte eine Gruppe junger Studenten und Dozenten unter Führung meines Bruders Otto und des Innsbrucker Dozenten der Philosophie Dr. Simon Moser diesen sonderbaren und, wie sich später herausstellen sollte, außerordentlich widerstandskräftigen und überlebensfähigen Haufen ins Leben gerufen. Zuerst fanden Internationale Hochschulwochen statt, aus denen ein paar Jahre später das Europäische Forum Alpbach wurde. Dazu haben sich im Laufe der Zeit noch die Alpbacher Dialogkongresse gesellt. Jetzt nehmen am Forum Alpbach siebenhundert bis tausend Personen und an den Dialogkongressen jeweils etwa dreihundert Personen teil. Die erste Alpbacher Veranstaltung anno 1945 hatte knapp achtzig Teilnehmer. Als der Dichter Arthur Koestler zum erstenmal die kurvenreiche Bergstraße nach Alpbach hinauffuhr, traf er dort etwa zweihundert Tagungskollegen. Als wiederum zehn Jahre später unser Verlag gegründet wurde, hatte sich Koestler bereits auf einer Alpbacher Bergwiese sein »Schreiberhäusl« gebaut und wurde von den Einheimischen nur noch der Koestlerbauer genannt.

Arthur Koestler schrieb in Alpbach einige seiner wichtigen Werke, darunter »Das Gespenst in der Maschine«, »Der Krötenküsser« und »Der dreizehnte Stamm«, die alle bei uns erschienen sind. 1971 und 1972 brachten wir auch seine autobiographischen Schriften »Frühe Empörung« und »Abschaum der Erde« heraus. Nicht bei uns publiziert wurde seine Satire »Callgirls«, die so wie einige andere seiner Werke bei Scherz erschienen sind. Diese »Callgirls« haben es nämlich in sich. In ihnen werden internationale wissenschaftliche Koryphäen, wichtig und sich der eigenen Bedeutung wohl bewußt, von einer Tagung zur anderen eilend, dargestellt und mit Koestlers spitzer Feder durchbohrt. Bemerkenswertes ereignet sich während eines solchen Kongresses in einem Alpenkurort namens Schneedorf. Bei genauerer Prüfung konnte man unschwer hinter »Schneedorf« Alpbach und hinter dem geschilderten Symposium eine Persiflage der Alpbacher Kongresse entdecken. Da ich seit der Gründung der Alpbacher Forumveranstaltungen deren Präsidium angehöre und überdies Anfang der siebziger Jahre Koestlers »Schreiberhäusl« von diesem erworben hatte, als er aus klimatischen und gesundheitlichen Gründen nach England übersiedeln wollte, war ich nicht unglücklich, daß im Zuge der üblichen Rotation zwischen dem Scherz- und dem Molden-Verlag gerade dieses Buch nicht in meinem Hause erschien.

Noch glücklicher bin ich heute, daß ich kurz darauf das besagte »Schreiberhäusl« meiner Frau schenkte, damit sie, falls mir ein Ziegelstein auf den Kopf fiele, wie sich der Notar damals rücksichtsvoll ausdrückte, wenigstens über ein Haus frei und ohne Einmischung irgendwelcher Behörden und Vormundschaftsgerichte verfügen könne. Jahre später, als ich durch den Konkurs des Verlages natürlich auch mein gesamtes persönliches Eigentum verlor, dankte ich Gott, daß ich seinerzeit dem weisen notariellen Rat, wenn auch aus völlig anderen Gründen, gefolgt war und wir daher nach unserem Zusammenbruch im Alpbacher »Schreiberhäusl« noch ein Dach über dem Kopf hatten.

Ich hatte Koestler schon um 1950 bei Friedrich und Marietta Torberg, als diese noch in New York lebten, kennengelernt. Natürlich hatte ich seinen berühmten Roman »Sonnenfinsternis«

gelesen und brannte vor Begierde, von diesem großen Schriftsteller mehr über seine Eindrücke in der Sowjetunion der dreißiger Jahre zu hören. Arthur Koestler war ein kleiner, zarter, dunkelhaariger Herr, der je nach augenblicklicher Stimmung besonders charmant oder auch ausgesprochen unfreundlich und grob sein konnte. An dem Abend bei den Torbergs war er offenbar nicht nur schlecht gelaunt, auch meine Fragerei schien ihn zu langweilen und ihm auf die Nerven zu gehen; er rauchte eine Zigarette nach der anderen und sah sich angelegentlich im Torbergschen Salon um, als suche er einen amüsanteren Gesprächspartner. Um die einseitig und lustlos dahinkriechende Konversation irgendwie aufrechtzuerhalten, erwähnte ich im Zusammenhang mit den Säuberungen in der Sowjetunion nach der Ermordung Kirows im Jahre 1934, daß ich kürzlich Alexander Weißberg, einen österreichischen Physiker und Altkommunisten, der viele Jahre in sowjetischen Kerkern verbracht hatte, in München getroffen hätte. Augenblicklich verwandelte sich Arthur Koestler, als hätte ihn jemand mit dem Zauberstab berührt: Das eben noch so gelangweilt dreinblickende Gesicht nahm einen freundlichen Ausdruck an, und schon spürte ich seine Hand auf meiner Schulter und hörte seine plötzlich liebenswürdig gewordene Stimme: »Was, Sie kennen Alex Weißberg? Warum haben Sie das nicht gleich gesagt? Jetzt wollen wir uns erst einmal etwas Ordentliches zu trinken holen.« Koestler hatte sich, als er 1932 in Rußland weilte, mit Weißberg angefreundet. Seit der Erwähnung dieses Namens hatte Koestler mich in sein Herz geschlossen, rief mich immer an, wenn er nach Wien kam, und es entwickelte sich – soweit das mit Arthur Koestler überhaupt möglich war – eine gute und dauerhafte Freundschaft. Und ab 1968 verlegte ich dann ein gutes halbes Dutzend seiner Werke.

Natürlich interessierte ich mich zunehmend für seine Bücher. Als ich ihn in New York kennenlernte, hatte ich nur die »Sonnenfinsternis« in der englischen Ausgabe als »Darkness at Noon« gelesen. Ich stürzte mich dann auf »Der Yogi und der Kommissar«, »Pfeil ins Blaue« und »Das Spanische Testament«. Als Koestler später regelmäßig nach Alpbach kam, hatte ich bald Gelegenheit, ihn näher kennenzulernen. Er war von unglaublich schneller Intelligenz, ständig voll von neuen Ideen, aber auch voller Mißtrauen allem und jedem gegenüber. Er war leicht zu verletzen. Wie ein alter Elefant vergaß er nichts, im Guten wie im Bösen. Er trank viel, vertrug auch einiges, war aber trotzdem hie und da betrunken. Dann war es besser, ihm aus dem Wege zu gehen; aber auch schwierig, denn gerade im Zustand der Trunkenheit wurde er anhänglich und wollte endlose Gespräche führen, die er selbst mit vielen Promille im Blut noch immer auf höchstem Niveau zu halten verstand. Manchmal kam es in solchen Situationen zu Schlägereien. Der große Dichter und Denker Arthur Koestler konnte sich dann aus den nichtigsten Anlässen mit häufig keineswegs satisfaktionsfähigen Partnern herumprügeln.

Er konnte aber auch von großer Güte und Herzlichkeit sein. Sein guter Engel war Cynthia, seine wesentlich jüngere zweite Frau, die ihm im wahrsten Sinne des Wortes treu und ergeben war. Als sie 1971 Alpbach verließen und er mir sein »Schreiberhäusl« übergab, ging er mit größter Pedanterie vor, ließ sich jeden alten Nagel bei der Übergabe bestätigen, war aber gleichzeitig von einer geradezu unglaublichen Großzügigkeit. So verrechnete er alle Gegenstände, die er mir mit dem Haus mitverkaufte – zum Teil waren es sehr schöne alte Stücke, vor allem aus Italien und England – stets zu dem Preis, zu dem er sie vor Jahrzehnten gewöhnlich für ein Spottgeld erworben hatte. Er war zutiefst gekränkt, als ich ihm vorschlug, er solle doch einen Inflationsaufschlag pauschaliter akzeptieren. Er denke gar nicht daran, sagte er, er sei ja kein Händler, sondern ein Schreiber.

Es wurde zwischen uns besprochen, daß die Koestlers jedes Jahr zu Besuch nach Alpbach kommen würden und wir ihnen dann ihr – oder jetzt unser – Haus für ein paar Wochen zur Verfügung stellen würden. Wir dürften dafür ihr Haus, das sie an der Côte d'Azur erwerben wollten, für sommerliche Badeaufenthalte benutzen. Leider wurde aus diesen Plänen nichts. Arthur und Cynthia kamen zwar noch einmal nach Alpbach und blieben ein paar

Wochen, aber dann hatte er eine schwere Krebsoperation, und der geplante Hauskauf in Südfrankreich zerschlug sich. Statt dessen erwarben sie ein altes Bauernhaus in East Anglia, zwei Stunden von London. Wir besuchten sie noch oft in London in ihrem wunderschönen Stadthaus am Montpelier Square in Kensington.

In den letzten Jahren verschlechterte sich Arthurs Zustand zunehmend. Neben der Parkinsonschen Krankheit litt er an Leukämie. Im Frühjahr 1983 begingen die Eheleute durch Einnehmen von Tabletten gemeinsam Selbstmord. Arthur Koestler war fast achtundsiebzig Jahre alt, seine Frau Cynthia fünfundzwanzig Jahre jünger. Für jeden, der Cynthia kannte, war es klar, daß sie ohne ihn nicht mehr lebensfähig und vor allem -willig gewesen wäre. Sie liebte ihn wirklich über alles.

Das Reservoir an wissenschaftlichen, literarischen, künstlerischen und politischen Talenten war in Alpbach aufgrund der magnetischen Wirkung, die das Europäische Forum und später auch die Dialogkongresse ausübten, erstaunlich groß. Einige Jahre nach der Gründung des Verlages begann ich dann auch die »Alpbacher Buchgespräche« in unregelmäßigen Abständen – in etwa alle zwei Jahre – durchzuführen. Wir luden jeweils rund sechzig Gäste, vor allem Schriftsteller, Buchhändler und Journalisten, für drei bis vier Tage nach Alpbach ein. Die Auswahl erfolgte einerseits aus dem Kreis unserer Hausautoren, andererseits aber auch aus dem viel größeren Reservoir des Europäischen Forums. Insgesamt können etwa fünfzig Molden-Autoren als »Alpbacher« im engeren oder weiteren Sinn des Wortes bezeichnet werden. Wobei natürlich ohnedies unter »Alpbach« nicht der Geburts- oder ständige Aufenthaltsort, sondern eine Art Zugehörigkeitsgefühl zu der für die Alpbacher Veranstaltungen bestimmenden und spezifischen Atmosphäre freier europäischer Geistigkeit zu verstehen ist.

Zu den »Alpbachern« im Molden-Verlagsprogramm würde ich in diesem Sinn unter den literarischen Autoren Otto Basil, Beatrice Ferolli, Gertrud Fussenegger, Arthur Koestler, Salvador de

Madariaga, Jörg Mauthe, Frederick Morton, Paul von Preradović, Denis de Rougemont, Manès Sperber, Friedrich Torberg und Hans Weigel zählen.

Auf dem Sektor Wissenschaft und Forschung waren die »Alpbacher« natürlich besonders stark vertreten. Um nur einige zu nennen: Irenäus Eibl-Eibesfeldt, Friedrich Hacker, Hans Hass, Julius Hackethal, Helmuth Haschek, Friedrich Heer, Horst Knapp, Franz Kardinal König, Norbert Leser, Heinz Löffler, Rolf Dahrendorf, Elisabeth Noelle-Neumann und Herbert Tichy.

Zu den politischen Autoren des Alpbacher »think tank« gehörten Thomas Chorherr, Gordon Brook-Shepherd, Bruno Kreisky, Bundespräsident Rudolf Kirchschläger, Josef Klaus, Wolf in der Maur, Rolf Biegler, Aurelio Peccei, Hugo Portisch, Jean-Jacques Servan-Schreiber, Otto Schulmeister und Gaston Thorn.

Schließlich müssen noch die aus der Alpbacher Welt kommenden Künstler, Karikaturisten und Fotografen unter den Molden-Autoren erwähnt werden: Fritz Behrendt, Paul Flora, Wolfgang Hutter, Anton Lehmden, Elisabeth Orth, Gustav Peichl, Wolfgang Pfaundler, Marcel Prawy und Helmut Qualtinger.

Der »Alpbach connection« hatte der Verlag also viele wertvolle Kontakte zu verdanken. Immer wieder konnte ich bei den diversen Veranstaltungen interessante Menschen treffen und Anregungen für neue Buchideen empfangen. Aber die Beziehung zwischen dem Europäischen Forum und dem Verlag war auch keine Einbahnstraße. Aus dem Kreise unserer Autoren oder meiner beruflichen internationalen Verbindungen konnte ich dem Österreichischen College das eine oder andere Mal Vortragende für Plenarveranstaltungen beziehungsweise Anregungen für irgendwelche Seminare vermitteln. Für einen unabhängigen Verlag wie den unseren war die Möglichkeit, in Alpbach immer wieder neue Türen zu bisher unbekannten Wissens- und Themengebieten aufmachen zu können, von unschätzbarem Wert. Daneben aber wurde ich in unzähligen Gesprächen und Diskussionen immer wieder gefordert, mußte mich stets neuen Persönlichkeiten und

Themen stellen. Das geistige Reizklima der Alpbacher Veranstaltungen gestattet weder ein Wegtreten noch auch nur eine Bequemlichkeit des Intellekts. Und dies ist für alle Leute, die sich mit der aktuellen geistigen, politischen oder kulturellen Situation unserer Zeit und unserer Gesellschaft auseinandersetzen müssen, also beispielsweise auch für Verleger, außerordentlich nützlich.

Die Alpbacher Buchgespräche schienen mir eine erfolgversprechende Möglichkeit, die Verbindung des Verlages zu seinen drei wichtigsten Partnern außerhalb des Hauses zu intensivieren: zu den Autoren, zu den Buchhändlern und zu den Medien. Etwa einem knappen Dutzend ausgewählter Autoren, immer aus dem Programm des jeweiligen Jahres, gesellten sich ungefähr vierzig in Zusammenarbeit zwischen unserer Vertriebsleitung und unseren Verlagsvertretern ausgesuchte Sortimenter aus der Bundesrepublik, der Schweiz und Österreich und schließlich eine Anzahl von Journalisten hinzu. Es wurde ein Programm zusammengestellt, das teils aus Lesungen, großenteils aber aus Referaten der Autoren zu den Themen ihrer jeweils erscheinenden Bücher und aus Diskussionen bestand. Immer wieder versuchten wir, wichtige Autoren aus verschiedenen, aber sich ergänzenden Sachbuchbereichen zu Diskussionen miteinander und mit den Teilnehmern zusammenzukoppeln. Manchmal entwickelten diese Diskussionen sich zu richtigen Streitgesprächen.

Einmal hatten wir den Leiter des Max-Planck-Instituts für Verhaltensphysiologie, Professor Irenäus Eibl-Eibesfeldt, und den Psychiater Professor Friedrich Hacker in Alpbach. Es war anläßlich des Alpbacher Buchgespräches 1973, und beide Herren hatten in diesem Jahr je ein wichtiges Buch in unserem Programm: Hacker seinen »Terror«, ein wissenschaftliches, aber allgemeinverständliches Werk, das ein Jahr nach der Münchener Olympiatragödie die Ursachen und Quellen der weltweiten Terrorwelle untersuchte, gleichzeitig aber auch bemüht war, Möglichkeiten und Grenzen ihrer Bekämpfung aufzuzeigen; Eibl-Eibesfeldt hingegen hatte in seinem Buch »Der vorprogrammierte Mensch« den Beweis dafür angetreten, daß das Ererbte einen bestimmenden

Faktor im menschlichen Verhalten darstellt. Insbesondere wandte er sich in dieser Arbeit gegen die weitverbreitete These, die Umwelt forme den Menschen, oder mit anderen Worten, menschliches Verhalten könne gelernt und damit auch gelehrt werden. An sich hatten die beiden Themen direkt nichts miteinander zu tun. Jeder der beiden Wissenschaftler hielt sein eigenes Referat; nach jedem Referat kam es, wie bei den Buchgesprächen üblich, zur Diskussion aller Teilnehmer mit dem jeweiligen Referenten. Ganz automatisch gerieten die beiden hochgeschätzten Autoren in der Debatte aneinander. Hacker hatte bereits 1971 bei uns den in viele Sprachen übersetzten Sachbuch-Bestseller »Aggression« herausgebracht, und Eibl-Eibesfeldts neues Buch »Der vorprogrammierte Mensch« war ebenfalls bereits auf dem direkten Weg, ein Bestseller zu werden. So war es kein Wunder, daß jeder der beiden Professoren in einer Position der Stärke seine Überzeugungskraft fühlte.

Die grundsätzlich so unterschiedlichen Überzeugungen der beiden Gesprächspartner und schließlich die weit auseinanderklaffenden Temperamente ergaben die Voraussetzungen für eine mitreißende, wenn auch zeitweise mit scharf geschliffenen Degen geführte Diskussion. Die Zuhörer waren fasziniert. Das Essen im Hotel Böglerhof mußte zweimal verschoben werden, weil der Zeitplan durch dieses außerplanmäßige Streitgespräch völlig über den Haufen geworfen worden war. Ich hatte schließlich in meiner Funktion als Moderator größte Mühe, die beiden temperamentvollen und von der Richtigkeit ihrer eigenen Thesen restlos überzeugten Kampfhähne zu einem urbanen und den Traditionen des Ortes entsprechenden toleranten Abschluß der Veranstaltung zu bewegen.

Reise zum Ort ohne Wiederkehr

Kuno Knöbl, damals Unterhaltungschef beim Österreichischen Fernsehen, war immer für Überraschungen gut. Er hatte 1967 mit »Victor Charlie«, einem Erlebnisbericht über den damals immer heißer werdenden Krieg in Vietnam, ein sehr aktuelles und höchst erfolgreiches Buch für uns geschrieben. Als einer der ersten westlichen Journalisten hatte er Monate mit den im amerikanisch besetzten Südvietnam operierenden kommunistischen Guerillastreitkräften des Vietkong verbracht und dabei ein gerüttelt Maß an Abenteuern erlebt. Nun kam er mit einer neuen Idee an, die noch wesentlich abenteuerlicher zu sein schien. Kuno Knöbl wollte mit einer nach altchinesischen Modellen gebauten Dschunke von China aus den Pazifischen Ozean überqueren, um nachzuweisen – was bis dahin noch umstritten war –, daß es schon vor zweitausend Jahren die Möglichkeit einer direkten Verbindung von Ostasien nach Amerika und damit einer asiatischen Beeinflussung der altamerikanischen Kulturen gegeben habe.

Als Knöbl 1966 in Indochina weilte, um sein Vietkong-Buch für uns zu schreiben, hatte er auch die anamitische Kaiserstadt Huê besucht und im dortigen Museum jahrhundertealte Knotenschnüre gesehen. Diese Knotenschnüre hatten es ihm sofort angetan, denn er erinnerte sich, solche oder ähnliche Knotenschnüre schon vorher geortet zu haben – allerdings in Südamerika, wo sie einst die Grundlage der Knotenschrift der Inkas gebildet hatten. Dann fiel ihm auch noch ein, irgendwann gelesen zu haben, daß auf den

Riu-Kiu-Inseln zwischen Japan und Taiwan heute noch solche Knotenschnüre als Geheimschrift in Gebrauch seien. Wie kamen nun diese Knotenschriften, die es sonst nirgends auf der Welt gibt, außer eben in Ostasien und Südamerika – über den Pazifik? Überdies war Knöbl von der verblüffenden Ähnlichkeit zwischen den indochinesischen Palastbauten von Angkor Wat und mittelamerikanischen Ruinenstädten frappiert.

Immer intensiver verbiß er sich in seine fixe Idee, mit einer Dschunke den Pazifik zu überqueren und damit den Beweis anzutreten, daß die kulturelle Befruchtung Amerikas vor Jahrtausenden von Ostasien aus erfolgt sein könnte. Eines Tages – ich meine, es war im Herbst 1971 bei irgendeiner Wiener Cocktailparty – trafen wir uns zufällig. Knöbl erzählte mir mit großem Enthusiasmus von seinem »Projekt Pazifik«, wie er es damals nannte. Ich war fasziniert und bat ihn um nähere Unterlagen. Ein paar Monate später legte er mir ein hundert Seiten starkes Exposé auf den Schreibtisch. Er brachte auch den Mitinitiator Arno Dennig zu mir, und wir diskutierten viele Stunden lang alle Pros und Contras. Schließlich war ich überzeugt, daß es sich hier um ein einzigartiges Unternehmen, das auch medial in vieler Hinsicht umzusetzen wäre, gleichzeitig aber auch um ein sehr teures Vergnügen handelte. Der dänische Seemann Carl Frederik Grage, der die nautische Leitung der Expedition übernehmen sollte, wurde beigezogen, um bei der Berechnung des teuersten Postens, nämlich der voraussichtlichen Kosten des Baues der Dschunke, mitzuwirken.

Wir kamen schließlich auf Gesamtkosten von etwa 500000 Dollar für die Expedition, einschließlich des Baues der Dschunke, einer Vorbereitungszeit von etwa sechs Monaten, der Überfahrt von Hongkong zum voraussichtlichen Zielpunkt – einem Hafen an der mexikanischen oder guatemaltekischen Pazifikküste – sowie der Ausrüstung und Verpflegung. Acht Mann sollten die Expedition mitmachen. Die Dschunke sollte zwanzig Meter lang und etwas über sechs Meter breit sein; sie würde auf einer Bootswerft in Hongkong einem im Museum von Kanton befindlichen Tonmodell aus dem Jahre 120 v. Chr. nachgebaut werden. Und zwar ohne jede Verwendung von Eisen, da es zu jener Zeit im chinesischen Schiffbau noch kein Eisen gab. Auch sonst sollten lediglich Materialien, die schon zu jener Zeit für den Bau von Dschunken herangezogen wurden, Verwendung finden.

500000 Dollar waren damals rund 1,5 Millionen Mark wert: also eine ganz kräftige Summe. Das konnten wir nur wieder einspielen, wenn es gelang, das Projekt TAI KI – so sollte die Dschunke nach dem altchinesischen Begriff »das große All«, dessen Schriftzeichen auch in Mittelamerika gefunden worden waren, heißen – zu internationalisieren. Wir mußten versuchen, die mediale Verwertung nicht nur weltweit durchzuführen, sondern darüber hinaus auch möglichst viele verschiedene Medien, also neben dem Buch und Taschenbuch auch das Fernsehen, den Film, Zeitungen und Zeitschriften partizipieren zu lassen. Ich erklärte Knöbl und seinen beiden Kollegen Dennig und Grage meine Bereitschaft, das Projekt – soweit es um die mediale Verwertung ging – durchzuführen und damit auch die Finanzierung der Expedition zu übernehmen, wenn es mir gelingen sollte, geeignete Partner zu finden. Dafür würde ich etwa sechs Monate Zeit benötigen sowie entsprechend attraktive Unterlagen, die auch den hartgesottensten Verleger vom Sessel werfen müßten. Überdies müßte die Crew möglichst international sein. Wir einigten uns bald, schlossen einen Vorvertrag ab und gingen an die Arbeit.

Ich sah keinen Grund, warum es nicht gelingen sollte, ein solches Ding auf die Beine – oder besser gesagt auf das Meer – zu stellen. Thor Heyerdal hatte ja hinlänglich bewiesen, daß es möglich war, mit nachgebautem antikem Gerät die Meere zu befahren. Zugegeben, die Entfernungen, die er bewältigte, waren nicht einmal halb so groß wie die Strecke, die sich Knöbl und Konsorten in den Kopf gesetzt hatten. Aber umgekehrt versprach der »Stille Ozean« – schon aufgrund seines Namens – eine ruhigere See als die Meere, in denen sich Heyerdal zu tummeln pflegte. Nach allem, was man mir erzählt hatte, schien es nur sehr wichtig, spätestens in der zweiten Maihälfte von Ostasien abzustoßen, um rechtzeitig vor Beginn der Taifunsaison weit genug in den Nordost-Pazifik zu gelangen und so die gefährlichen Stürme, denen eine Dschunke kaum gewachsen sein konnte, hinter sich zu lassen. Kuno Knöbl hatte sich für mich schon in Vietnam bewährt. Das TAI KI-Projekt war sein ureigenster Wunsch, und ich hatte den festen Eindruck, daß er alles, was in seinen Kräften stand, für dessen Realisierung tun würde. Ich machte mir ein wenig Sorgen wegen seiner Gesundheit, denn nach seiner Rückkehr aus Vietnam hatte er monatelang an irgendeinem tropischen Fieber herumlaboriert. Nun schien er sich aber wieder völlig erholt zu haben.

Was seine beiden Seniorpartner betraf, so machte Arno Dennig auf mich den Eindruck eines ziemlich harten und nüchternen jungen Mannes, nicht gerade Charme und Sympathie versprühend; aber TAI KI schien ihm am Herzen zu liegen, so wie einem Extremalpinisten etwa die Eiger-Nordwand. Und um geordnete Finanzen schien er sich auch zu kümmern. Der dritte Mann in Knöbls embryonaler Crew, Carl Frederik Grage, war mir am wenigsten vertraut. Normalerweise war er als Schiffskapitän in der Nord- und Ostsee tätig. Manchmal tauchte er aber auch aus Hongkong kommend in Wien auf. Dann brachte er mir hölzerne Nägel mit, die die TAI KI zusammenhalten sollten, oder irgendwelche Rollen hanfähnlicher Pflanzenfasern, die einmal für das Segel Verwendung finden sollten – offensichtlich um mir das Gefühl zu geben, es ginge etwas weiter. Grage war ein stilles Wasser, aber ich konnte mir vorstellen, daß er auf hoher See die alleinige Verantwortung für das Schicksal von Schiff und Mannschaft nicht scheuen würde. Im Binnenland Österreich hielt er sich zurück und überließ Knöbl und Dennig stets das erste und gewöhnlich auch das letzte Wort.

Aber würden die drei sich auch vertragen, draußen am wilden Meer? Würden sie es fertigbringen, Streßsituationen zu meistern und ad hoc lebenswichtige Entscheidungen zu treffen? Und wie würde die restliche Crew aussehen? Knöbl hatte mir eine möglichst internationale Zusammenstellung zugesagt. Die konnte er schließlich auch vorweisen: zwei Österreicher (Knöbl und Dennig), zwei Dänen (Grage und der Bordfunker Allan Kartin), der bundesdeutsche Theologiestudent und zeitweilige Handelsschiffmatrose Wolf Werner Rausch, der irische Literaturdozent und Sportsegler Hal Price, der US-amerikanische Kameramann Bill Martin und der Schiffsarzt und Weltenbummler Dr. Bob Kendrick aus England. Von all diesen Herren war allerdings im Herbst 1972, als ich mich auf der Frankfurter Buchmesse und anschließend in Frankreich, England und den USA um die Finanzierung des Projektes bemühte, noch nicht die Rede. Es war gar nicht so leicht, ein so ambitiöses und risikoreiches Projekt zu verkaufen. Aber zu guter Letzt gelang es mir doch, meinen eigenen Enthusiasmus für TAI KI auch auf andere mit Phantasie begabte Männer zu übertragen. Schließlich stand das Gerüst, und die Finanzierung war zumindest im notwendigen Mindestausmaß gesichert.

In den USA hatten sich zwei hervorragende Verleger, der Chef des Hauses Little Brown, Arthur Thornhill, und der Boß von Amerikas größtem Taschenbuchverlag Bantam, Mark Jaffe, zusammengetan und einen Anteil von 200000 Dollar »pure risk capital« übernommen. Phil Hobel, ein unabhängiger Filmproduzent, wollte den Expeditionsfilm drehen und anschließend die TV-Rechte verwerten. Damit hatte ich bereits die Hälfte des Gesamtbudgets abgesichert. Den zweiten Teil mußte ich auf mich nehmen beziehungsweise trachten, auf anderen Märkten zu placieren. Es gelang mir dann auch noch, Verträge mit Francis Esmenard, dem Chef des Pariser Verlages Albin Michel, und mit Karl-Ludwig Leonhardt vom Bertelsmann Lesering zu machen, die mein Risiko minderten. Dazu kamen dann noch einige kleinere Abschlüsse in Japan und den skandinavischen Ländern. ZDF und ORF wollten eine deutsche Version des Hobelschen Films übernehmen. Im Grunde aber waren es die amerikanische Gruppe und ich, mit der Rückendeckung von Albin Michel in Paris und dem Lesering in Deutschland, die das Projekt trugen. Ende des Jahres 1972 konnte ich Kuno Knöbl grünes Licht geben, und die TAI KI sollte auf Kiel gelegt werden.

Bald stellte sich allerdings heraus, daß von Kiellegen vorerst keine Rede sein konnte. Erst gab es Schwierigkeiten, das geeignete und den antiken chinesischen Vorschriften entsprechende Holz zu beschaffen, dann konnte die Werft nicht rechtzeitig mit der Arbeit anfangen. Schließlich wurde das Boot erst im Frühjahr 1974, statt wie geplant ein halbes Jahr früher, fertig. Am Abreisetermin, dem 25. Mai 1974, wollte man unbedingt festhalten, um den zu erwartenden Wirbelstürmen und Taifunen zu entgehen. Aber immer wieder gab es Schwierigkeiten über Schwierigkeiten: Der 25. Mai verging, die TAI KI lag noch immer in einem der Nebenhäfen von Hongkong. Am 27. Mai erfolgte die letzte Probefahrt, dann sollte es sofort losgehen. Aber der Westwind, den die TAI KI, die ohne Motor oder auch nur Hilfsmotor operierte, unbedingt benötigte, kam nicht. Totale Flaute. Anfang Juli flog ich mit meinem damaligen Finanzdirektor, Gerd Roselieb, nach Hongkong. Es galt festzustellen, ob die Abfahrt in diesem Jahr in Anbetracht der beginnenden Taifun-Periode überhaupt noch stattfinden konnte. Eine Verschiebung um fast ein Jahr wäre einer Katastrophe gleichgekommen. Die Expedition wäre wahrscheinlich zu Ende gewesen, ehe sie begonnen hatte. Denn ein Jahr warten hieß weitere 150000 Dollar Fixkosten, wahrscheinlich eine neue Crew und höchstwahrscheinlich Rückzug zumindest eines Teiles unserer Vertragspartner wegen Nichteinhaltens der vereinbarten Termine. Weder die Schlamperei der Schiffswerft noch die terminmäßige Fehlkalkulation der Expeditionsleitung würde man als »höhere Gewalt« gelten lassen.

Wenn die Abfahrt aber jetzt wider besseres Wissen und gegen den Rat der Fachleute doch noch erfolgte, und ein paar Meilen außerhalb Hongkongs zerlegte der mit dem schönen Namen »Dinah« bereits angekündigte Taifun die TAI KI, tja, das wäre dann eine noch größere Katastrophe gewesen. Die schon recht kräftig blasenden Vorläufer von »Dinah« machten unsere Landung auf dem ohnedies recht wagemutig zwischen die Wolkenkratzer von Kowloon hineingebauten Flugplatz von Hongkong noch schwieriger. Wir trafen Knöbl und die Crew zuerst in einem stickigen Hotel, wo mir alle möglichen Wetterkarten gezeigt wurden, und fuhren dann auf meinen dringlichen Wunsch gleich weiter zur TAI KI in den Werfthafen von Aberdeen. Das Schiff war ordentlich und schien mir auch durchaus seetüchtig. Aber was verstand ich mitteleuropäischer Binnenmensch mit etwas ägäischer Yachterfahrung schon von der Seetüchtigkeit einer Dschunke in ostasiatischen – oder von mir aus auch kurilischen – Gewässern? Auf der Dschunke war es im übrigen noch heißer und stickiger als sonstwo. So verlagerten wir den Schauplatz unserer Beratungen in ein mittelmäßiges Restaurant.

Es stellte sich heraus, daß die britischen Wetterexperten dringend vor einem Auslaufen der TAI KI warnten, solange sich der Taifun in der Nähe befand. Die Leute vom Hafenkommando waren sogar der Meinung, es sei für diese Saison schon reichlich spät, da jetzt ein tropischer Sturm den anderen ablösen werde. Endlich wurde beschlossen, keine Entscheidung zu fällen, sondern noch zu warten. Vielleicht würden sich die Stürme doch noch legen. Nicht sehr zufrieden mit dem Stand der Dinge, flogen wir zwei Tage später nach Wien zurück. Und knapp zwei Wochen später hat die TAI KI dann doch noch losgemacht. Das erste Stück mußte sie geschleppt werden, dann endlich war der Wind richtig, und die segelte los in Richtung Amerika.

In den folgenden Wochen hörten wir nicht sehr viel von der TAI KI. Hie und da fingen Amateurfunker Funksprüche von ihr auf und gaben sie an uns weiter. Unser Hauptinformant war ein Buchvertreter, der eine Zeitlang für Molden in Österreich gereist war und jetzt bei Wels in Oberösterreich seinen verdienten Ruhestand genoß und durch emsiges Amateurfunken noch versüßte. Dieser gute Mann, der völlig unzutreffend Leo Mis hieß, gab uns laufend ganze Bulletins, die allerdings häufig auf Meldungen anderer Funkamateure – zumeist aus Skandinavien – beruhten, die ihrerseits Lebenszeichen von der TAI KI erhielten. Aber der Nachrichtengehalt dieser Funksprüche war eben nicht sehr groß. Immerhin konnte ich auf meiner großen Karte des Pazifischen Ozeans, die in meinem Büro hing, immer neue Positionspunkte fixieren. Es war nicht zu übersehen, das Boot bewegte sich – wenn auch langsam und hinter dem Zeitplan zurückbleibend. Aber unbestreitbar war: Es bewegte sich doch! Und zwar ständig nach Nordost.

Am 11. August kam eine erste schlechte Nachricht. Kuno Knöbl war erkrankt: Kreislaufschwäche. Der Bordarzt glaubte, daß seine weitere Mitfahrt nicht zu verantworten sei. Ein japanisches Kriegsschiff nahm Knöbl an Bord, ein paar Tage später war er in Wien und wurde klinisch behandelt. Ich besuchte Knöbl im Spital und ließ mir von ihm einen genauen Bericht geben. Kuno sah schlecht aus und war begreiflicherweise sehr deprimiert. Als Leiter der Expedition auf noch nicht mal halbem Wege schlappmachen zu müssen ist ja auch eine harte Sache. Ich versuchte ihn zu trösten – mit mittelmäßigem Erfolg. Dann erzählte er, auf der TAI KI sei alles in Ordnung. Jetzt, östlich und vor allem nördlich von Japan, würde sich durch die günstigen Strömungen auch das Tempo beschleunigen. Er rechnete damit, daß die Dschunke Ende Oktober auf der Höhe von San Franzisko und einen Monat später bei ihrem Ziel in Mexiko oder Guatemala sein werde.

Kunos Prophezeiungen schienen sich zu bewahrheiten. Aus den Funkmeldungen konnten wir ersehen, daß die TAI KI anfing, daß ab Mitte August Wind und Strömung Tagesleistungen von über 90, manchmal sogar 100 Seemeilen möglich werden ließen. Doch mitten hinein in die gute Stimmung, in der wir uns schon überlegten, ob wir die TAI KI bereits vor San Franzisko oder erst in Mexiko empfangen sollten, kam plötzlich der Schlag ins Kontor. Über Funk erfuhren wir am 6. September, daß die TAI KI von Schiffsbohrwürmern befallen war. Die Eier dieser Tiere, die in Wirklichkeit Muscheln sind, setzen sich in stillem Wasser – in diesem Fall wohl noch im Hafen von Hongkong – an den Außenholzplanken des Schiffes fest. Aus den Eiern entwickeln sich dann die Würmer oder Muscheln, die sich ins Holz hineinfressen, konische Löcher und Gänge graben und rasch größer werden. An Bord der TAI KI waren diese Tiere nun zur schweren Plage, mehr noch: zur tödlichen Gefahr geworden. Denn die Würmer hatten bereits so viele Löcher in den Schiffsrumpf gebohrt, daß ganze

Plankenstücke morsch geworden waren und Wasser in fingerdikken Fontänen ins Schiffsinnere drang. Die verbleibende Besatzung von sieben Mann pumpte Tag und Nacht in Schichten. Die Funksprüche besagten, daß Grage, der Kapitän der TAI KI, nach wie vor hoffe, bei gutem Wind und ohne weitere Katastrophen im November San Franzisko zu erreichen.

Schon eine Woche später jedoch kam die nächste Hiobsbotschaft: Das Funkgerät der TAI KI war ausgefallen. Sie konnte zwar noch empfangen, aber nicht mehr senden. Lediglich ein Notfunkgerät stand noch zur Verfügung. Dieses hatte aber nur ein geringe Reichweite und konnte daher ausschließlich für nautische Notrufe verwendet werden. In der letzten Septemberwoche überquerte die Dschunke die Datumslinie. Anfang Oktober berichtete ein griechischer Frachter via Funk, einer chinesischen Dschunke etwa 1000 Meilen südlich von Kodiak (Alaska) und knapp 2000 Meilen westlich der amerikanischen Küste begegnet zu sein. Das Boot stand voll unter Segel und bewegte sich mit guter Geschwindigkeit nach Osten. Über das Bordmegaphon fragte der griechische Kapitän die Besatzung der chinesischen Dschunke, die zu seinem größten Erstaunen eine österreichische Flagge zeigte, ob sie Hilfe brauchte. Danke, nein, war die Antwort, es ginge ihnen bestens.

Und doch war eine Woche später der Traum aus. Am 8. Oktober überfiel ein neuer Sturm – es war der zwölfte seit der Ausfahrt von Hongkong – das Boot. Der Sturm wurde schnell zum Orkan mit Windgeschwindigkeiten von über 130 Stundenkilometern. Um 14 Uhr 45 brach das Steuerruder, und die TAI KI, nun vollkommen steuerlos, trieb quer. Eine Stunde später schlugen die Brecher ein Loch in der Größe eines Quadratmeters in die Schiffswand. Kapitän Grage ließ SOS senden. Das Schiff mußte aufgegeben werden. In einer dramatischen Rettungsaktion wurde die sinkende TAI KI zuerst von Flugzeugen der US-Coastguard geortet, die von Alaska aus operierten. Per Fallschirm wurde eine Motorpumpe abgeworfen, mit deren Hilfe das weitere Eindringen des Wassers in den Schiffsrumpf zumindest gebremst werden konnte. Am 9. Oktober 1974 um 12 Uhr 20 verließ die siebenköpfige Restmannschaft die TAI KI und wurde vom amerikanischen Containerfrachter »Washington Mail« an Bord genommen. Für die Dschunke war aus der Expedition zur Überquerung des Pazifiks eine Reise zum Ort ohne Wiederkehr geworden. Am 14. Oktober lief die »Washington Mail« in den Hafen von Seattle an der nördlichen Pazifikküste der Vereinigten Staaten ein.

Die Nachricht von der Katastrophe erreichte mich auf der Frankfurter Buchmesse. Während viele Kollegen die Meldung für einen typischen Molden-Werbegag hielten, war ich völlig geknickt. Um so mehr, als wir zwei Tage nicht wußten, ob es gelungen war, die Crew zu retten. Als ich hörte, daß die Mannschaft von einem US-Frachter aufgenommen und in Sicherheit war, flog ich ihr entgegen. Ich stand mit Kuno Knöbl und Günter Treffer, dem Lektor unseres TAI KI-Buches, am Pier, um die Schiffbrüchigen in Empfang zu nehmen. Wenigstens die Besatzung, die sich so tapfer geschlagen und bis zum letzten Moment ausgeharrt hatte, kehrte leidlich unversehrt wieder. Und das war mir im Moment die Hauptsache. Welche Rolle spielte es angesichts dieser glücklichen Tatsache schon, daß die TAI KI in der unendlichen Weite des Pazifischen Ozeans verschwunden war?!

Die österreichische Transpazifik-Expedition 1974, wie unser TAI KI-Abenteuer offiziell geheißen hatte, brachte uns weder Ruhm noch Unsterblichkeit ein, aber auch keine anhaltenden negativen Folgen. Wir hatten nach Abschluß des Gesamtprojekts weder Geld verloren noch unseren guten Ruf eingebüßt. Ohne Zweifel war TAI KI eines jener Buchprojekte gewesen, die einem – wenn man die Chance bekommt, sie durchzuziehen – das Gefühl geben, daß es der Mühe wert gewesen ist, Verleger geworden zu sein. Gerade Abenteuer wie das der TAI KI waren es, von denen ich geträumt hatte, als ich beschloß, den Beruf eines Großdruckers mit dem eines Verlegers zu vertauschen. Und immerhin, ein gutes Buch mit einmaligem Bildmaterial war erschienen und war – ohne Buchklub- und Taschenbuchausgaben – in 35 000 Exemplaren verkauft und in sechs Sprachen übersetzt worden.

Griff nach den Sternen?

Wenn Sieben eine Glückszahl ist, dann hat sie sich in der Geschichte des Molden-Verlages gleich zweimal bewährt: Das siebente Jahr beschloß die Aufbauphase des Verlages, und während weiterer sieben Jahre schienen die Sterne zumindest in greifbarer Nähe.

1970 – eben jenes siebente, das sonst so gern als »verflixtes« geschmäht wird – war ein hervorragendes Jahr. Allein mit den drei Autoren Charrière, Knef und Puzo verkauften wir mehr als fünfhunderttausend Bücher; davon entfielen auf den »Geschenkten Gaul« 285 000, auf »Papillon« 130 000, auf den »Paten« (1969 erschienen) 80 000 und auf »Mamma Lucia« 35 000 Exemplare. Weitere Bestseller stellten Paul Getty, Hans Hass und Herman Kahn. Große Namen wie William Craig, Roger Garaudy, Paula Grogger, Arthur Koestler, François Mauriac, Hugo Portisch und Manès Sperber gaben dem Programm geistiges Gewicht. Bei den Austriaca debütierte Ironismus (Gustav Peichl) mit seinem Karikaturenband »Die Sechzigerjahre«; Kurt Kahl, Wolfgang Kraus, Franz Marek, Nikolaus von Preradovich, Otto Schulmeister und Alexander Vodopivec zeigten den weiten Bogen österreichischer Autoren, den der Verlag durch die Fortsetzung der von Professor Heinrich Schnitzler herausgegebenen Reihe autobiographischer Schriften Arthur Schnitzlers mit dem Band »Liebe, die starb vor der Zeit« abrundete. Insgesamt erschienen 1970 bei Molden 50 Novitäten, 130 Backlisttitel waren lieferbar. Der Gesamtverkauf überschritt in diesem Jahr erstmals die Millionengrenze an Exemplaren und erreichte einen Nettoumsatz von 15 Millionen Mark. Dazu hatte ich es noch fertiggebracht, unsere Wiener Zeitungsdruckerei bei günstigem Wind so gut zu verkaufen, daß mir nochmals etwa zehn Millionen Mark übrigblieben, die zur Gänze dem Kapital zugeführt wurden.

Leider habe ich es damals versäumt, auch gleich eine Anzahl lokaler Wochenzeitungen – die allerdings zu diesem Zeitpunkt nicht unerhebliche Gewinne abwarfen – mitzuverkaufen. Wegen eines dieser Blätter, der als vierfarbiges Magazin erscheinenden »Wiener Wochenausgabe«, wurden wir schon im nächsten Jahr mit den Eigentümern der »Kronenzeitung« in einen überflüssigen Konflikt verwickelt, der schließlich zur Einstellung der Zeitung führte. Allein dieser »kleine Zeitungskrieg« und die damit verbundene Liquidation des Blattes kosteten mich etwa 17 Millionen Schilling (circa 2,4 Millionen Mark). Die restlichen Wochenblätter erschienen weiter. Bis 1977 gab es noch anständige Gewinne in der Höhe von zehn bis fünfzehn Prozent des Umsatzes, dann änderte sich die Marktsituation abrupt, teils durch das Überhandnehmen von Gratis-Annoncenblättern, teils durch Dumping-Importe der bundesdeutschen Regenbogenpresse auf dem Wochenzeitungssektor. Der Notverkauf beziehungsweise die Liquidation unserer Wochenzeitungsgruppe kostete 1980 ungefähr so viel, wie diese uns während der siebziger Jahre eingebracht hatte. Die Gewinne aber hatten wir im Laufe der Jahre im Rahmen des Gesamtunternehmens munter verbraucht und für die Finanzierung diverser neuer Projekte verwendet. Der Liquidationsverlust in Höhe von ungefähr zwei Millionen Mark fiel uns genau dann zu einem Zeitpunkt in voller Höhe auf den Kopf, als wir es am wenigsten gebrauchen konnten.

Aber natürlich, anno siebzig war von alledem weder die Rede, noch konnte man es voraussahen. Oder vielleicht etwas weniger großspurig und generalisierend gesagt: Ich für meine Person habe es nicht vorausgeahnt, und auch die weisen Männer, die mich damals und später berieten – man nennt sie bei uns in Wien mit einem alten jiddischen Terminus technicus bekanntlich »Etzesgeber« –, scheinen es nicht vorausgeahnt zu haben. Daher also hielt ich die Lage für glänzend: ein blendend gehender Verlag, genügend Kapital in der Kasse und ein paar gutgehende Wochenzeitungen zur Flankendeckung an der Wiener Nebenfront – was wollte ich mehr?

Und dennoch: Jetzt, nachdem wir die ersten sieben Verlagsjahre gut hinter uns gebracht hatten, schien es mir an der Zeit, zum Angriff anzutreten, um im zweiten Septennat den Griff nach den restlichen Sternen zu wagen. Die Ausgangsposition im Jahre 1971 war hervorragend. De Gaulles »Memoiren der Hoffnung« schafften es auf Anhieb auf Platz eins der Sachbuch-Bestsellerliste; auf der belletristischen Liste war Hilde Knef mit ihrem »Gaul« ohnedies auf dem ersten Platz einbetoniert. Mit James Michener, Mary Stewart und R. V. Cassill bei der Belletristik und Friedrich Hakker, Hans Hass und Otto König im Sachbuchbereich hatten wir in diesem Jahr noch sechs Stiche im Bestseller-Talon. In den zweiten sieben Jahren, von 1971 bis 1977, vermochten wir 35 Titel auf den Bestsellerlisten zu placieren, gegenüber 15 Titeln im ersten Septennat. Der Jahresdurchschnitt stieg also von knapp über zwei Bestsellern in der Periode von 1964 bis 1970 auf fünf Bestseller in der zweiten Vergleichsperiode. In den vier letzten vollen Verlagsjahren 1978 bis 1981 konnten wir übrigens bei einer Gesamtzahl von zwanzig Bestseller-Titeln den Durchschnitt des zweiten Septennats gerade noch halten, aber nicht mehr steigern.

Um die Wende der sechziger und siebziger Jahre war mir die Bedeutung eines Kernblocks deutschsprachiger Stammautoren erst richtig zu Bewußtsein gekommen. Anfangs hatten wir mehr oder weniger vor uns hin produziert. Wer als Autor qualitativ und vom Thema her in das Programm paßte, wurde von uns mit Begeisterung und, soweit es sich um Damen handelte, mit wienerischem Handkuß in unsere Liste aufgenommen. Doch bald – durch Erfahrungen klüger geworden – begannen wir in der Auswahl von Büchern und Autoren wesentlich heikler zu werden. Es stellte sich nämlich heraus, daß unsere Scouts in Paris, London und New

York, fleißig und ehrgeizig, wie sie nun einmal waren, uns mit großer Überzeugungskraft so viele ausländische – sprich fremdsprachige – Autoren unterjubelten, daß wir 1969 über sechzig Prozent fremdsprachige Autoren publizierten. Zusammen mit Hansi Eidlitz und Janko Musulin, dem wir als eine Art Scout für deutsche Autoren in Frankfurt ein kleines literarisches Büro einrichteten, begann ich mich verstärkt auf deutschsprachige Autoren zu konzentrieren. Auch Marion Pongracz, die unsere belletristischen Autoren betreute, bemühte sich auf dem Romansektor in dieser Richtung.

Bald zeigten sich erste Erfolge, wobei sich natürlich auch die verstärkte Produktion von Bild/Textbänden und von Austriaca entsprechend auswirkte. In der zweiten Hälfte der siebziger Jahre hatte sich das Verhältnis umgedreht: Nun stammten fast zwei Drittel unserer Novitäten von deutschsprachigen Autoren. (Bei den Romanen allerdings blieben die fremdsprachigen Autoren bis zum Schluß in der Mehrzahl.) Und einige »deutschsprachige« Autoren – wie etwa Arthur Koestler, Amos Elon oder unsere ebenso begabte wie charmante Tatiana Metternich – schrieben ihre Bücher für uns weiterhin englisch, weil das eben ihre Arbeitssprache war.

Es war auch gelungen, einen Block von etwa hundert Stammautoren für unsere Liste zu fixieren, die sich grosso modo etwa gleichmäßig auf die vier Hauptgruppen unseres Programms verteilten: auf die Belletristik, das allgemeine Sachbuch, die Austriaca und auf die Bildbände und Spezialbücher. Natürlich gab es auch unter den Stammautoren eine gewisse Fluktuation, aber ich schätze doch, daß diese Basis-Hundertschaft während der Lebenszeit des Verlages an die fünfhundert Bücher publiziert hat, während die rund vierhundert restlichen Autoren in der gleichen Periode ebenfalls circa fünfhundert Titel für uns schrieben. Aus dieser Gegenüberstellung ergibt sich von selbst die Bedeutung der Stammautoren für ein Verlagshaus.

Da wir 1964 bei Null angefangen hatten, war es für uns schon ein riesiger Fortschritt, nicht einmal zehn Jahre später bei hundert zu stehen. Natürlich, verglichen mit den großen alten Häusern wie Fischer, Hanser, Droemer, Hoffmann und Campe, Langen-Müller, Ullstein, Rowohlt, Scherz oder auch Suhrkamp hatten wir auf dem Sektor Backlist – und damit auch Stammautoren – noch nicht viel zu bieten. Aber mit der Tatsache, daß mein Verlag eben um zwanzig bis zweihundert Jahre jünger war als die Häuser der bedeutendsten Konkurrenten, mußte ich mich eben abfinden. Die Geschichte hatte übrigens auch einige Vorteile. So konnten wir uns freier und unbeschwerter von alteingeführten Traditionen wegbewegen, mußten nicht soviel Rücksicht auf etablierte Autoren oder auch Programmkonzepte nehmen. Gefiel uns ein Thema oder ein Autor, konnten wir zugreifen und unser Programm damit bereichern.

Trotzdem war mir klar, daß wir uns auf einigen Gebieten spezialisieren mußten, wenn wir im Spitzenfeld, das wir eben erst erreicht hatten, bleiben und womöglich auch noch ein paar Plätze weiter vorrücken wollten. Ich war von den großen Erfolgen, die wir auf dem Sektor der internationalen Unterhaltungsbelletristik mit Autoren wie Charrière, Howatch, Michener und Puzo innerhalb weniger Jahre hatten erzielen können, sehr – vielleicht zu sehr – beeinflußt. Es schien mir ein Gebot der Stunde, ihnen noch mindestens ein halbes Dutzend neuer Autoren hinzuzufügen, um jedes Jahr mindestens zwei große und leicht verkäufliche Romane im Programm zu haben. So grotesk es klingt, in jenen Jahren war es leichter, gute und ausbaufähige Autoren in Frankreich, den USA und England aufzuspüren – besonders, wenn man, wie es bei uns der Fall war, über erstklassige Scouts und Verbindungen verfügte – als im deutschen Sprachgebiet.

Natürlich versuchten wir es auch zu Hause. Wir bemühten uns – leider vergeblich –, Hildegard Knefs großes schreiberisches Talent auf die Romanfährte zu lenken. Wir konnten zu meiner ganz großen Freude beobachten, wie sich Beatrice Ferolli und Peter Motram als erfolgreiche Romanciers entpuppten. Dasselbe bahnte sich in literarisch besonders interessanter Weise bei Jörg Mauthe an – bis dieser es vorzog, in die Politik abzuschweifen –, und auch Susanne Scheibler und Gert Eisenkolb waren entwicklungsfähige Begabungen auf dem Gebiet der unterhaltenden Belletristik. Ein ganz großes Talent auf diesem Sektor wäre zweifellos auch Will Tremper gewesen, dessen Roman »Tall Komplott« auf Anhieb ein echter Erfolg wurde. Trempers bizarres Temperament verhinderte dann leider die Fortsetzung der Zusammenarbeit.

Es war viel problemloser, die verläßlichen und professionellen Autoren aus dem angelsächsischen und französischen Raum zu entwickeln und aufzubauen. Musterbeispiele waren Mario Puzo, Susan Howatch, Colleen McCullough, Mary Stewart, Alfred Coppel und Maurice Dénuzière. Die primadonnenhafte Ausnahme James Michener, der sich bei jedem Buch von neuem von einem halben Dutzend Verlagen Höchstangebote machen ließ und den Verlag wechselte wie andere Leute die Bettwäsche, bestätigte nur die Regel. Irwin Shaw war das genaue Gegenteil: Er kam schweren Herzens nur deshalb zu uns, weil ein anderer deutscher Verlag sich geweigert hatte, eines seiner Bücher herauszubringen, stellte auch dann keine exorbitanten Forderungen, als es uns gelang, seine Bücher auf den Sellerlisten zu placieren, und hielt uns bis zum bitteren Ende die Treue.

Trotzdem hatten wir, wie sich später herausstellen sollte, die Rechnung ohne den Wirt gemacht. Mitte der siebziger Jahre änderte sich – zuerst langsam und kaum merkbar, aber dann immer deutlicher – der Geschmack des deutschsprachigen Lesepublikums. Der breitangelegte epische Roman aus England und vor allem aus den Vereinigten Staaten, der seit den ersten Nachkriegsjahren den deutschsprachigen Belletristikmarkt beherrscht hatte, schien plötzlich nicht mehr so gut anzukommen wie in den vergangenen drei Jahrzehnten. Zum Teil mag dies darauf zurückzuführen sein, daß 600 bis 800 Seiten dicke Schmöker im Hardcover unter 36, 38 oder gar 40 Mark nicht mehr auf den Markt zu bringen waren und die Versuchung für das Publikum immer größer wurde, auf den stets weiter wachsenden belletristischen Taschenbuchmarkt auszuweichen, wo praktisch dieselbe Ware um 30 Mark billiger zu haben war. Zum anderen setzte aber auch eine

Renaissance der deutschen unterhaltenden Belletristik ein. Während es durch Jahrzehnte – seit den Tagen der Gruppe 47 – als schon fast unfein, zumindest aber als altmodisch und bar jeder literarischen progressiven Qualität galt, gegenständliche oder gar unterhaltende Themen abzuhandeln, und damit quasi das ganze weite Feld zwischen Grass und Groschenheft unbebaut blieb, schien nun plötzlich eine neue Saat deutscher gegenständlicher und unterhaltender Romane hervorzusprießen: von Kempowski und Rosendorfer bis Bieler und Herlin, von Danella und Paretti bis Ferolli und Ende. Hier zogen sie auf, ein begabtes und hurtiges Fähnlein deutscher Belletristen!

Bald begannen die Leser zunehmend Gefallen an ihnen und auch daran zu finden, daß die Romane in ihrer eigenen Welt, in einer ihnen bekannten Umgebung spielten und daß Themen und handelnde Personen ihrer eigenen Vergangenheit und Gegenwart entnommen waren. Kalifornien, Piccadilly oder Deauville zogen nicht mehr so recht, selbst Holocaust, Roots und Mafiosi schienen sich verschlissen zu haben. Jetzt waren Ostpreußen, die Alster, Schwabing und die Kö wieder »in«. Zurück, marsch-marsch, zum heimischen Herd, zu den Trümmerjahren, zum Wirtschaftswunder und nach Langemark! Während man Anfang der siebziger Jahre auf den belletristischen Bestsellerlisten neben sieben ausländischen Autoren vielleicht drei deutsche finden konnte, hatte sich zehn Jahre später das Bild umgekehrt – eine Entwicklung, die mittel- und langfristig für die deutschen belletristischen Schriftsteller, für den Buchhandel und das Verlagswesen, ja für die Entwicklung der deutschen Literatur überhaupt von großer und sicher positiver Bedeutung war. Eine Entwicklung aber auch, die einige deutschsprachige Verlage, und darunter in ganz besonderem Maße auch mein Haus, in der zweiten Hälfte der siebziger Jahre vor dramatische Entscheidungen stellen sollte.

Freilich, 1971 und die Jahre danach war die Welt noch in Ordnung. Kein Wölkchen zeigte sich am azurblauen Himmel der Unterhaltungsbelletristik, und selbst der trockene und säuerliche James Michener, der mich anläßlich einer Europareise in Wien besuchte, konnte meine gute Laune nicht schmälern. Und bald wurde mir auch noch eine Ehre zuteil, auf die ich damals recht stolz war. 1972 wurde auf Initiative des Econ-Verlegers Erwin Barth von Wehrenalp die »Brenner-Runde« gegründet: ein exklusiver Klub von sechs erfolgreichen, wenn auch nicht notwendigerweise in gleichem Maße bedeutenden Verlegern. Das heißt, eigentlich waren es nur vier eigenständige Verleger (Willy Droemer, Rudi Streit-Scherz, Erwin Barth von Wehrenalp und meine Wenigkeit) und zwei Verlagsleiter (Albrecht Knaus von Hoffmann und Campe und Olaf Paeschke aus dem Hause C. Bertelsmann). Der Klub, der eigentlich gar keiner war, denn er besaß weder Statuten noch einen Vorstand, tagte zum erstenmal im Kurhotel Brenner in Baden-Baden, einem ganz feinen Laden, und nach diesem Nobelhotel wurde der Kreis dann die »Brenner-Runde« genannt. Wieso Wehrenalp eigentlich auf die Idee kam, mich in diesen exklusiven Kreis aufzunehmen, weiß ich nicht genau. Auf jeden Fall stärkte es mein Selbstbewußtsein ungemein.

Olaf Paeschke, der ja noch ein Jahr vorher in meinem eigenen Hause Verlagsleiter unserer Münchener Dependance gewesen war, kannte ich natürlich am besten. Auch mit Herrn von Wehrenalp war ich schon öfter zusammengetroffen. Mit Rudi Streit-Scherz, der von Bern aus sein Geschäft ein bißchen ähnlich betrieb wie ich das meine von Wien aus, verbanden mich freundschaftliche Beziehungen. Knaus hatte ich auf der Messe in Frankfurt das eine oder andere Mal die Hand geschüttelt; im Rahmen der »Brenner-Runde« lernte ich seine sachlichen Qualitäten und den Humor seiner eindrucksvollen Frau kennen und schätzen.

Das große Erlebnis dieser Zusammenkünfte, die sich durch etwa fünf oder sechs Jahre halbjährlich wiederholten und dann wieder einschliefen, war für mich Willy Droemer. Anfänglich spröde, distanziert und manchmal fast schroff wirkend, zeigte sich nach geziemender Kennenlernfrist hinter der Maske des kühlen Verlagsherrn ein im Grunde schüchterner und unglaublich bescheidener, herzenswarmer Mensch. Willy Droemer ist mit Abstand der fähigste und ideenreichste Verleger gewesen, den ich in meiner achtzehnjährigen Visite in der Verlagsbranche getroffen habe. Und zu alledem – man höre und staune – war und ist er inmitten einer harten, intrigenreichen, häufig zur Unwahrheit, zum Etikettenschwindel und oft noch ärgerem neigenden Medienwelt ein grundanständiger Mensch geblieben. Niemals in den vielen Jahren, in denen wir als Kollegen und Konkurrenten miteinander koexistierten, hatte ich den geringsten Anlaß, mich über Willy Droemer zu beklagen – außer über die bedauerliche, aber wahre Tatsache, daß Willy halt allzu häufig wieder einmal besser oder schneller gewesen war als ich. Irgend einmal während der »Brenner«-Zeit trug Droemer mir an einem langen Abend das Du-Wort an. Als Jüngerer fühlte ich mich sehr geehrt und war von diesem Tag an sehr stolz darauf, zu den Freunden Willy Droemers zählen zu dürfen.

Aber was wäre Willy Droemer ohne seine Mausi gewesen? Willy, klein und schlank, eher introvertiert und lieber im Hintergrund stehend; Mausi hingegen das genaue Gegenteil: groß und von imponierender Figur, immer höchst elegant, aber keineswegs auffällig gekleidet, stand sie stets im Mittelpunkt der Ereignisse. Kurz, es war unmöglich, von Mausi Droemer nicht gefesselt zu werden. Ich erinnere mich an ein Fest im Hause Droemer in München, an dem ich neben Mausi sitzen durfte. Am Anfang imponierte sie mir so, daß ich fast Angst vor ihr bekam. Lange vor den Tagen Margaret Thatchers prägte sich an diesem Abend in mir der Begriff von der »iron lady«. Aber mit der Zeit konnte ich feststellen, daß auch in Mausi ein weicher und herzlicher Kern steckte, den sie sich zwar nicht immer gleich anmerken ließ, der aber wahrscheinlich mit eine Ursache der phantastischen Beziehung zwischen ihr und Willy Droemer war.

Warum schlief eigentlich die »Brenner-Runde« nach einigen Jahren so sang- und klanglos wieder ein? Ich weiß es nicht genau, aber ich nehme an, daß vor allem das Zu-Ende-Gehen der goldenen Zeiten – anfänglich ganz unmerklich – den Konkurrenzkampf verschärfte und damit die Existenz eines lockeren, aber irgendwie doch zumindest moralische Codes setzenden Kreises erschwerte.

Denn es saßen sich ja doch nicht nur freie und unabhängige Verleger gegenüber, die beschließen und machen konnten, was sie wollten. Zwei der sechs Herren waren Verlagsleiter, sicher Spitzenmanager, aber doch Angestellte; einer davon Vertreter des größten deutschen Verlagskonzerns Bertelsmann. Auf der anderen Seite war Willy Droemer bereits in einer engen Verbindung mit Georg von Holtzbrinck, dessen Verlagskonzern – der zweitgrößte im deutschen Sprachgebiet – damals schon Beteiligungen mannigfaltigsten Umfangs an einer Reihe großer deutscher belletristischer und Sachbuchverlage besaß. Dadurch mußte es zwangsläufig dazu kommen, daß harte Konkurrenzkämpfe der Großkonzerne sich schließlich wie Stürme im Wasserglas auch im Rahmen der »Brenner-Runde« abspielten. Zunehmend gingen alle wieder mehr ihrer eigenen Wege. Der festefreudigen Treffen von Paris bis Wien und von Hamburg bis Zürich wurden weniger, und am Ende traf man sich gerade noch bei irgendwelchen Monsterempfängen auf der Frankfurter Buchmesse, wie wir selbst sie schon längst nicht mehr veranstalteten.

Der Molden-Verlag hatte bei der größten Bücherschau der Welt seine eigenen Akzente gesetzt, was mich zeitweilig ebenfalls mit einigem Stolz erfüllte. Zwar hatten zunächst auch wir – in braver Nachahmung unserer großen Konkurrenten – solche Monsterempfänge in einem Frankfurter Country Club durchgeführt. Mit zunehmender Erfahrung kamen wir allerdings darauf, daß wir unter erheblichem Aufwand eigentlich häufig die falschen Leute fütterten und unter Alkohol setzten. Während die guten Autoren, Buchhändler und Journalisten sich von diesen, wie es ihnen und auch mir zunehmend erschien, sinnlosen Massenabspeisungen, bei denen ein Gespräch schon kaum mehr möglich war, mehr und mehr zurückzogen, bevölkerten nun die gar nicht eingeladenen Adabeis die Räumlichkeiten. Wie heißt es doch so beziehungsvoll in einem alten Wiener Spottgedicht: »Manche grüßten nicht einmal, leerten schweigend das Buffet und verließen das Lokal.«

Den Rest gab mir die Buchmesse 1968, als etwa hundert »Jungautoren und Literaturstudenten«, offensichtlich nach Beendigung irgendeiner der in diesem Messejahr an der Tagesordnung befindlichen Demonstrationen – ich sehe noch Dany Cohn-Bendit, begleitet von ihn bewundernden Jüngern und vor allem von Anhängerinnen aus dem literarischen Jet-set, mit großen Tafeln »Klaut beim Klassenfeind« an unserem Stand vorbeiziehen –, bei unserem Verlagsempfang aufkreuzten. Ein paar damals bekannte Literaten der Wiener Szene führten das große Wort und verlangten gebieterisch Einlaß. Einige unserer Mitarbeiter wollten die keineswegs geladenen Gäste nicht hereinlassen. Dies hätte in Anbetracht der feinen Lebensart und der fortgeschrittenen Stimmung unserer progressiven Besucher zu Krach, wenn nicht zu einer Schlägerei geführt. Hannerl kam die rettende Idee: Sie eilte zur Tür, machte sie weit auf und begrüßte einige der ihr bekannten Rädelsführer besonders herzlich und bat die ganze Gruppe herein. Die ob so freundlichen Empfangs völlig Verblüfften wurden zum Buffet geleitet und erhielten alles, was ihr Herz begehren konnte – zumindest soweit es Speis' und Trank betrafen. Die Literaturrevolution fand an diesem Abend nicht statt, und alles löste sich in Wohlgefallen auf. Aber ich hatte meine Lektion abbekommen.

Vom nächsten Jahr an veranstaltete der Molden-Verlag keine Massenempfänge mehr. Dafür gaben wir auf der Messe alljährlich ein exklusives Dinner für etwa achtzig bis hundert Personen, die an kleinen Tischen mit vorher festgelegter Tischordnung saßen. Gäste waren unsere Autoren, soweit sie auf die Messe kamen, internationale Verleger und literarische Agenten, mit denen wir in Geschäftsverbindung standen, sowie einige wenige ausgewählte Journalisten und Buchhändler. Gerade wegen seiner Intimität wurde das Molden-Dinner bald zu einem heißen Tip für Insider. Jahraus, jahrein hagelte es beleidigte Bemerkungen, weil irgendwelche Leute nicht zu unseren Dinners eingeladen wurden. Wir fanden damals, dies sei der beste Beweis dafür, daß unsere Veranstaltungen zu einem echten Erfolg geworden seien. Am 12. Oktober 1981 ahnte wohl keiner der 108 Gäste, die mir in bester Laune im Frankfurter Hof zutoasteten, daß sie dem letzten »Molden-Dinner« beiwohnten. Es war übrigens das dreizehnte.

Heute allerdings neige ich eher zu einer anderen Auffassung. Die Molden-Dinners in Frankfurt waren für jene, die regelmäßig und durch viele Jahre daran teilgenommen hatten, eine angenehme und amüsante Abwechslung auf der Frankfurter Buchmesse. Für den Verlag und für mich brachten sie allerdings eine allmähliche Abkapselung von jenen, mit denen wir gerade auf der Buchmesse den intensivsten Kontakt hätten pflegen müssen: nämlich mit dem Buchhandel und dem lesenden Publikum. Sicher haben uns die Molden-Dinners wichtige Kontakte mit internationalen Verlegern gebracht. Viele Abschlüsse für Auslands- oder andere Nebenrechte unserer Autoren kamen dort zustande. Aber trotzdem glaube ich, daß ich vielleicht einen folgenreichen Fehler begangen hatte, als ich den Kontakt mit der »Masse« – das waren die vielen interessierten Sortimenter und die Buchleser, die sich der Mühe unterzogen, zu einer Lesung zu gehen – vorschnell abbrach. Unser Verlag war gerade durch solche Kontakte mit dem Sortiment und mit dem Publikum groß geworden. Dann aber ärgerten wir uns über etliche Adabeis und ungeladene Progressiv-Literaten und gossen prompt das Kind mit dem Bade aus.

Umgekehrt gelangen uns auf der Frankfurter Messe immer wieder erfolgreiche Veranstaltungen, die anläßlich der Präsentation von neuen Büchern unserer Autoren stattfanden. Abende oder oft auch Vormittage mit manchmal Hunderten von Journalisten, Buchhändlern und Interessenten brachten ein Buch oder einen Autor über die Runden und weiter in die Köpfe und Herzen der Teilnehmer. Das waren dann wirklich Stunden, in denen mir die Sterne wieder einmal zum Greifen nah schienen. Oder waren wir, war ich durch schnelle Erfolge schon so größenwahnsinnig geworden, daß ich Fata Morganen nicht mehr von der Wirklichkeit unterscheiden konnte?

Der Verschwender und seine Hobbys

Die Sparsamkeit war meine Sache nicht. Das mag sich am ehesten daraus erklären, daß ich während meiner Kindheit und Jugend zwar nie hungern mußte, aber in materiell bescheidenen Verhältnissen aufwuchs. Mein Vater verlor 1938 nach dem Einmarsch Hitlers in Österreich seinen Job als stellvertretender Chefredakteur und mußte sich dann sieben Jahre lang mit mehr oder weniger illegalen Aushilfsarbeiten in diversen Zeitungsarchiven durchschlagen. Das bißchen Familienvermögen, das es früher einmal gegeben hatte, war bereits im Ersten Weltkrieg als Kriegsanleihe gezeichnet und in der Folge verloren worden; bescheidene noch verbliebene Reste wurden durch die dem Zusammenbruch der Österreichisch-Ungarischen Monarchie folgende Inflation zur Gänze aufgezehrt. Die Familie lebte daher nach 1938 mehr oder weniger von der Hand in den Mund. Mama konnte manchmal, wenn auch wegen ihrer den Nazis suspekten politisch-weltanschaulichen Einstellung gehandicapt, durch Zeitungsbeiträge oder Übersetzungen etwas dazuverdienen. Mein älterer Bruder war ab Herbst 1938 bei der deutschen Wehrmacht »versorgt«, und ich lief irgendwie im Familienverband mit. Außerdem war ich beim Anschluß im Jahre 1938 dreizehn Jahre alt, also noch ein Kind, und der Geldbedarf war dementsprechend gering. Später, mag es nun im Gefängnis, bei der Wehrmacht oder im Untergrund gewesen sein, brauchte ich mir auch keine Sorgen wegen meines materiellen Überlebens zu machen.

Nach Kriegsende wurde ich bald in das österreichische Außenministerium berufen, wo ich als Sekretär des Ministers Dienst tat. Mein Erstbezug lag unter 300 Reichsmark (die bis Dezember 1945 in Österreich noch als offizielle Währung galt und dann eins zu eins gegen den neuen Schilling umgetauscht wurde); aber damals hatte niemand Geld – es gab ja auch nicht viel zu kaufen –, doch dafür gab es andere Gratifikationen. Ab 1946 war ich Redakteur der »Presse«, verdiente schon fast 500 Schilling im Monat und fühlte mich sauwohl. Dann ging ich noch zwei Jahre als Diplomat nach Amerika, verdiente für meine Verhältnisse ebenfalls sehr gut und konnte mir sogar etwas auf die Seite legen.

Diese Ersparnisse habe ich allerdings schlecht angelegt, denn ich wollte mir damit ein winziges Häuschen im hintersten Winkel des damals noch völlig rustikalen und vom Tourismus unberührten Alpbachtales bauen. Ein befreundeter Architekt übernahm die Bauaufsicht. Ich schickte ihm jeden Monat bitter ersparte 400 Dollar von New York nach Zürich, wo er sie sehr günstig in Schillinge umwechseln konnte. Nach einem Jahr bekam ich Urlaub und eilte nach Alpbach, um mein neues Häuschen zu besichtigen, das im Rohbau schon fertig sein sollte. Das Haus war wirklich schon da. Die Handwerker zeigten mir stolz, was sie alles getan hatten, der Bürgermeister spendierte eine Runde Obstler zu diesem improvisierten Richtfest, und ich wunderte mich, warum eigentlich mein Freund, der Architekt, zu diesem doch auch für ihn festlichen Anlaß – es war das erste Haus, das er baute – nicht erschienen war. Dies sollte sich schnell aufklären: Die Handwerker forderten nämlich unmißverständlich von mir ihren Lohn für die geleistete Arbeit. Es stellte sich heraus, daß mein Architekt zwar das Geld jeden Monat brav in Zürich abgeholt, aber, vom Spielteufel besessen, gleich wieder im Casino von Campione verloren hatte. Da alles Geld beim Spiel verloren war, konnte er es weder den Handwerkern noch mir auszahlen, und ich mußte den schönen Rohbau stante pede und natürlich mit Verlust wieder verkaufen, um die Rechnungen der Handwerker begleichen zu können.

Wie gewonnen, so zerronnen. Aus war der frühe Traum vom eigenen Häuschen in den Bergen! Ich war zwar etwas perplex, aber keineswegs besonders betrübt. Schon ein paar Wochen später hatte ich die Episode vergessen. Jetzt aber, rückblickend, scheint sie mir zu beweisen, daß ich wohl von vornherein nie eine besonders entwickelte Beziehung zum Eigentum besessen habe. Ab meinem sechsundzwanzigsten Lebensjahr habe ich immer selbständig und als Unternehmer gearbeitet. Meine Firmen und Unternehmen habe ich mir selbst aufgebaut. Alles, was ich im Laufe der Zeit besaß, habe ich mir selbst erworben. Vieles habe ich dann, wenn es einmal lief oder weil es mich nicht mehr interessierte, wieder verkauft, um neuen Zielen nachzueilen und neue Unternehmen zu errichten. Niemals ist mir dabei der Abschied von einem Unternehmen, einer Zeitung oder einer Druckerei, besonders schwergefallen, denn immer gab es einen Aufbruch zu neuen Ufern. Geld, ja, Eigentum überhaupt schien mir stets nur ein Mittel zum Zweck. Es war angenehm, es zu besitzen. Es war deshalb angenehm, Geld zu besitzen, weil ich damit neue Projekte in die Tat umsetzen, neue Zeitungen gründen oder später neue Autoren unter Vertrag nehmen konnte. Es war auch angenehm, Geld genug zu haben, um gut zu leben, um es ganz einfach ausgeben zu können. Aber nicht um Besitz anzuhäufen oder um ein Bankkonto damit zu bedienen. Ich habe auch nie gespart, denn die Sparsamkeit war eben meine Sache nicht.

Irgendwann einmal – es ist schon viele Jahre her – spazierte der damalige österreichische Bundeskanzler Bruno Kreisky mit seinem Boxerhund durch die Gassen von Heiligenstadt, jenem Wiener Vorort, wo er und damals auch ich zu Hause waren. Auf diesem Abendspaziergang wurde er von einem Journalisten begleitet, und die Herren unterhielten sich, wie nicht anders zu erwarten, über Politik. Sie wanderten durch die enge Probusgasse zum Pfarrplatz und standen plötzlich vor einem alten Wiener Bürgerhaus, das sich hinter einem grünen Holzzaun und vielen Fliederbüschen versteckte. Es war mein Haus in Wien-Döbling, Eroicagasse 1. »Hier wohnt der ›Verschwender‹«, meinte Kreisky, »er heißt Fritz Molden, und er wird so enden wie der Flottwell im Stück von Ferdinand Raimund.« Zur Information des mit der österreichischen Literatur des 19. Jahrhunderts nicht so vertrauten Lesers sei darauf hingewiesen, daß in Ferdinand Raimunds berühmtestem Stück, eben dem »Verschwender«, einem musikalischen Zauberspiel, der Held Flottwell durch verschwenderischen Lebenswandel sein gesamtes Vermögen verliert.

Als ich damals vor Jahren diese Geschichte hörte, habe ich darüber gelächelt. Auf den Gedanken, daß der Bundeskanzler hier vielleicht gar eine sehr akkurate Prophezeiung abgegeben haben könnte, kam ich überhaupt nicht. So verschieden schienen mir damals Flottwells und meine Lebensverhältnisse, Persönlichkeiten und Temperamente. Arbeitete ich doch den ganzen Tag eher extensiv, kam im Jahresdurchschnitt stets auf eine gesunde Achtzigstundenwoche, verdiente mir nicht nur selbst meinen Lebensunterhalt, sondern brachte es durch etwa drei Jahrzehnte fertig, immer wieder meine eigenen Unternehmen durch eigenen Fleiß, eigene Risikobereitschaft und zugegebenermaßen eine große Portion Glück aufzubauen, zu führen und zu finanzieren.

Vor Tische las man's anders, und nach dem Konkurs weiß man's besser. Und in seiner Sicht hatte Bruno Kreisky so unrecht nicht. Für ihn und viele andere führte ich ja offensichtlich einen verschwenderischen Lebenswandel. Wenn ich ein Buch von Leonard Bernstein herausbrachte, dann präsentierte ich es nicht im Foyer des Wiener Konzerthauses, wie es andere, sparsame Wiener Verleger vielleicht getan hätten, sondern es mußte das Schloß Leopoldskron die Kulisse sein und der Salzburger Spitzenwirt »Goldener Hirsch« das Buffet aufbauen. Als Sophia Loren bei Molden ihre Memoiren publizierte, fand ein Fest in der Eroicagasse statt. Für Hildegard Knef mußte das Palais Pallavicini in der Wiener Innenstadt herhalten, für Moshe Dayan waren die »Vier Jahreszeiten« in München und für Großbritanniens Premier Harold Wilson der »Breidenbacher Hof« in Düsseldorf gerade gut genug. Um James Micheners Roman »Torremolinos« zu präsentieren, mußten hundert Buchhändler gar zweimal am Frankfurter Rhein-Main-Flughafen aufkreuzen – einmal, weil wir einem Betrüger aufgesessen waren, dessen Flugzeug gar nicht anflog, und ein zweites Mal echt zum Abflug –, um in das südspanische Seebad zu jetten. Jede Menge Buchhändler und Journalisten wurden von uns auf Yachten durch die östliche Ägäis gesteuert, um Beatrice Ferolli, Humbert Fink, Hans Hass oder Irenäus Eibl-Eibesfeldt Gelegenheit zu geben, aus ihren neuen Werken vorzulesen.

Verschwendung, Verschwendung, nichts als Verschwendung, dachten sich damals offensichtlich – wenn auch im stillen Kämmerlein und daher von mir völlig unbemerkt – schon viele. Öffentlich und mit allen Anzeichen der moralischen Empörung hat es dann eine Woche nach unserem Konkurs erst Freund Hans Lothar Schütz in der ihm eigenen netten Art im »Börsenblatt« angeprangert. Offensichtlich hat ihm damals der Flug mit uns nach Torremolinos doch nicht so gut gefallen, und mit weiteren Einladungen war ja jetzt nach dem Molden-Debakel ohnedies nicht mehr zu rechnen.

Verschwendung? Wenn ich es aus meiner jetzigen Froschperspektive betrachte, mag es wohl zum Teil übertrieben gewesen sein. Aber jetzt ist es ohnedies in all seinen Facetten und Größenordnungen nicht mehr vorstellbar. Jetzt darf ich im Monat ungefähr so viel verdienen – das heißt: für mich behalten –, wie wir noch vor zwei Jahren (und damals schon mit der notwendigen Sparsamkeit) für einen kleinen Presselunch mit maximal sechzehn Personen budgetiert haben. Aber aus damaliger Sicht glaube ich noch immer, daß wir eigentlich das Richtige gemacht haben.

Durch die Art des großzügigen Lebensstils, der bei einer Einzelfirma wie meiner mit entsprechender Promotion identisch war, konnten wir nicht nur unsere Autoren dem Buchhandel, der Presse und dem Publikum näherbringen, konnten daher auch auf lange Sicht mehr Bücher verkaufen und mußten weniger Geld für kommerzielle Werbung ausgeben. Darüber hinaus aber habe ich bei allem, was in diesen Jahren aufgewendet oder ausgegeben wurde, niemals gefragt, ob das jetzt konkret für eine meiner Firmen oder für mich selbst ausgegeben wurde. Meine Arbeit und ich waren für mich eine Sache. Ich habe es immer für selbstverständlich gehalten, mein gesamtes Vermögen für meine Firmen einzusetzen und jedes Risiko – und sei es auch das größte – selbst zu tragen.

Es schien mir völlig normal, daß mein persönliches Leben, das von meinem beruflichen praktisch nicht zu trennen war, auch materiell mit dem der Firma parallel lief. Ich war daher unglaublich verblüfft, als wenige Wochen vor unserem Zusammenbruch – ich hatte eben meine persönliche Lebensversicherung aufgelöst beziehungsweise verkauft, um damit die gerade fälligen Monatsgehälter meiner Wiener Mannschaft zu bezahlen – ein leitender Mitarbeiter meines Hauses sich vertraulich an ein mit der Prüfung unserer Firma betrautes Organ wandte, um ihm mitzuteilen, daß ich Reparaturarbeiten in der Eroicagasse auf Firmenkosten durchführen ließe, meinen Fahrer auch für Privatfahrten einsetze und mich auch sonst »aus meiner eigenen Firma bereichere«.

Wenige Wochen später kam der Zusammenbruch, und dieser Verschwendung war endlich ein Ende gesetzt. Mein gesamtes Vermögen, Firmenwerte und Privatvermögen, war – wie es sich bei einem ordentlichen Konkurs gehört – weg, vom Winde verweht; kurz, der Ofen war aus. Endlich konnte der Fritz Molden sich nicht mehr an sich selbst bereichern. Der quicke junge Mann aber, der sich solche Sorgen um etwaige Mißgriffe meinerseits gemacht hatte, konnte sich beruhigt neuen verantwortlichen Tätigkeiten zuwenden. Er hatte längst anderswo abgeschlossen, und sein Vermögensstand hatte sich glücklicherweise durch den Molden-Zusammenbruch in keiner Weise verschlechtert. Im Gegenteil, durch Prämien, die ich ihm noch aus meiner Privatschatulle ausgezahlt hatte, dürfte sich der Besitzstand des hoffnungsvollen Jungmanagers nicht unwesentlich verbessert haben. Wie man sieht, Sparsamkeit trägt Früchte. Oder war es vielleicht der Lohn der guten Tat? Mir ging damals allerdings in diesem Zusammenhang noch ein anderes altes Sprichwort durch den Kopf, das einen ganz bestimmten Menschentyp treffend charakterisiert.

War mein Lebensstil zu aufwendig? Aus meinen eigenen Firmen

habe ich im Schnitt der letzten Jahre – bei einem Jahresumsatz von ungefähr 20 Millionen Mark – etwas unter 300000 Mark jährlich entnommen, plus jene Benefizen, die sich aus der Position des Firmenchefs ergaben, wie Fahrer, Dienstwagen etc. Aber dies scheint mir ja bei allen Managerfunktionen dieser Größenordnung ähnlich gehandhabt zu werden. Im Vergleich zu den Bezügen, die etwa in den großen Verlagskonzernen an Spitzenmanager ausbezahlt werden oder die in der Wirtschaft auch außerhalb der Branche allgemein üblich erscheinen, dürften meine Entnahmen höchstens im Mittelfeld gelegen haben. Mit ihnen wurde ja im Grunde auch das gesamte Risiko des Unternehmers (einschließlich der in den letzten Jahren natürlich nie mehr verzinsten und im Konkurs verlorengegangenen Kapitaleinlagen von insgesamt etwa 15 Millionen Mark) abgegolten. Schon aus diesem Grund sind die Bezüge der Spitzenmanager und die Entnahmen der Unternehmer und Alleineigentümer nur sehr schwer zu vergleichen. Und von jenen aus prominentem Politikermund so gern zitierten luxuriösen Unternehmerattributen könnte ich kaum welche für mich in Anspruch nehmen. Kein Rennstall, kein privater oder firmeneigener Executive Jet, keine Jagd, und sogar die häufig erwähnte Yacht in der Ägäis war nie im entferntesten mein Eigentum, sondern sie wurde ganz normal für die zwei oder drei Wochen Benützung gechartert.

Im übrigen ist es gar keine Frage, daß ich in den fast dreißig Jahren meiner Unternehmertätigkeit gut gelebt habe, aber es schien mir ganz normal zu sein, denn ich hatte mir das gute Leben schließlich selbst verdient und einige Firmen mit zeitweise ein paar hundert und durch etliche Jahre sogar über tausend Mitarbeitern aufgebaut und soweit gut über die Runden gebracht. Dann allerdings kam der große Krach, kam die Pleite, und viele Beteiligte verloren viel Geld. Dies hat mich zutiefst betroffen gemacht. Und auch die Tatsache, daß die allermeisten jener, die am Schluß Geld verloren, vorher viele Jahre hindurch mit und an uns gut verdient haben, kann nichts daran ändern, daß diese Seite des Konkurses für mich die bedrückendste war, ist und immer bleiben wird. Das einzige, was ich hier zu meiner Entschuldigung anführen kann, ist, daß ich zweifelsfrei in diesem Konkurs unendlich mehr verloren habe als alle Gläubiger zusammen. – Doch zum bitteren Ende kommen wir später. Jetzt geht es mir um die Facetten des Lebensstils, des Sparens und des Verschwendens.

Das, was wirklich viel Geld gekostet hat, waren allerdings die teuren verlegerischen Hobbys, die zwar unter Umständen nach jahrelanger Entwicklung auch wieder ihr Geld mit Zinsen und Zinseszinsen zurückverdienten. Aber natürlich war es am Anfang eines solchen verlegerischen Experiments nicht absehbar, ob das Projekt sich schließlich als rentabel oder als Rohrkrepierer herausstellen würde. Nur: Ohne die Bereitschaft, das Risiko einzugehen und – wenn es notwendig schien – auch jahrelang zu warten, bis ein neuer Stamm die ersten Triebe oder gar Blüten zeigte, hätten einige der wichtigsten und schließlich auch erfolgreichsten Produktionen des Verlages nie das Licht der Welt erblickt.

Daneben gab es allerdings auch wirkliche Hobbys, nämlich Bücher, bei denen ich von vornherein wußte, daß sie die zur Deckung ihrer Kosten notwendige verkaufte Auflage nach menschlichem Ermessen nicht erreichen würden, die mir aber am Herzen lagen oder die so wichtig für unser Programm waren, daß wir sie trotzdem produzierten. Gerade zu diesen Büchern stehe ich noch heute voll und ganz. Denn hierin sah ich immer meine besondere Verpflichtung, hier wurde der Verlag fast zur moralischen Anstalt. Und vor allem um diese Bücher machen zu können, sah ich auch die Berechtigung zur Bestsellerei. Denn durch die Gewinne, die wir aus den Bestsellern machten, konnten wir schwerverkäufliche, aber qualitativ besonders wertvolle oder wichtige Bücher im Programm mit durchziehen.

Bücher wie Wolfgang Wiesers »Küsten«, Joseph Wechsbergs »Der Stalinist«, Alois Schöpfs »Ritter, Tod und Teufel«, Ilse Leitenbergers »Kinderhaus, bürgerlich«, die Werke von Paul Roubiczek und Pljuschtisch, Karl Grubers politische Schriften, aber auch der von Fritz Raddatz herausgegebene Briefwechsel zwischen Marx und Engels oder Christiane Singers »Der Tod zu

Wien« wären nie erschienen, wenn ich mir nicht diese Verlagspolitik der teuren Hobbys geleistet hätte. Ich habe hier nur einige wenige Beispiele, quasi stellvertretend für viele andere genannt. Im ganzen haben wir in achtzehn Produktionsjahren des Verlages circa siebzig Titel herausgebracht, die eigentlich kalkulatorisch nicht zu vertreten waren, das sind pro Jahr etwa vier Titel oder etwa sieben Prozent aller von uns publizierten Bücher. Übrigens gab es erfreulicherweise auch einige Titel, von denen wir ursprünglich annahmen, sie würden sich gar nicht verkaufen, und die sich dann plötzlich doch zu stillen Sellern entwickelten: Lotte Ingrischs »Reiseführer ins Jenseits« oder Reinhild Solfs »Leberwurst – Käsebrot« bei der Belletristik beispielsweise; Tatjana Metternichs außergewöhnlicher »Bericht eines ungewöhnlichen Lebens« bei den Biographien oder Friedrich Würthles »Die Spur führt nach Belgrad« bei den zeitgeschichtlichen Werken.

Ursprünglich haben wir auch unsere ersten Bildbände als Hobbys betrachtet. So manche haben sich dann im Laufe der Zeit aber zu wichtigen Eckpfeilern des Hauses entwickelt: etwa die Traumstraßenserie, die wir zusammen mit Erich Lessing entwickelten. Seine »Traumstraßen durch Deutschland«, der erste Band der ganzen Reihe, wurde zu einem großartigen Dauerbrenner und verkaufte in zehn Jahren an die 60000 Exemplare, was bei einem teuren Bildband eine sehr schöne Ziffer darstellt. Lessing fotografierte für uns noch eine Anzahl von anderen großen Bildbänden, alle mit Ausnahme der biblischen »Arche Noah« waren erfolgreich. Traumstraßenbände waren plötzlich »in«, es gab gefährliche Konkurrenz. Aber wie einst die Könige von Spanien und Portugal sich mit dem Segen des Papstes die Welt teilten, machten der Süddeutsche Verlag und Molden jetzt dasselbe mit Europa, wenn auch nur in bezug auf die Planung von Traumstraßenbänden. Neben Erich Lessing (Deutschland, Frankreich, Donau) waren die Fotografen Johann Willsberger (»Das andere Deutschland« – die DDR), Robert Löbl (Italien und Jugoslawien) und Rudolf Schneider-Manns Au (Ägäis, Kreta, Griechenland) bei den Traumstraßen mit von der Partie. Franz Hubmann schuf für uns das »K.u.K.

Familienalbum«, die Welt der Österreichisch-Ungarischen Monarchie in alten Fotografien, das zu einem großartigen Erfolg wurde und dem ein Deutsches und ein Jüdisches Familienalbum folgten. Hubmann machte dann im Laufe der Jahre noch ein gutes Dutzend großer Bildbände für uns, deren Höhepunkt die im Rahmen unserer von Christian Brandstätter mit Liebe und Leidenschaft aufgebauten und dann ausgezeichnet geleiteten »Molden Edition« erscheinende österreichische Länderserie darstellte.

Diese großen und exklusiv ausgestatteten Bildbände waren ein teures Vergnügen, da die Kosten der sehr aufwendigen technischen Herstellung vom Verlag à fonds perdu lange vor Erscheinen bezahlt werden mußten, während die Erlöse – wenn überhaupt – erst Monate oder gar Jahre später einflossen. Mit Ausnahme von ein oder zwei Bänden aus der Serie »Heimliches Deutschland« waren alle Hubmann-Bücher erfolgreich. Das konnte man keineswegs von allen unseren Bildbänden sagen, obwohl sie in ihrer großen Mehrzahl erstklassig gemacht waren. Dafür sorgten vorerst einmal Hans Schaumberger und dann im Rahmen unserer Edition Christian Brandstätter. Aber auch bei Bildbänden konnte man Marktentwicklung und Publikumsgunst nicht mehr mit exakter Sicherheit voraussehen. Auch hier mußte mit viel Risikobereitschaft experimentiert und immer wieder Lehrgeld bezahlt werden – nur war dieses eben bei den Bildbänden in summa wesentlich höher als bei einem Standard-Textband. Trotzdem haben sich die Investitionen in unsere Kunst- und Bildbandreihen und in die Molden Edition rentiert und sich darüber hinaus in einem unglaublichen Goodwill für die einzelnen Reihen, die Edition und den Verlag niedergeschlagen. Durch das Verschwinden des letzteren hat sich allerdings das direkte Goodwill-Element in nichts aufgelöst, soweit es nicht den Autoren und auch Nachfolgeunternehmen zugute kommt.

Eine ganz eigene Gruppe von Büchern waren jene Tirolensia, die wir mit dem bedeutenden Innsbrucker Volkskundler und Fotografen Professor Wolfgang Pfaundler in unserer dortigen Niederlassung entwickelten. Hier gelang es, einen relativ kleinen, aber fest umschreibbaren Markt zu erschließen und dank Pfaundler eine Anzahl hervorragend gemachter Text/Bildbände, wie etwa das »Tiroler Schützenbuch« oder das große »Innsbruck«-Buch herauszubringen. Unser Tiroler Jahrhundertwerk, das »Tirol Lexikon«, das Gertrud Pfaundler gestaltete, ist leider, als es nach fünfzehnjährigen Recherchen fertig war, vorerst unserem Konkurs zum Opfer gefallen und erschien jetzt in einem anderen Verlag. So hat schließlich das abrupte Ende unseres Hauses aus seriösen und langfristig durchaus wirtschaftlichen Projekten dann in etlichen Fällen doch noch nur teure Hobbys gemacht.

Trotz alledem, wenn ich etwa an den herrlichen Bildband »Adieu Picasso« des begnadeten Fotografen David Douglas Duncan denke, den ich 1975 produzieren durfte, dann glaube ich noch heute, daß diese »Hobbys« und »Verschwendungen« einen tieferen Sinn gehabt haben.

Die Trendwende

Die Wirklichkeit klopfte 1977 erstmals recht unsanft an die Tür. Keineswegs noch im Zusammenhang mit unserer normalen Produktion. Im Gegenteil! Meine Sorgen um die Entwicklung des Belletristikmarktes schienen sich vorerst als unbegründet zu erweisen. Mit der ebenso fülligen wie quicklebendigen und vor allem hochbegabten Exkrankenschwester Colleen McCullough hatten wir eine echte Erfolgsautorin an Land gezogen: Ihre »Dornenvögel« kamen bestens an und erklommen in kürzester Zeit Spitzenpositionen auf den Bestsellerlisten. Auch Mary Stewart und Alfred Coppel konnten sich 1977 gut durchsetzen.

Im Folgejahr hatten wir mit Peter Ustinovs »Ach Du meine Güte« wieder einen Schlager bereit, der es ebenso wie Puzos neuer großer Roman »Narren sterben« zu ausgezeichneten Verkäufen brachte. Den belletristischen Begleitschutz gaben 1978 Susan Howatch und Jeanne Cordelier. Hier waren die Verkaufsziffern allerdings keineswegs mehr überwältigend, obwohl zum Beispiel Susan Howatchs Roman »Die Reichen sind anders« inhaltlich und vom Thema her mindestens so ansprechend und verkäuflich war wie ihre früheren Bücher. Trotzdem schien unsere belletristische Programmsparte in der zweiten Hälfte der siebziger Jahre noch gut auf den bisherigen Geleisen weiterzufahren. Ich aber machte mir dennoch Sorgen und war bemüht, andere Programmschwerpunkte zu setzen.

Doch hier bei den neuen, im Aufbau oder gar noch in der

vorbereitenden Planung befindlichen Projekten tauchten die ersten Wolken am Horizont auf. Denn diese Projekte verschluckten D-Mark-Millionen und verursachten damit in der Verlagsgruppe, zu der wir uns, ohne es selbst richtig wahrzunehmen, entwickelt hatten, einen spürbaren Mangel an Eigenkapital. Schon ab Mitte der siebziger Jahre hatte ich mich bemüht, der starken Abhängigkeit unseres Hauses von belletristischen und Sachbuch-Bestsellern entgegenzuwirken. Dazu mußten neue Positionen aufgebaut werden. Etwa gleichzeitig gründeten wir den Molden-Taschenbuchverlag, kurz MTV genannt, und den ABC-Buchklub, letzteren zusammen mit dem führenden österreichischen Autofahrerclub, dem ÖAMTC in Wien. Während sich der ABC-Buchklub auf den österreichischen Markt beschränken und dort die 600 000 Mitglieder der Touringclubs als potentielle Buchinteressenten ansprechen sollte, war der Molden-Taschenbuchverlag geplant, um als selbständiger Taschenbuchproduzent den deutschen Markt zu bedienen.

Beide Unternehmen hatten aber eine Aufgabe gemeinsam: Sie sollten unserem Hause nicht nur jenen geringfügigen Anteil am Taschenbuch- und Buchgemeinschaftskuchen – wie es bisher im Lizenzgeschäft mit den großen existierenden Spezialverlagen üblich gewesen war – zukommen, sondern alle sich beim Taschenbuch und im Buchklub ergebenden Gewinne auf unsere eigenen Mühlen fließen lassen. Die Differenz zwischen den beiden Varianten war beachtlich. Für Taschenbuchlizenzen wurden damals durchschnittlich fünf Prozent vom Ladenpreis (also beispielsweise fünf Prozent von 2,80 Mark = 14 Pfennige) Lizenzgebühr bezahlt. Dieser Betrag war dann zwischen dem Originalverleger (in diesem Fall also Molden) und dem Autor zu teilen, so daß uns schließlich sieben Pfennige oder zweieinhalb Prozent vom Ladenpreis des Taschenbuches blieben. Dafür hatten wir den Autor gefunden und betreut, das Originalbuch mit allen dazugehörenden Risiken auf den Markt gebracht, während der Taschenbuchverleger begreiflicherweise den Erfolg abwartete, um dann mit sicherer Hand zuzugreifen. Wurden vom lizenznehmenden Taschenbuchverleger

Garantiehonorare gezahlt, so waren sie gegen die Lizenzerlöse abzurechnen.

Noch ungünstiger waren die Verhältnisse bei den Buchgemeinschaftslizenzen. Denn dort wurde das Lizenzhonorar bei der größten Buchgemeinschaftsgruppe, dem Bertelsmann Lesering und seinen Tochterklubs, wie Donauland, Deutsche Buchgemeinschaft oder Europäische Buchgemeinschaft, mit nur vier Prozent vom Klubpreis festgelegt, während der Teilungsschlüssel zwischen Originalverlag und den Autoren häufig bei 60:40 lag, was bedeutet, daß dem Verlag schlußendlich ganze 1,6 Prozent blieben. Das empfand ich nicht nur als ungerecht, sondern ich meinte, daß sowohl der Autor wie der Verleger wesentlich mehr verdienen konnten, wenn sich die Originalverlage bemühten, Taschenbücher und möglicherweise auch Buchklubausgaben in eigener Regie zu produzieren. Es würde nicht nur mehr Geld in die Kasse fließen, sondern man hatte so auch die Möglichkeit, die gesamte Verkaufsstrategie und die Werbung für alle Buchausgaben gemeinsam zu gestalten und zu koordinieren.

Es war allerdings auch klar, daß ein so umfangreiches Projekt nicht nur viel Geld kosten, sondern auch den Widerstand der betroffenen existierenden Taschenbuchverlage und Buchgemeinschaften auf den Plan rufen würde. Bald stellte sich übrigens heraus, daß die großen deutschen Buchgemeinschaften von unserem kleinen, nur auf Österreich beschränkten ABC-Projekt keinerlei nennenswerte Gefahren erwarteten und nach dem alten Motto »Der Hund bellt, die Karawane zieht weiter« zur Tagesordnung übergingen, während der österreichische Buchhandel befürchtete, durch den ABC-Buchklub unter Konkurrenzdruck zu geraten. Ich war sehr verblüfft, denn der allmächtige Buchklub »Donauland« mit seinen über 700 000 Mitgliedern und der riesigen Bertelsmann-Organisation hinter sich schien die alpenländischen Buchhändler weniger zu stören als der Zwergklub ABC. Im Grunde war dies eine der Auswirkungen meiner besonderen Position in Österreich. Was immer Molden in Österreich plante oder durchführte, es wurde vom heimischen Buchhandel – sei es nun positiv oder negativ gesehen – anders betrachtet als der gleiche Versuch eines anderen.

Das dritte große Projekt, das wir damals planten, waren die »Blauen Führer«. Als intensiver, begeisterter und neugieriger Reisender war ich schon bald nach dem Zweiten Weltkrieg darauf gekommen, daß die französischen »Guides bleus« für die meisten der von mir bereisten Länder mit Abstand die besten Reiseführer waren. Der einzige Nachteil war, daß sie nur auf französisch zu haben waren. Dann aber begann der Verlag Hachette auch deutsche Ausgaben auf den Markt zu bringen, stellte diese lobenswerte Aktivität jedoch nach etlichen Jahren mangels eines geeigneten deutschen Vertriebsapparats wieder ein. Das hatte mich schon geärgert, bevor ich selbst Buchverleger wurde, denn die vorhandenen deutschen Reiseführer kamen beim besten Willen – sowohl qualitativ wie auch quantitativ und in der Einteilung – nicht an die »Blauen« heran. 1974 fuhr ich mit Freunden auf einem gecharterten Boot an die anatolische Küste im Süden der Türkei. Das Angebot deutscher Reiseführer für dieses Gebiet war kläglich; schließlich gelang es mir, in einem Antiquariat einen alten deutschen »Blauen Führer Türkei« ausfindig zu machen. Die Reise war gerettet und wurde für alle dank dem »Blauen Führer« ein großer Genuß.

Ein paar Wochen später sprach ich mit meinem Pariser Scout, Melsene Timsit, über die Möglichkeit, eine Generallizenz für deutschsprachige Ausgaben der »Blauen Führer« von der französischen Verlagsgruppe Hachette zu erwerben. Vorerst wollten wir die Marktsituation im deutschsprachigen Bereich prüfen. Die Resultate waren durchaus positiv, denn es gab eine große Anzahl von gutgehenden Führern der niederen und mittleren Anspruchs- und Preiskategorien, doch wirklich anspruchsvolle Führer, die in Umfang, Qualität und Preis mit den von mir geplanten deutschsprachigen »Blauen Führern« in Konkurrenz treten konnten, waren kaum vorhanden. Ich verbrachte dann viele Stunden mit unserem Lektor Günther Treffer; wir besprachen ein neues Konzept für die »Blauen Führer«, um das umfassende Wissen, das die Gründer der

»Guides bleus« in der Mitte des 19. Jahrhunderts für die elitären Reisenden ihrer Zeit bereitgestellt hatten, modern verpackt und mit den notwendigen technischen und touristischen Informationen versehen, die das Jahrhundert des Automobils und des Flugzeugs erforderte, für den modernen, kultur- und geschichtsbewußten Touristen aufzubereiten. Wir wollten einen »Rolls-Royce unter den Reiseführern« schaffen, und Günther Treffer machte sich an die redaktionelle Vorbereitung und Herausgabe. Mit Hachette konnten wir 1976 eine Rahmenvereinbarung abschließen, und ich entwarf eine Liste von 24 »Blauen Führern«, die die wichtigsten Reiseländer für anspruchsvolle deutschsprachige Reisende umfaßte.

Die ersten vier Bände – Griechenland, Spanien, Nord- und Mittelitalien sowie Süditalien und Rom – erschienen 1978. Der Starterfolg war in Anbetracht der notwendigerweise hohen Ladenverkaufspreise von 48 und bald 58 Mark beachtlich. Noch beachtlicher, ja erschreckender waren allerdings die Kosten des Starts der neuen Reihe. Die Bände hatten bis zu tausend Seiten, mit vielen großteils farbigen Karten und Detailplänen. Zumeist mußten die französischen Originale neu übersetzt und dann für den deutschsprachigen Leser bearbeitet werden. Ebenso mußten die gesamte Bibliographie und fast alle literarischen Hinweise neu erarbeitet werden. Es war ja dem deutschsprachigen Leser nicht zuzumuten, historische oder kunstgeschichtliche Bezugsliteratur aus fremdsprachigen Quellen zu beziehen. Aufgrund unserer Nachkalkulationen nach den ersten Bänden mußte ich zu meinem Schrecken feststellen, daß wir erst nach etwa 15000 bis 20000 verkauften Exemplaren eines Titels alle Grundkosten für diesen Band eingespielt haben würden; erst danach konnten wir ans Verdienen denken.

Ursprünglich hatten wir angenommen, daß die Kostendeckung bei etwa 10000 verkauften Exemplaren erreicht sein würde, was etwa drei Jahre bedeutet hätte. Nach den neuen Hochrechnungen konnten es fünf bis sieben Jahre werden. Das wiederum hieß, daß wir erst um die Jahreswende 1982/83 hoffen konnten, mit den

»Blauen Führern« kostendeckend und dann allerdings sehr bald gewinnbringend zu arbeiten. Ein weiterer Pluspunkt der Reihe war, daß es de facto keine Remittenden – das heißt unverkäufliche Bücher – gab und daß wir um 1982 mit einer Zweitverwertung sowohl des redaktionellen Materials als auch des Satzes im Rahmen der von mir geplanten »Kleinen Blauen« Taschenführer für regionale Teilbereiche rechnen konnten. Also prima Aussichten! Nur: Vorerst mußten in sechs Jahren – ich hatte ursprünglich drei für hinlänglich gehalten – circa 4 500 000 Mark (ohne Finanzierungskosten) investiert werden. Davon sollten bis Ende 1982 etwa zweieinhalb Millionen aus Verkaufserlösen rückfließen, der Rest bis 1985. Ab 1986 würde sich allerdings aus den Weiterverkäufen (Neuauflagen) dieser ersten zwölf »Blauen Führer« ein jährlicher Deckungskostenbeitrag von etwas über einer Million Mark ergeben.

Also kurz- und mittelfristig eine schwere Belastung unserer Liquidität, langfristig hingegen ein sicheres Standbein, das uns über die Jahre risikofreie Einnahmen bringen würde. Ich entschloß mich daher, die »Blauen Führer« durchzuziehen. Bis zu unserem Konkurs waren zehn Bände erschienen, und im März 1982 kamen noch die ersten vier Bände der »Kleinen Blauen« heraus, die wir für 19,80 Mark auf den Markt brachten. In bezug auf die »Blauen Führer« war die Rechnung bis zu diesem Zeitpunkt in etwa so aufgegangen, wie wir sie 1978 nach Erscheinen der ersten Bände vorausgesehen hatten. Für den Gesamtverlag bedeutete das in seinen letzten fünf Jahren eine schwere finanzielle Belastung; die bereits am Stamm reifende Ernte konnten wir in Anbetracht des hereinbrechenden Debakels allerdings nicht mehr einfahren. – Logischerweise entstanden die Hauptkosten und damit auch der wesentlichste Finanzbedarf des Unternehmens »Blaue Führer« in den Startjahren von 1976 bis 1978, als den hohen Aufwendungen noch keinerlei Erlöse gegenüberstanden. Dadurch entwickelten sich die »Blauen Führer« bei der Finanzierung zu einer gefährlichen Konkurrenz für unsere anderen großen Projekte jener Phase der Diversifizierung.

Gert Frederking war seit 1975 auch für unseren neuen Taschenbuchverlag verantwortlich. Dieser hatte sich im ersten vollen Verlagsjahr 1976 hervorragend entwickelt und überraschende Erfolge besonders bei der Durchdringung des Marktes vorweisen können. Unser erster großer Schlager war Stephanie Fabers »Rezeptbuch für Naturkosmetik«, von dem wir in kurzer Zeit über 50000 Exemplare verkauften. Auch Milovan Djilas' Erstlingswerk »Die Neue Klasse«, dessen Taschenbuchrechte wir erworben hatten, lief prächtig. Frederking kam nun alle paar Wochen nach Wien angereist und drängte auf einen beschleunigten Ausbau des Taschenbuchverlages. Insbesondere forderte er Mittel für die Verstärkung des MTV-Vertriebs an. Es war klar, daß wir Helga Zoglmann, der nimmermüden und ideenreichen Cheflektorin des jüngsten Molden-Unternehmens, grünes Licht für eine Vermehrung der Titelzahl geben mußten, wenn wir den Starterfolg entsprechend nutzen wollten. Aber das forcierte Wachstum des vielversprechenden Taschenbuch-Experiments mußte wieder außerplanmäßig Kapital in Anspruch nehmen.

Konzernherr Georg von Holtzbrinck hatte mir ein Jahr vorher, als wir noch mitten in der MTV-Planung waren, in einem sommerlichen Gespräch in seiner Stuttgarter Residenz den Vorschlag gemacht, auf das ganze Projekt zu verzichten. Er bot mir dafür eine jährliche Mindestgarantiesumme von 240000 Mark für unsere anfallenden Taschenbuchtitel an. Es war ein großzügiges Angebot, und ich wäre auch gern mit Herrn von Holtzbrinck in näheren Kontakt gekommen. Ich schätzte seinen brillanten Verstand und seine warme menschliche Art. Von den großen Bossen der deutschen Verlagskonzerne war er mir mit Abstand der liebste, und etliche Male hatte er mir eine engere Kooperation vorgeschlagen. Es ist nie etwas daraus geworden; ich saß wohl auf einem zu hohen Roß und wollte mir meine Unabhängigkeit am liebsten gar nicht, wenn aber doch, dann nur zu Bedingungen abkaufen lassen, die ihm nicht realistisch erschienen. Von seinem Standpunkt hat er wohl recht gehabt.

Aber welchen Preis hat die Freiheit? Für mich konnte er nie

hoch genug sein. Immer wieder, wenn es in guten – oder wie später schon gegen Schluß – in sehr schlechten Zeiten zu irgendwelchen Fusionsgesprächen mit diesem oder jenem Interessenten kam und diese schließlich aus dem einen oder anderen Grund scheiterten, war ich am Ende froh, daß nichts daraus geworden war. Selbst heute, wo der Abschied vom Eigentum und vom Verlagsgeschäft längst abgewickelt und verdaut ist, sitze ich bei Gott lieber in meiner Alpbacher Schreibstube und verrichte diese oder jene journalistische oder schriftstellerische Gelegenheitsarbeit, als daß ich mir ein Dasein als abgetakelter Verleger vorstellen könnte. Das noch so wohlschmeckende Gnadenbrot eines Konzerns zu essen und eventuellen, von schicken Sekretärinnen locker übermittelten Aufträgen und Direktiven agiler Managertypen entgegenzuharren, konnte meine Sache nicht sein. Hundertmal lieber arm und frei sein als reich und abhängig! Wobei ich allerdings rückblickend zugeben muß, daß reich und frei schon auch seine guten Seiten gehabt hat.

Auch damals im Sommer 1975 sind Holtzbrinck und ich nicht zusammengekommen, und wir haben daher unseren eigenen Molden-Taschenbuchverlag gegründet. Wir hatten ihn von vornherein im Kleinformat geplant und mußten ursprünglich nicht viel investieren. Aber wie es oft im privaten und geschäftlichen Leben so spielt, hatte ich die Eigengesetzlichkeit eines einmal bestehenden Unternehmens unterschätzt. So geschah, was nicht zu verhindern war: Die Titelzahl – ursprünglich mit 24 Novitäten im Jahr geplant – wurde auf 36 und schließlich auf 48 Titel hinaufgesetzt. Leider führte dies aber nicht zu einer entsprechenden Erhöhung der Verkaufsauflage. Der Gesamtverkauf blieb 1977 mit 48 Titeln gegenüber 1976 mit 36 Titeln fast gleich. 1976 mag es der Reiz des Neuen gewesen sein, sicher werden auch die vielen starken Namen und Titel, die wir für das Startjahr reserviert hatten, relativ hohe Verkaufszahlen bewirkt haben. Im Folgejahr jedenfalls wollten die Umsätze nicht mehr nennenswert steigen, obwohl wir nun doch eine gute Million Mark in den MTV gesteckt hatten. 1978 wurde klar, daß wir den Taschenbuchverlag, wenn er weiter wachsen, blühen und gedeihen sollte, auf eigene Vertriebsbeine stellen mußten, da unsere bewährten Vertreter in der Bundesrepublik zusätzlich nicht noch weitere 1200 Kunden – und dies schien das Minimum – besuchen konnten und wollten. Eigener Vertrieb plus entsprechende Werbung hätten noch einmal eine Investition von etwa zwei Millionen Mark erfordert. Das war nicht mehr drin, und ich begriff recht schnell, daß sich eine Entscheidung aufdrängte.

Die Trendwende kündigte sich auch in Österreich an, obwohl hier die Uhren bekanntlich anders zu gehen pflegen. Das ABC-Buchklubunternehmen hatte sich nicht als zielführend erwiesen. Nach zwei Jahren war klar, daß die Mitglieder des ÖAMTC zwar offensichtlich gern Auto fahren, aber sich deswegen noch lange nicht neben dem Zweitauto von ihrem Klub auch ein Zweitbuch einreden lassen wollten. Wir beendeten unsere Zusammenarbeit im besten Einvernehmen.

Ansonsten entwickelte sich das österreichische Geschäft hervorragend. Wir konnten in allen Bereichen jedes Jahr wesentliche Zuwachsraten registrieren und unsere Positionen auf allen Sektoren ausbauen. Es stieg das Normalgeschäft, im Gegensatz zu Deutschland, wo es seit 1978 stagnierte; es stieg das Geschäft mit den Austriaca, und Josef Lukes konnte seine Auftragsproduktionen vervielfachen. Am erfolgreichsten aber war unsere Edition. Christian Brandstätter gelang es, nicht nur das österreichische Geschäft blendend auszubauen, sondern er konnte mit seinen Bild- und Kunstbänden endlich auch am deutschen Markt richtig Fuß fassen. 1981, im letzten vollen Verlagsjahr, erreichte der Wiener Verlag Umsätze von über 40 Millionen Schilling – das sind fast sechs Millionen Mark –, Beträge, die für einen österreichischen Verlag ganz unglaublich erschienen.

Um aber auch in Wien schlechten Zeiten vorzubauen, griff ich 1979 die Anregung des damaligen österreichischen Finanzministers und Vizekanzlers Hannes Androsch auf, in Österreich einen neuen Schulbuchverlag zu gründen. Androsch, der als Finanzminister die Gelder für die Schulbuch-Aktion (die den Schülern den

Bezug von Gratisschulbüchern ermöglichte) aufbringen mußte, ärgerte sich darüber, daß es keine modernen und besser gemachten Schulbücher gab. Er wollte mir im österreichischen Schulbuch-Teich die Rolle des Hechtes zuweisen. Es gab lange Gespräche mit Wolfgang Schaffler, dem Inhaber des Residenz-Verlages, der sich zeitweise auch beteiligen wollte, und mit Unterrichtsminister Fred Sinowatz. Das Projekt schien uns allen sehr interessant, allerdings nur dann, wenn die Startfinanzierung, die eine Investition von circa 15 bis 20 Millionen Schilling (zwei bis drei Millionen Mark) erfordern würde, von Partnern außerhalb unserer Häuser als Kapitalbeitrag aufgebracht werden konnte. Dies erklärten wir Finanzminister Androsch bei einer neuerlichen Gesprächsrunde anläßlich der Alpbacher Forumsveranstaltung. Androsch stimmte uns zu und wollte zwei österreichische Bankinstitute, die zusammen fünfzig Prozent Anteile besitzen und die notwendigen Kapitalbeiträge einbringen sollten, veranlassen, sich eine solche Beteiligung zu überlegen. Der eine Bankier wurde von Androsch noch in Alpbach angesprochen und äußerte sich positiv, der andere erklärte sich dann in Wien bereit, im Sinne des vom Finanzminister entwickelten Planes mitzumachen.

Während Schaffler und ich an dem Projekt bastelten, bahnte sich in Wien ein politisches Gewitter an, das schließlich als winzige Begleiterscheinung die Voraussetzungen für unseren Schulbuchverlag völlig verändern und in der Folge auch für das ganze Haus Molden dramatische Konsequenzen haben sollte: Die Beziehungen zwischen dem österreichischen Bundeskanzler und Vorsitzenden der SPÖ, Bruno Kreisky, und seinem Finanzminister und langjährigen »Kronprinzen«, Hannes Androsch, waren schon seit längerer Zeit angespannt gewesen. Nunmehr, im Laufe des Jahres 1980, gelangte der Streit an die Öffentlichkeit, wobei der äußere Anlaß der Korruptionsskandal um den Neubau des Wiener Allgemeinen Krankenhauses (AKH) war. In den Medien wurde der Verdacht ausgesprochen, daß Androsch – wenn auch nur indirekt über Freunde und Mitarbeiter seiner Steuerberatungs- und Wirtschaftsprüferfirma »Consultation« – in den AKH-Skandal verwikkelt sein könne. Beweise dafür wurden allerdings nie schlüssig erbracht, auch wurde Androsch nie in eines der vielen AKH-Strafverfahren einbezogen.

Kreisky hatte in Sachen Androsch offensichtlich seine eigene Meinung und drängte auf dessen Rücktritt als Finanzminister. Die Sozialistische Partei war in zwei Lager gespalten, und der Parteivorstand konnte sich lange zu keiner eindeutigen Meinung durchringen. Schließlich kam es Ende 1980 zu einem Kompromiß, der allerdings niemanden befriedigte. Androsch trat als Vizekanzler und Finanzminister zurück und legte auch sein Mandat im österreichischen Nationalrat nieder. Er wurde in den Vorstand der Creditanstalt-Bankverein, Österreichs größter verstaatlichter Bank, aufgenommen und ein halbes Jahr später auch zu deren Generaldirektor und Vorstandsvorsitzenden bestellt. Kreisky berief als neuen Finanzminister den Tiroler Sozialisten und bisherigen Gesundheitsminister Herbert Salcher. Im Moment schien das Problem gelöst, Kreisky war Androsch losgeworden; ob es allerdings letztlich ein erfolgreicher politischer Schachzug oder ein Pyrrhussieg war, blieb abzuwarten.

Im Mai 1983 trat Bruno Kreisky, nachdem er die absolute Mehrheit bei den Wahlen knapp verfehlt hatte, als Bundeskanzler und ein halbes Jahr später auch als Vorsitzender der Sozialistischen Partei zurück. Auf demselben Parteitag der SPÖ im Oktober 1983 wurde auch Hannes Androsch nicht mehr in den Parteivorstand gewählt. So waren achtzehn Monate nach dem Molden-Debakel die beiden politischen Antipoden der Schlußphase unseres Verlagsdramas aus der Tagespolitik ausgeschieden.

Für unseren Schulbuchverlag in Gründung wirkte sich der Wirbel um Androsch desaströs aus. Zuerst zog sich Schaffler aus dem Projekt zurück und schloß statt dessen für seinen Residenz-Verlag ein Schulbuch-Kooperationsabkommen mit dem verstaatlichten Österreichischen Bundesverlag ab. Nach Schaffler teilten uns die beiden seinerzeit von Androsch als Partner für den neuen Schulbuchverlag georteten Bankinstitute mit, daß sie nunmehr an einer Zusammenarbeit leider nicht mehr interessiert seien. Kurz gesagt, das neue Schulbuch-Unternehmen stand allein im Regen. Das einzige, was uns erhalten blieb, war der von mir als Verlagsleiter bereits engagierte langjährige Pressesprecher und Sekretär Kreiskys, Johannes Kunz, der sich sowohl im Schulbuchbereich als auch im späteren Molden-Endkampf hervorragend bewähren sollte. Trotz der insgesamt unübersichtlichen Situation und unerwarteten Trendwende beschloß ich, am Molden-Schulbuchverlag festzuhalten, oder besser gesagt: ihn endgültig ins Leben zu rufen. Allerdings fing ich an, mir manchmal wie Don Quijote vorzukommen – wobei man sich aussuchen konnte, ob die zu bekämpfenden Windmühlen Verlage, Politiker oder Banker darstellten.

Der Taschenbuch-Salto-mortale

Wir fuhren mit der Rhätischen Bahn in das tiefwinterliche Engadin. Der Schnee strahlte die Sonne so stark zurück, daß mir trotz Sonnenbrille die Augen weh taten. In St. Moritz wollten Gert Frederking und ich den Chirurgen Professor Julius Hackethal besuchen, der dabei war, sein Buch »Nachoperationen«, das im Herbst 1977 bei uns erscheinen sollte, fertig zu schreiben. Während unser zierlicher Schmalspurzug unzählige abenteuerliche Brückenkonstruktionen und kurvenreiche Tunnel durchquerte, eröffnete mir Frederking, daß er im Besitz eines außerordentlich attraktiven Angebots der Bertelsmann-Geschäftsleitung sei, innerhalb dieses Konzerns die Leitung des Goldmann-Taschenbuchverlages zu übernehmen. Der alte Wilhelm Goldmann, eine der eindrucksvollsten deutschen Verlegerfiguren, war vor einiger Zeit gestorben, und der Bertelsmann-Konzern hatte diesen alteingeführten Taschenbuchverlag (»Es ist unmöglich, von Edgar Wallace nicht gefesselt zu werden«) von den Goldmann-Erben gekauft. Die Bertelsmänner hatten damit erstmals ein Bein im deutschen Taschenbuchgeschäft. Nun suchten sie einen dynamischen und erfahrenen jungen Manager, der aus dem leicht verstaubten Goldmann-Verlag ein modernes und aggressives Taschenbuchschlachtschiff für das Mohnsche Bertelsmann-Imperium machen sollte.

Ich war keineswegs glücklich über diese Entwicklung, aber auch nicht erstaunt. Im nächsten Jahr würde Frederking zehn Jahre bei uns sein, er hatte sich in dieser Zeit zu einem erstklassigen

Verlagsleiter entwickelt. Weitere große Möglichkeiten bei mir im Hause gab es kaum für ihn. Er hätte wohl mal später in meine Fußstapfen treten und meine Nachfolge als Chef des Hauses antreten können, aber das war noch sehr weit weg, denn damals war ich zweiundfünfzig Jahre alt, durchaus gesund und keineswegs pensionsreif. Im übrigen schien es bereits zum lieben Brauch zu werden, bei Molden begabten Nachwuchs für Topmanagerposten abzuwerben. Schon 1967 war Gerd Bacher – mit meiner vollen Unterstützung – als Generalintendant zum ORF übergesiedelt. Olaf Paeschke wechselte vier Jahre später von mir in die Bertelsmann-Geschäftsleitung über, und unser Münchener Vertriebschef Ullrich Fritz ging von uns zu S. Fischer.

Ich vertrat immer die Meinung, daß man Reisende nicht aufhalten sollte, doch bei Gert Frederking zögerte ich ein wenig mit meiner begeisterten Zustimmung zu dieser Übersiedlung. Fast zehn Jahre sind eine lange Zeit, um sich zu beschnuppern, kennen und vertragen zu lernen. Frederking war stärker als die meisten anderen in Stil und Atmosphäre meines Hauses hineingewachsen. Überdies war er mit der Gründung unseres Taschenbuchverlages aufs engste verbunden, die Initiative dazu war nicht zuletzt von ihm gekommen. Ich hatte niemanden im Hause, der seine Funktionen übernehmen konnte. Nun, ein neuer Münchener Geschäftsführer mußte gesucht und würde gefunden werden. Aber was sollte mit dem Taschenbuchverlag geschehen? Ich vereinbarte mit Gert Frederking, daß er im Herbst nach der Messe ausscheiden würde, und bekämpfte ein flaues Gefühl im Magen mit einem kräftigen kräutergewürzten Schinkenomelette, das ich im putzblanken Speisewagen mit einem Glas Dole hinunterspülte, als unser Zug bei Samedan bereits in das oberste Inntal zum Endspurt nach St. Moritz einbog.

Ein halbes Jahr später war das Münchener Geschäftsleitungsproblem – wie vorausgesehen – durch die Einstellung von Peter Frank, der vom Verlag Moderne Industrie zu uns kam, gelöst. Frank war ein anderer Typ als Frederking, aber in den sich entwickelnden schwierigen Zeiten erwies er sich als ebenso loyal wie bis zum letzten einsatzbereit. Die Frage der Führung unseres Taschenbuchverlages freilich blieb ungelöst, und zwar zu einem Zeitpunkt, an dem wir gerade auf diesem Sektor um Entscheidungen nicht herumkamen. In Wien hatte ich kurz zuvor einen begabten jungen Assistenten der Wirtschaftsuniversität angeheuert. Hans Peter Übleis war Doktor der Wirtschaftswissenschaften und Magister der Rechte (oder umgekehrt) und erwies sich in der Abwicklung unserer Rechtsangelegenheiten wie auch in der Betreuung unserer Nebenrechtsabteilung, in der Lizenzen aller Art vergeben wurden, als erfolgreich. Später übernahm er auch die laufende Finanzgebarung, eine besonders in schweren Zeiten undankbare Aufgabe. Nur zur Leitung des MTV zeigte er wenig Neigung.

Im Sommer des Jahres 1978 versuchten wir, den gordischen Knoten unseres Taschenbuchverlages auf andere Weise zu entflechten. Es gab zwei seriöse Interessenten: die Taschenbuchverlage Heyne und Goldmann, die beide an einer Übernahme unserer Lizenzrechte für Taschenbücher lebhaft interessiert waren. Ich aber wollte nicht nur die Lizenzrechte so günstig wie möglich weiterverkaufen, sondern auch den Molden-Taschenbuchverlag am Leben erhalten und weitergeführt sehen. Hier konnte Goldmann, der zum Bertelsmann-Konzern gehörte, aus kartellrechtlichen Gründen nicht mit. Die Goldmann-Leute, bei denen uns nun bereits Frederking als Gesprächspartner gegenübersaß, machten ein ausgezeichnetes Angebot, das aber bei Annahme durch uns das Ende des MTV bedeutet hätte. Parallel liefen die Verhandlungen mit Rolf Heyne und seinen Geschäftsführern. Heyne wollte unseren Fundus an Taschenbuchrechten erwerben und gleichzeitig mit mir zusammen den Molden-Taschenbuchverlag für gehobene Sachbuchtitel weiterführen. Vertrieb und Abwicklung des MTV sollten in Zukunft vom erfahrenen Heyne-Apparat betreut werden. Der damalige Cheflektor von Heyne, Egon Flörchinger, hatte schnell begriffen, daß im Molden-Portefeuille ein Schatz verborgen war, der in den unabwendbar bevorstehenden Entscheidungsschlachten der Taschenbuchgiganten um den Primat am noch keineswegs voll ausgeloteten deutschen Taschenbuchmarkt möglicherweise eine entscheidende Rolle spielen konnte. Namen wie Puzo, McCullough, Irwin Shaw, Howatch, Loren, Coppel, Ustinov oder Tatiana Metternich waren in der damaligen Hektik der zweiten Taschenbuch-Gründerzeit mit Gold aufzuwiegen.

Rolf Heyne, ein zurückhaltender und vorsichtiger Mann, wollte offensichtlich mit uns zu einem Abschluß kommen. Das zur Diskussion stehende Deal hatte einen Umfang von über vier Millionen Mark angenommen. Da es um komplizierte Verträge ging, zogen sich die Verhandlungen in die Länge. Auch mit Goldmann verhandelten wir weiter, um für den Fall des Scheiterns der Heyne-Gespräche noch ein Eisen im Feuer zu haben. Wir wollten nicht den Eindruck erwecken, daß wir es allzu eilig hätten, also fuhr ich mit meiner Familie nach Griechenland auf Urlaub, während Übleis in München weiter mit den Heyne-Leuten konferierte. Ich war in der nördlichen Ägäis mit einer Yacht unterwegs und mußte jeden Tag versuchen, mit Übleis Kontakt aufzunehmen, um den letzten Stand der Verhandlungen zu erfahren und eventuelle Entscheidungen zu treffen.

Wer weiß, wie das griechische Telefonnetz funktioniert, oder besser gesagt nicht funktioniert, kann sich meine Odyssee durch malerische, mehr oder weniger wohlriechende, immer aber erdrückend heiße Spelunken, Gemüseläden oder in seltenen und exklusiven Fällen auch überfüllte Postämter auf diversen nordgriechischen Inseln vorstellen. Fast jedesmal dauerte es Stunden, bis es mir gelang, überhaupt eine Verbindung nach München oder Wien herzustellen, um dann ebenso verschwitzt wie frustriert festzustellen, daß Hans Peter Übleis nach stundenlangem vergeblichem Warten auf meinen Anruf bereits in ein anderes Büro oder zu einer anderen Konferenz abgebraust war. Schließlich gelang es dann doch noch, die erhofften Kontakte herzustellen, und Übleis konnte von einer weitgehenden Übereinkunft berichten. Der endgültige Vertrag mit Heyne wurde nach meiner Rückkehr in München abgeschlossen. Molden würde Heyne alle für Taschenbuchlizenzen geeigneten Titel überlassen. Der bisherige MTV sollte im

Rahmen von Heyne ab Frühjahr 1979 weitergeführt werden, bis dahin sollte der Molden-Taschenbuchverlag noch durch uns betreut werden. Heyne hatte in langfristigen Raten insgesamt etwa viereinhalb Millionen Mark an uns zu zahlen.

Wieder klingelte das Geld in unserer Kassa. Noch dazu würden die weiteren Investitionen für den MTV nunmehr zum Großteil nicht mehr von uns zu tragen sein. Ich war mit dem Verhandlungsergebnis sehr zufrieden. Ich spürte wieder festen Boden unter den Füßen, und es gab genügend Kapital, um unsere geplante Umstrukturierung des Verlages auf die neuen Projekte und gleichzeitig auf kleinere übersehbare Einheiten durchzuführen.

Das traute Heyne-Glück im siebenten Taschenbuchhimmel sollte allerdings nur kurze Zeit währen. Etwa zum Jahreswechsel 1978/79 mußten wir feststellen, daß Heyne die vereinbarten Maßnahmen zur Übernahme des Molden-Taschenbuchverlages unterließ und auch in den Folgemonaten, trotz mehrfacher Mahnung durch uns, keinerlei Anstalten traf, die MTV-Produktion weiterzuführen. Monatlich sollten vier Molden-Taschenbücher erscheinen, aber ein halbes Jahr hindurch erschien kein einziger Band, was natürlich zu einer Austrocknung der Reihe im Buchhandel führen mußte.

Naheliegenderweise war ich über diese Entwicklung nicht glücklich und versuchte, mit Rolf Heyne zu einer Klärung dieser Frage zu kommen. Im Hause Heyne hatten sich in der Zwischenzeit aber an der Spitze der Firma personelle Veränderungen ergeben. Egon Flörchinger war ausgeschieden und hatte die redaktionelle Leitung des zum Bauer-Zeitschriftenkonzern gehörenden Pabel-Moewig-Taschenbuchverlages übernommen. An seiner Stelle nahm nun Reinhold Stecher, der bereits eine stationenreiche Karriere in der Branche hinter sich hatte, an den Verhandlungen teil. Mit Herrn Stecher war auch ein neuer Ton in das Haus Heyne eingezogen – ein Ton, den ich in all den Jahren meiner mannigfaltigen beruflichen Tätigkeiten in der Medienwelt nicht gewohnt gewesen war und den ich auch jetzt nicht gerne hören wollte.

Mag es die veränderte Atmosphäre, oder mögen es neue geschäftliche Überlegungen auf seiten der Heyne-Gesprächspartner gewesen sein – wir konnten zusammen nicht kommen. Man wollte uns dazu überreden, doch auf den Molden-Taschenbuchverlag zu verzichten und das übrige Paket entsprechend den Heyne-Vorstellungen weiter abzuwickeln. Diese in meiner Sicht einseitige Veränderung unserer Vertragsgrundlagen gefiel mir gar nicht, noch weniger die unmißverständlichen Andeutungen Stechers auf die Schwäche unserer Verhandlungsposition. Noch ahnte ich nicht, daß ich drei Jahre später Reinhold Stecher unter noch wesentlich weniger angenehmen Umständen gegenübersitzen würde, aber schon war mir klar, daß ich unter diesen Bedingungen nicht daran denken konnte, die Zusammenarbeit mit Heyne fortzusetzen. Doch glücklicherweise war unsere Verhandlungsposition damals im Frühsommer 1979 keineswegs so schlecht, wie sie Herrn Stecher erschien.

Heynes ehemaliger Cheflektor Egon Flörchinger hatte sich uns nämlich in der Zwischenzeit für den von ihm nunmehr geleiteten Pabel-Moewig-Verlag als neuer möglicher Partner angeboten. Das Haus Bauer wollte damals seine Angebotspalette erweitern und den Moewig-Verlag als Taschenbuchverlag groß aufziehen. Mit Hilfe von Flörchingers reichem Erfahrungsschatz sollte ein breites Programm von Taschenbüchern – Belletristik, Sachbuch, Ratgeber, Erotica etc. – geschaffen werden. Als Flörchinger erfuhr, daß wir bei den Verhandlungen mit Heyne ins Stocken gekommen waren, war es für ihn naheliegend, uns eine Vereinbarung ähnlicher Art vorzuschlagen, wie sie mit Heyne zu unserem Bedauern nicht realisierbar gewesen war. Wir waren uns relativ bald einig. Moewig wollte mit uns einen gleichartigen Vertrag abschließen, wie es derjenige mit Heyne gewesen war.

Der Molden-Taschenbuchverlag allerdings war dank der Heyneschen Austrocknungsaktion auf der Strecke geblieben. Nachdem ein halbes Jahr keine MTV-Titel mehr auf dem Markt erschienen waren und unser Vertrieb auch alle seine Taschenbuch-Aktivitäten beendet hatte, wäre es wenig sinnvoll gewesen, noch eine Renaissance des Molden-Taschenbuchverlages versuchen zu wollen. Aber nachdem wir uns mit Flörchinger in Sachen Moewig geeinigt hatten, konnten Übleis und ich mit wesentlich leichterem Herzen zu Heynes strengem Verhandlungsteam gehen und den Herren zu deren nicht geringem Erstaunen mitteilen, daß wir unsere Zusammenarbeit mit sofortiger Wirkung beenden wollten. Es blieb ihnen nichts anderes übrig, als zuzustimmen, da ja ihre Verhaltensweise in Sachen MTV eindeutig gegen sie und für uns sprach. Mir tat es leid, weil ich gerne mit Rolf Heyne, den ich als Verleger und auch als Mensch schätzen gelernt hatte, weiterhin zusammengearbeitet hätte.

Finanziell waren wir bei diesem Taschenbuch-Salto-mortale noch einmal gut ausgestiegen. Allerdings, der Traum vom eigenen Taschenbuchverlag war ausgeträumt. Ich hatte mich also übernommen. Welche Lehren waren daraus zu ziehen? Ohne eine entsprechende Backlist, die wir in Anbetracht unserer relativen Jugend als Buchverlag ganz einfach noch nicht haben konnten, und ohne eigene Instrumente zur Verwertung unserer Nebenrechte – wie eben Taschenbuchverlage oder Buchklubs – war offensichtlich das Bücherverlegen ein hartes Geschäft geworden. Aber noch hatten wir Möglichkeiten: einen starken und gesunden Kernverlag, jede Menge Ideen für neue Bücher, Erfahrungen im Bestsellermachen und unsere neuen, entwicklungsfähigen Abteilungen; die Molden Edition, die »Blauen Führer«, den Molden-Schulbuchverlag, das Projekt mit einer eigenen New Yorker Tochterfirma für umfangreiche Koproduktionen zwischen Europa und Amerika – Möglichkeiten und Chancen in Hülle und Fülle also. Nur nicht schlappmachen! Aufgeben so kurz vor dem Ziel einer endgültigen Konsolidierung kam schon gar nicht in Frage. Nein, jetzt erst recht wollte ich es den anderen zeigen, daß der Fritz Molden so leicht nicht kleinzukriegen ist.

Wenige Wochen später ergab sich dazu gleich eine passende Gelegenheit. Crown Publishers in New York offerierten uns einen neuen Roman der Autorin Judith Krantz »Princess Daisy«. Wir hatten auf das neue Buch eine erste Option, weil ich schon ein Jahr vorher den Roman »Skrupel« derselben Autorin für den deutschen

Sprachraum erworben, aber noch nicht publiziert hatte. Für »Skrupel«, in den USA ein erfolgreicher Bestseller, hatte ich 30000 Dollar bezahlt. Jetzt entwickelte sich rund um die »Prinzessin Daisy« ein Riesentheater. Bertelsmann wollte die deutschen Rechte an diesem Buch unbedingt erwerben. So kam es zu einer Auktion. Holtzbrincks Deutscher Bücherbund offerierte uns Garantien in der Größenordnung von 400000 Mark für die Buchgemeinschaftsrechte. Schließlich fühlte ich mich so stark abgesichert, daß ich in der Auktion gegen Bertelsmann die »Prinzessin Daisy« um 860000 Mark ersteigerte. In Dollar klang es noch unglaublicher, nämlich über 500000 Dollar. Das war allerdings auf den damals so niedrigen Dollarkurs zurückzuführen.

Mit der »Prinzessin Daisy« in der Tasche fuhr ich auf die Buchmesse. Übleis hatte alles vorbereitet. Karl-Ludwig Leonhardt, damals noch unumstrittener Herr des Bertelsmann-Leserings, begann mit uns zu verhandeln. Er wollte die »Daisy«, und wir wußten, daß wir die einmalige Chance hatten, mit diesem Titel ein ganzes Paket weniger starker Lizenzen zu verkaufen. Auch mit dem Bücherbund hatten wir in dieser Richtung verhandelt und ein Paket vorgeschlagen, das uns einschließlich der »Daisy« und einer Reihe von anderen Titeln mindestens eine Million bringen sollte. Ursprünglich waren die Bücherbundleute bereit gewesen, mit uns in dieser Richtung zu verhandeln. Jetzt, nachdem wir fix eingekauft hatten, wollten sie von dem »Millionen-Deal« nichts mehr wissen.

Also trafen wir Karl-Ludwig Leonhardt im »Frankfurter Hof« zum bereits traditionsreichen Frühstück. Die Situation war nicht ohne eine gewisse Komik: Die Bertelsmänner hatten gerade gegen uns in der Auktion um die »Daisy« den kürzeren gezogen; nun wollte Leonhardt für den ebenfalls Bertelsmann gehörenden Lesering die Buchklubrechte an der »Daisy« von uns erwerben. Es war ein langes Frühstück. Nach zwei Stunden hatten wir das größte Buchklubpaket meiner verlegerischen Laufbahn geschnürt: 1,6 Millionen Mark, davon 600000 Mark für die »Daisy«. Am gleichen Tag gelang es uns noch, mit Moewig die »Daisy«-Taschenbuchrechte um 280 000 Mark abzuschließen. Das heißt, daß wir allein für Nebenrechtsgarantien der »Daisy« innerhalb weniger Tage mehr einspielen konnten, als wir insgesamt auf der Auktion für die deutschsprachigen Rechte bezahlen mußten.

Auf dieser Messe des Jahres 1979 fühlte ich mich sicher und vergnügt wie noch nie – und beging auch gleich einen der größten Fehler meines Verlegerlebens. Doubleday, eines der bedeutenden New Yorker Verlagshäuser, offerierte uns ein als sensationell angekündigtes Buch, nämlich »Deines Nächsten Frau« von Guy Talese. Ohne auch nur mehr als ein paar Seiten zu lesen, bot ich im Siegestaumel nach der »Prinzessin Daisy« jene 250 000 Dollar für die deutschsprachigen Rechte, die Doubleday von uns verlangte. Wir schlossen sofort ab und hatten unseren größten Flop eingekauft. Ganz meine Schuld, ich hatte mich hinreißen lassen. Die Hälfte des Vorschusses konnten wir noch durch Nebenrechtserlöse einspielen. Aber vom Buch selbst verkauften wir dann im Jahre 1981 ganze 5000 Exemplare. Womit bewiesen ist, daß Hochmut auch in der Buchbranche vor dem Fall kommen kann – oder weniger emotionell ausgedrückt: daß man trotz langjähriger einschlägiger Erfahrungen gegen Fehleinschätzungen des Marktes nicht gefeit ist. Taleses Buch war übrigens mit Abstand der größte Mißerfolg der Molden-Verlagsgeschichte.

Empire State

Es war das Jahr der letzten großen Euphorie. Es fing schon damit an, daß bei den Lizenzerlösen im Januar 1980 die Jahresziffer von 1979 aus unserer EDV herausfiel: über acht Millionen Mark, verglichen mit drei Millionen im Vorjahr und zwei Millionen im Durchschnitt der letzten fünf Jahre. Guter Grund zum Feiern! Zwar war mir klar, daß durch die riesigen Taschenbuchabschlüsse der letzten zwei Jahre und durch das »Daisy«-Paket diese Ziffern eigentlich nicht miteinander vergleichbar waren. Aber was soll's, dachte ich mir, eingenommen ist eingenommen, und Erlöse sind nun eben Erlöse. Auch die österreichischen Vertriebserlöse waren weiter im Steigen begriffen, und die Stagnation in der Bundesrepublik wurde durch die wachsenden Umsätze aus dem Time-Life-Geschäft – wir vertreiben seit Jahren die deutschen Time-Life-Bücher im bundesdeutschen Sortiment – ausgeglichen.

Trotzdem waren die Zeichen an der Wand nicht mehr zu mißdeuten. Der Kern unseres Verlagsgeschäfts, nämlich die Unterhaltungsromane – oder genauer: drei von fünf Bestsellern, die wir im langjährigen Schnitt jedes Jahr produzierten – waren ins Wackeln geraten. 1977 hatten wir noch sechs Bestseller placieren können, davon fünf Belletristiktitel. Dann ging es stetig bergab. 1980 hatten wir gerade noch einen Roman unter vier Bestsellern. 1981 kam das dicke Ende: Wir publizierten sechs Romane, und kein einziger schaffte es auf die Sellerlisten. Und es war doch sogar eine neue Susan Howatch (»Sünden der Väter«) dabei, deren

Romane früher zu den verläßlichsten Rennern im Sortiment gezählt hatten. Die These, daß Molden damals nicht mehr stark genug war, um Bestseller zu produzieren, stimmt nicht, denn im letzten vollen Verlagsjahr, inmitten der beginnenden Agonie, konnten wir immer noch drei starke Seller (allerdings Sachbücher) auf den Markt bringen, die sich hervorragend verkauften. Der Einbruch von 1980 im Bereich der Unterhaltungsliteratur lag vielmehr an der Belletristik selbst, an *unserer* Art von Belletristik. Das war auch schon 1980 sonnenklar. Wir mußten die internationalen Unterhaltungsromane schnellstmöglich abbauen und durch Sach- oder Fachbücher ersetzen.

Wir machten uns an die Arbeit. Neben den »Blauen Führern« und den Vorbereitungsarbeiten für die »Kleinen Blauen« trieben wir den Ausbau unserer »Reisebegleiter« voran, in deren Rahmen wir renommierte und gutverkäufliche Autoren wie Humbert Fink und Johannes Gaitanides publizierten. Wir erhöhten die Zahl unserer Ratgeber ebenso wie unserer Bildbände und Auftragsproduktionen.

Ansonsten war die Stimmung im Management unseres Hauses 1980 noch recht gut. Kein Wunder, denn aufgrund einer ein Jahr vorher eingeführten neuen Prämienregelung konnten sich unsere Geschäftsführer und Direktoren eine nicht unerhebliche Auszahlung für das »Erfolgsjahr« 1979 erhoffen. Nur unser langjähriger Buchhaltungsdirektor Karl Nowacek – er war seit 1946 im Hause und mit Abstand mein dienstältester Mitarbeiter – war vorsichtig und skeptisch. Er mußte sich mit der Liquidation der verbliebenen Wochenblätter herumschlagen und befürchtete, daß die ersten aus München eintreffenden Richtzahlen für unsere 79er-Produktionskosten zu optimistisch geschätzt seien. Er wies auch auf die ständig steigenden Belastungen durch die Finanzierungskosten (Zinsen) hin. Durch die hohen Eingänge aus den immensen Lizenzerlösen der zwei Vorjahre konnten wir Anfang 1980 liquiditätsmäßig freier atmen, aber wie lange würde dieser Zustand, der im Grunde eine Vorwegnahme späterer Eingänge darstellte, anhalten?

Nowaceks und auch Übleis' Berichte machten klar, daß wir schnellstens die anläßlich der Umstrukturierung neu geschaffenen »Profit Center« in den Griff bekommen mußten. Noch immer waren die Apparate sowohl in unserer Münchener Produktionsfirma als auch in der Wiener Konzernspitze – vergleichsweise – zu groß. Es war uns zwar durch die Umstrukturierung gelungen, die Anzahl der Mitarbeiter zwischen 1978 und 1979 von 85 auf 60 Angestellte zu reduzieren und gleichzeitig den Pro-Kopf-Umsatz von 240000 auf 314000 Mark zu steigern. Aber selbst der kleinste Apparat kann nur durch sich steigernde Umsätze und natürlich Gewinne gesund und lebensfähig erhalten werden.

Für mich schien die Atempause, die uns durch das gute Jahr 1979 und durch die personelle Abmagerungskur mittels Umstrukturierung gewährt worden war, nur dann zielführend, wenn wir jetzt, 1980, gewinnbringende Sparten neu in Betrieb setzen oder ausbauen konnten. Ich spielte zwar auch mit dem Gedanken, den Apparat der die Konzernspitze bildenden Holding noch einmal radikal zu verkleinern, aber zu einer endgültigen Entscheidung konnte ich mich – gegen verständliche Hindernisse im eigenen Hause – ebensowenig durchringen wie zur Reduzierung unseres Münchener Verlages auf fast die Hälfte der dort Beschäftigten. Beides wäre möglich gewesen. Indirekte Nachfolgeunternehmen, deren endgültiger verlegerischer Erfolg freilich noch abzuwarten bleibt, arbeiten heute mit Personalständen, die weit unter jenen liegen, die ich vor zwei oder drei Jahren angepeilt, aber nicht durchgesetzt habe.

Was heißt nicht durchgesetzt? Ich war der Alleineigentümer unserer Firma und hatte zweifellos das letzte Sagen. Daher wäre es ausschließlich meine Aufgabe gewesen, mich über falsche »soziale Fürsorge« hinwegzusetzen und nicht mehr vertretbare Rücksichtnahmen auf die Bedenken noch so bewährter, aber nur einen beschränkten Raum übersehender Mitarbeiter links liegenzulassen, um gerade noch rechtzeitig die notwendigen Konsequenzen ziehen zu können. Wenn ich 1980 die obenerwähnten Maßnahmen mit der notwendigen Härte durchgeführt hätte, so würde der

Molden-Verlag unter Annahme sonst halbwegs günstiger Verhältnisse vielleicht noch bestehen. Aber wie heißt es so schön: »Wenn das Wörtchen wenn nicht wär', wär' der Bau'r ein Millionär.« In Wien sagt man es noch schlagender: »Wann mei' Tant' vier Radeln hatt', dann war's a Omnibus.«

So manches ist nämlich leichter gesagt als getan. Mitarbeitern, die zehn, fünfzehn oder noch mehr Jahre im Hause waren, zu kündigen ist eine so leichte Sache nicht; besonders dann, wenn – wie es bei uns der Fall war – die Putzfrau, der Hauselektriker oder der Fahrer den Verleger ebenso täglich sahen wie die Geschäftsführer, Direktoren oder Lektoren. Dasselbe in Grün spielte sich bei den Autoren ab. Etliche von ihnen mußten von dem leben, was sie bei uns verdienten. Und wenn dann so ein Autor oder Bildbandfotograf daherkam und ein wunderschönes Buch vorschlug, das aber nach meiner oder meiner Mitarbeiter Meinung kaum Marktchancen hatte, was sollte man ihm denn sagen? Natürlich konnte man ihn wegschicken und auf bessere Zeiten vertrösten. Aber das Verhältnis zwischen Autor und Verleger besteht ja nicht nur aus der nüchternen Tatsache, daß der eine ein Buch schreibt und der andere – wenn es ihm erfolgversprechend genug scheint – dieses dann auch verlegt. Der Verleger muß je nach Bedarf Berater, Finanzier, Beichtvater, Freund, Erzieher oder auch Watschenmann des Autors sein. Und wenn sich ein solch kompliziertes und mit viel Aufmerksamkeit und Einfühlungsvermögen zu pflegendes Verhältnis erst einmal gebildet hat, dann ist es nicht so einfach, dem Autor mitzuteilen, daß sein neuestes Manuskript leider nicht den Wünschen des Hauses entspräche und er sich daher gefälligst an die Konkurrenz wenden möge. Heute hätte ich ganz gern einen Teil jener Millionen, die wir während achtzehn Jahren in die Produktion von Büchern gesteckt haben, die uns – sei es wegen ihrer besonderen Qualität, sei es aus Rücksichtnahme auf einen geschätzten, langjährigen Autor – besonders am Herzen lagen, bei denen es aber von vornherein völlig klar war, daß sie ihre Produktionskosten und ihre Honorargarantien niemals einspielen würden.

Da gab es noch einen hochbegabten Bildautor, mit dem ich persönlich besonders gern zusammenarbeitete, einfach weil es eine reine Freude war, seine Begeisterung und seine fast genialen optischen und handwerklichen Fähigkeiten beobachten zu können. Wir machten viele Bücher miteinander. Die Mehrzahl ging zu seiner und unserer Freude sehr gut, einige waren nur schwer an den Mann, oder besser gesagt: an den Kunden zu bringen. Im Laufe der Jahre hatte dieser Autor bei uns sicher etliche Schillingmillionen verdient. Dann kam unser Konkurs. Aus noch nicht überwiesenen Honoraren hatte Herr X. circa 450000 Schilling zu bekommen. Ein Regierungsfonds zahlte ihm dann die Hälfte davon aus: ein Betrag, der jetzt – so wie alle anderen noch offenen Verbindlichkeiten – meine Masse belastet und für den ich als Gemeinschuldner natürlich für die nächsten dreißig Jahre (pardon, jetzt sind es nur mehr achtundzwanzig) geradezustehen habe. So weit, so gut; oder besser gesagt: so schlecht. Der hochbegabte Autor aber geht durch die Gassen von Wien, schimpft über mich, und wenn er mich zufällig auf der Straße oder bei einer Veranstaltung trifft, grüßt er so deutlich nicht, daß dies schon fast wieder einer kultischen Zeremonie des Wegschauens gleichkommt. Da ich mich nicht für berechtigt erachte, im Zusammenhang mit meinem Zusammenbruch irgendwelche Urteile über Personen abzugeben, die bei unserem Debakel geschädigt worden sind, möchte ich als Moral von der Geschichte nur eines festhalten: Hätte ich schon früher, etwa 1979 oder 1980, jene harten und kaufmännisch notwendigen Maßnahmen ergriffen, die ganz wenige mir schon damals und viele jetzt im nachhinein als einzigen Ausweg empfohlen haben, dann hätten wir den Laden zumindest für risikoreiche Projekte – und dazu gehören einmal die meisten Bildbände – schon früher dichtgemacht, und unser hochbegabter Autor hätte sich zwar nach unserem Konkurs nicht darüber ärgern müssen, daß ein Teil seiner Forderungen an Molden uneinbringlich wurde, aber er hätte wohl auch schon Jahre vorher viele Bücher für uns nicht gemacht und daher auch keine Tantiemen und Garantien kassieren können.

1980 sollte ein neues Großprojekt gestartet werden. Ich hatte die Idee entwickelt, in New York die »Fritz Molden Publishing and Clearinghouse Company« zu gründen und von Amerika aus die verschiedenartigsten Aktivitäten zu entfalten. Der Dollar stand zu jener Zeit sehr niedrig, und es schien daher vernünftig, die riesigen Druckkapazitäten des amerikanischen Marktes, die qualitativ im letzten Jahrzehnt mit den besten europäischen Farbdruckern gleichgezogen hatten, auszunützen. Mein Gedanke war es, Bildband-Koproduktionen für europäische und amerikanische Verlage oder andere Direktinteressenten – wie die weitmaschigen, über den ganzen Kontinent verstreuten US-Supermarktketten – zu entwickeln. Diese Bücher sollten in den USA in sehr hohen Auflagen gedruckt und dann sowohl auf dem amerikanischen Markt als auch auf den diversen europäischen Märkten placiert werden. Darüber hinaus wollten wir unsere guten Scouting-Beziehungen in New York nicht nur für uns, sondern auch für andere europäische, nichtdeutschsprachige Verlagshäuser einsetzen. Das heißt, unser New Yorker Büro sollte nicht nur für Molden neue interessante Titel auf dem amerikanischen Markt suchen, sondern dies auch gleichzeitig parallel dazu für europäische Kollegen tun, die über keine eigenen Scouts in den USA verfügten.

Ferner wollten wir aufgrund einer Anregung des Germanisten der University of Southern California in Los Angeles, Professor Cornelius Schnauber, einen »German Reader«, also ein modernes Lesebuch für Deutschklassen an amerikanischen Colleges und Universitäten, entwickeln. Es sollte »Molden-Anthologie« heißen und im Gegensatz zu den bis dahin in den USA üblichen deutschen Lesebüchern nicht ausschließlich literarische Stoffe beinhalten. In diesem neuen »Reader« stellte Schnauber aus den verschiedensten Moldenbüchern von Koestler über Weigel bis Fussenegger und von Eibl-Eibesfeldt über Hass bis Glotz und Kreisky kurze Auszüge zusammen, die schließlich ein Gesamtbild nicht nur der deutschen Sprache, sondern auch des modernen Lebens in allen Bereichen gaben. Dieser »German Reader« und etwaige Folgebände sollten bei Molden, New York, erscheinen und mit Hilfe eines amerikanischen Schulbuchverlages vertrieben werden. Zu guter Letzt wollten wir durch unsere New Yorker Firma auch die deutschsprachigen Buchläden in den USA, insbesondere aber die unzähligen Universitätsbibliotheken mit Molden-Büchern beliefern.

Alles in allem schien mir hier eine einmalige Chance zu bestehen, mit relativ geringen Mitteln Produktion und Umsätze erheblich zu steigern und gleichzeitig vorhandenes Molden-Know-how als Dienstleistung zu verkaufen. Ich fuhr mit Hans Peter Übleis nach New York. Wir untersuchten noch einmal den Markt und seine Möglichkeiten und gründeten dann die neue Firma. Die praktische Leitung übernahm Tanja Düggelin, die schon etliche Jahre als unser Scout in New York erfolgreich für uns gearbeitet hatte. Dort herrschte Anfang des Jahres 1980 eine Rezession, und Büroraum war, besonders wenn es mehr »down town« war, günstig zu haben. Mein Pariser Freund und Kollege Jean-Claude Lattès hatte sich auch gerade in New York ein Büro zugelegt und empfahl mir das Empire State Building an der Fifth Avenue und der 34. Straße. Tanja hatte schon festgestellt, daß wir im 63. Stock ein winziges Büro mit drei Räumen um knapp 1000 Dollar pro Monat (das waren damals ungefähr 1700 Mark) günstig bekommen könnten. Wir griffen sofort zu, denn die Lage war ideal, mitten in der Stadt – und wer möchte schon nicht einmal im Leben ein Büro im 63. Stock des Empire State Building mit Blick über den Hudson River bis tief hinein nach New Jersey, Delaware und hinaus auf den Atlantik besitzen? »On a clear day you can see forever...«

Unsere New Yorker Aktivitäten liefen gut an. Allerdings begann der Dollarkurs nach weniger als einem Jahr wieder zu steigen, was alle unsere Kalkulationen bezüglich der in Planung befindlichen Bildband-Koproduktionen über den Haufen warf. Noch konnten wir hoffen, daß sich die Währungsspirale wieder umdrehen würde. Die Vorarbeiten an der »Molden-Anthologie« gingen gut voran. Cornelius Schnauber verbrachte einen Sommer in unserem Wiener Verlag, um die Texte für den ersten »German

Reader« zusammenzustellen, während ich in der New Yorker Julihitze bemüht war, alte amerikanische Kontakte für unsere US-Firma wieder aufzufrischen und neue Verbindungen anzubahnen.

Lange Gespräche mit alten Freunden aus der New Yorker Verlagsszene zeigten mir, daß auch jenseits des Atlantiks keineswegs alles zum besten stand. Bill Jovanovich, der mir seinerzeit geholfen hatte, Swetlana an Land zu ziehen, erzählte mir bei einem (glücklicherweise klimatisierten) Abendessen im Nobelrestaurant »Lutece« von den großen Schwierigkeiten, denen sich auch die größten amerikanischen Verlage ausgesetzt sahen. Er selber hatte gerade in der eigenen Firma den Versuch einer Außenseitergruppe, durch gezielte Aktienkäufe die Macht in der Firma zu ergreifen, zunichte gemacht. Nun befürchtete er aber, sein Hauptopponent – sinnigerweise Henry Kissingers Agent – würde nicht lockerlassen und es bald wieder probieren.

Im übrigen wollte sich Bill Jovanovich – nachdem sich seine Probleme hoffentlich im guten Sinne gelöst haben würden – bald selbst von dem, was man in den Staaten »Trade Publishing« nennt, lösen. Trade Publishing entspricht dem Tätigkeitsvolumen eines deutschen Normalverlages mit belletristischer und Sachbuchproduktion. Bills literarische Abteilung war durch viele Jahre hindurch von der großartigen Helen Wolff, der Witwe des in der NS-Zeit nach New York emigrierten, legendären deutschen Verlegers Kurt Wolff, geleitet worden. Jetzt wollte sich Helen Wolff langsam zurückziehen, und Bill Jovanovich sah keine große Zukunft mehr im Verlagsgeschäft dieser Art. Der größte Teil des Umsatzes seiner riesigen Firma war auf Textbücher, Schulbücher und Fachpublikationen konzentriert. Autoren wie Milovan Djilas habe er eigentlich immer nur um der guten Sache willen publiziert. Jetzt aber sei seine Firma in neue Geschäfte eingestiegen: Sie organisiere und entwickle zum Beispiel riesige Vergnügungsparks à la Disneyland.

Bill Jovanovich hatte auch noch einen autobiographischen Roman geschrieben: »Mit hohem Einsatz«. Es war ein ordentliches

Buch, und ich habe es im Sommer 1981 noch publiziert. Das hat den Braten allerdings auch nicht mehr fett gemacht. Aber Bill ist der Taufpate meines jüngsten Sohnes Berthold, und alte Freunde sollten zusammenhalten.

Als ich nach dem Dinner mit Bill durch die heißen New Yorker Straßen nach Hause ging, war ich recht nachdenklich geworden. Wenn schon der große Bill Jovanovich, Präsident von Harcourt, Brace, Jovanovich, einem der zehn größten Verlagshäuser der Welt, so offensichtlich Sorgen und die Nase voll hatte, was würde dann aus einem Zwerg wie mir werden?

Am selben Tag hatte ich Marc Jaffe, lange Jahre die Seele des großen Taschenbuchverlags Bantam Books, getroffen, der kürzlich von Bertelsmann aufgekauft worden war. Marc war sehr loyal und sagte kein Wort über diese Transaktion, aber es war ganz deutlich zu merken, daß er schon schönere Zeiten gesehen hatte und sich in seiner Haut nicht übermäßig wohl fühlte. Der gute alte Marc, der von TAI KI bis zu Prawys »Musiklexikon« immer mein Partner gewesen war, saß eher geknickt an der Bar im Hotel Carlyle und schien mich um meine Unabhängigkeit zu beneiden. Als ich ihm erzählte, daß es bei uns auch nicht so rosig aussehe, meinte er grinsend: »Aber Fritz, du warst doch immer unser Wunderkind. Wenn irgendeiner es schafft, dann bist du es.«

Das hatte mir richtig Auftrieb gegeben. Aber jetzt in der Nacht nach dem Gespräch mit Bill rutschten erneut dicke schwarze Wolken vor den über den Wolkenkratzern von Manhattan stehenden Vollmond. Ach was, ich mußte nur hinaus aus der heißen Stadt, dann würden alle dummen Gedanken wieder vergehen!

Am nächsten Tag fuhr ich nach Southampton auf Long Island, wo Rüdiger von Wechmar, damals deutscher Missionschef bei den Vereinten Nationen, ein Häuschen besaß und mich zu einem Schwimm-Wochenende eingeladen hatte. Es waren köstliche, sorgenfreie Tage mit vielen Partys und noch mehr Cocktails. Ich glaube, außer Herrn von Wechmar, dem Bademeister des Beach Club und mir gab es dort weit und breit nur vielfache Dollarmillionäre. Und die Mehrzahl von ihnen hörte auf durchaus gute deutsche Namen wie Oetker oder Hohenberg. Fritzchen, Fritzchen, dachte ich mir, bist du vielleicht hier an der falschen Adresse? Bist ja gar nicht aufgewachsen bei »grünen Jalousien« (wie man bei uns zu Hause sagt), gehörst ja weder nach Southampton noch in das Empire State Building.

Ein knappes Jahr später bewahrheiteten sich meine Vorahnungen. Der Dollar war weiter und weiter gestiegen: Aus den Koproduktionen wurde nichts, und unsere Lage zu Hause hatte sich so verschärft, daß wir im Herbst 1981 unsere New Yorker Firma zusperren mußten. Schade war es doch, denn der Blick von meinem Büro war so schön gewesen: Wenn ich nach dem Westen hinausschaute, war ich mir immer vorgekommen wie einer, der dabei war, Amerika zu erobern. Schade auch, denn ich hätte Hannerl und den Buben das Empire State Building so gern einmal gezeigt. Aber man kann halt nicht alles haben. Andrea, meine jüngste Tochter, die im Sommer 1981 bei New Yorks elitärstem Verleger, Farrar, Straus & Giroud, volontierte, hat unser Büro noch besucht und mir ein Fernschreiben nach Wien geschickt: »Papa, du hast den schönsten Blick der Welt.« Andrea, die einzige meiner Töchter, die es zum Verlag gezogen hat, die ihn liebte und die ihn dann am Ende nur um ganze drei Wochen überlebte.

Die Dämme brechen

Im Advent des Jahres 1980 hatte ich eine langwierige und für alle Beteiligten unerfreuliche Auseinandersetzung mit einigen meiner Direktoren beziehungsweise Geschäftsführer. Während ich das Jahresergebnis 1980, das zu diesem Zeitpunkt zwar nur in rohen und noch keineswegs verläßlichen Schätzungen vorlag, für ausgesprochen schlecht hielt und die Auszahlung von Gewinnprämien für 1979 für wirtschaftlich nicht vertretbar erklärte, waren einige meiner engsten Mitarbeiter völlig anderer Meinung. Aus den von ihnen erarbeiteten Unterlagen und Berechnungen leiteten sie die Forderung nach Prämien für das zugegebenerweise gute Geschäftsjahr 1979 in Gesamthöhe von etwa 500000 Mark ab. Aufgrund der von mir selbst mitgestalteten und unterschriebenen neuen Verträge, die erst Anfang 1979 in Kraft getreten waren und besonders die individuellen Erfolge der einzelnen leitenden Mitarbeiter prämieren sollten, befanden sich meine Herren Direktoren mit ihren Wünschen zweifelsfrei im Recht.

Das groteske Resultat dieser Vertragsklauseln war jetzt, daß unsere Firma eine halbe Million Mark Gewinnprämien ausschütten sollte, während unser Minikonzern als ganzes nicht einmal im Jahre 1979 selbst – geschweige denn im Folgejahr 1980 – irgendeinen Gewinn machte. Im Gegenteil, sogar 1979 waren Verluste entstanden, wenn auch nicht im direkten Verlagsbereich. Buchhaltungsdirektor Nowacek wollte von einer Prämie für sich grundsätzlich nichts wissen. Die anderen vier in Betracht kommenden

Herren machten sich begreiflicherweise für die ihnen formal eindeutig zustehenden Ansprüche stark. Schließlich kam es zu einem Kompromiß: Die auszuzahlende Gesamtsumme wurde auf circa 350 000 Mark reduziert, und es wurden Überleitungsbestimmungen hinsichtlich der für das Geschäftsjahr 1980 und die Folgejahre zu erwartenden Gewinne getroffen. Aufgrund der Vorschläge unseres Finanzdirektors wurden dann die Modalitäten der Auszahlung, die im Jahre 1981 nach Maßgabe der Liquiditätslage erfolgen sollte, festgelegt. Erleichtert über die erreichte Einigung und vor allem über die wiederhergestellte gute Atmosphäre im Vorstandsbereich fuhren wir alle in den Weihnachtsurlaub.

Alles Schnee vom drittvergangenen Jahr, uninteressante Details über Vereinbarungen, die ohnedies zum Großteil nicht mehr exekutiert wurden. Stimmt! Und trotzdem erscheint mir die Diskussion zwischen meinem Topmanagement und mir um die Jahreswende 1980/81 heute, im nachhinein, von wesentlicher Signifikanz für die Einstellung, die damals in unserer Geschäftsleitung – mich eingeschlossen – in bezug auf unsere wirtschaftliche Lage herrschte: Gewiß, wir wußten, daß es gewaltige Veränderungen auf dem Markt mit den entsprechenden Konsequenzen für unseren Verlag gegeben hatte und noch immer gab, aber wir waren ja auch nach besten Kräften dabei, die notwendigen Dämme zu errichten, um unser Schifflein vor den zu befürchtenden Sturmfluten zu schützen. Unser Taschenbuchverlag war, wie es mir damals schien, in einer Weise liquidiert worden, die uns für die kommenden Jahre bedeutende Lizenzeinnahmen sichern würde. Die Liquidation selbst hatte allerdings weit mehr gekostet, als ursprünglich angenommen. Dasselbe galt für den Molden-Zeitungsverlag in Wien, der jahrzehntelang als willkommene Melkkuh für unser Haus gedient hatte und dessen »Wiener Wochenblätter« nunmehr dem veränderten Publikumsgeschmack wie den Dumping-Operationen der übermächtigen bundesdeutschen Regenbogenpresse auf dem österreichischen Markt zum Opfer gefallen waren.

Im Buchverlag selbst hatten wir 1980 die Umsätze insgesamt noch um 30 000 Mark über dem Vorjahr bei knapp 22 Millionen

Mark halten können. Es hatte Verschiebungen gegeben: Die Erlöse aus dem Nebenrechtsgeschäft, vor allem aus den Buchgemeinschaften – eine Folge des kippenden Belletristikmarktes – waren zurückgegangen, während wir mit den Büchern der Molden Edition, mit Sonderproduktionen sowie im Österreichgeschäft erhebliche Zuwachsraten verbuchen konnten. Die Lage erschien uns daher zwar schwierig, aber durchaus unter Kontrolle. Jetzt, im nachhinein, fällt mir der alte Witz von den beiden verbündeten Monarchen der Mittelmächte, Kaiser Wilhelm II. und seinem österreichischen Kollegen Kaiser Karl ein, die sich im Kriegswinter 1917 im deutschen Hauptquartier in Spa trafen, um die Lage der beiden Kriegspartner im beginnenden vierten Jahr des Ersten Weltkriegs zu besprechen. »Bei uns«, meinte Kaiser Wilhelm, »ist die Lage ernst, aber nicht hoffnungslos.« Worauf der österreichische Monarch antwortete: »Bei uns in Österreich ist die Lage hoffnungslos, aber nicht ernst.« Wenn ich versuche, eine Parallele zwischen dieser makabren Geschichte und unserer Situation etwa achtzehn Monate vor unserem Konkurs zu ziehen, dann kann ich mich nur dem Ausspruch des preußischen Wilhelm anschließen. Ich empfand die Lage des Molden-Verlages zwar als gespannt, aber keineswegs als hoffnungslos. Und so dachten offensichtlich auch die meisten meiner leitenden Mitarbeiter, wie aus der zu dieser Zeit erfolgten Debatte über die Auszahlung der Gewinnprämien eindeutig hervorging.

Wie Figura zeigt, konnten sich nicht nur der deutsche Kaiser und sein in besten preußischen Traditionen gedrillter Generalstab bei der Einschätzung der Kriegschancen gehörig irren. In unendlich kleineren und glücklicherweise entsprechend weniger folgenschweren Dimensionen sind fünfundsechzig Jahre später auch mein Management und ich Opfer ähnlicher Fehleinschätzungen geworden. Erst im Laufe des Frühjahrs 1981 veranlaßte mich vor allem die schwieriger werdende Liquiditätssituation, über gravierende Lösungsmöglichkeiten nachzudenken. Nur mit von uns hausgemachten starken Autoren oder Titeln allein würde es nicht mehr gehen. Das bewies am besten das Jahr 1980, in dem wir mit der von mir erdachten Tito-Biographie, von deren zeitgeschichtlicher Notwendigkeit ich den Autor Milovan Djilas überzeugt hatte, und mit Michael Voslenskys Standardwerk über die sowjetische »Nomenklatura« zweifellos zwei weltweit wichtige politische Bücher des Jahres herausbrachten, wobei wir noch dazu in beiden Fällen über die Weltrechte verfügten und diese auch bestens placieren konnten. Im selben Jahr publizierten wir einen weiteren Bestseller: Rollo Gebhards »Ein Mann und sein Boot« verkaufte in der deutschen Originalausgabe im ersten Jahr über 50000 Exemplare. Andere Schlager (und Bestseller) dieses Jahres waren Gertrud Fusseneggers »Maria Theresia«, Irwin Shaws »Griff nach den Sternen« und Herman Kahns »Die Zukunft der Welt« – auf den ersten Blick sicher nicht die Novitätenliste eines moribunden Verlagsunternehmens. Dennoch hatte dieses hervorragende Programm, dessen Verkäuflichkeit sich ja auch in den Umsatzziffern widerspiegelte, nicht ausgereicht, um unsere finanziellen und immer offensichtlicher auch strukturellen Probleme zu beheben. Immer deutlicher drängte sich mir die absolute Notwendigkeit auf, zusätzliches Eigenkapital, das nicht wiederum durch ständig steigende Kreditzinsen belastet sein würde, durch Hereinnahme eines oder mehrerer Partner in meine Firma zu beschaffen und so unsere Probleme langfristig zu lösen.

Fritz Molden auf Partnersuche! Ein ebenso naheliegender wie für mich gräßlicher Gedanke. Freunde aus der internationalen Branche, wie Lord Weidenfeld in London, Bill Jovanovich und Michael Bessie in New York, Robert Laffont und Pierre Belfond in Paris hatten mir seit Jahren geraten, aus meinem Verlag eine Aktiengesellschaft zu machen. Aber in Westeuropa und vor allem in den Vereinigten Staaten ist die Bedeutung und sind auch die Möglichkeiten, durch Aktiengesellschaften auf dem Kapitalmarkt die notwendigen Eigenmittel für eine Firma aufzutreiben und sich selbst mit einem relativ kleinen Aktienpaket die Kontrolle über das Unternehmen zu erhalten, ganz andere als in Mitteleuropa und vor allem in Österreich, meiner engeren Heimat. Partner zu finden heißt für einen Verleger in Österreich, und wohl bis zu einem hohen Maße auch in der Bundesrepublik, meistens von vornherein die Mehrheitsanteile abgeben und à la longue Verzicht auf die Kontrolle über das früher eigene Unternehmen. Für mich mit meinem fast krankhaften Freiheitsdrang war aber gerade dies lange Zeit unvorstellbar.

Es mußte mir schon wirklich schlechtgehen, damit ich über meinen eigenen Schatten springen und mich auf Partnersuche begeben würde. Im Frühjahr 1981 schließlich war es zu meinem eigenen Grausen und zum Vergnügen vieler stiller, aber aufmerksamer Beobachter meines Lebensweges nicht mehr zu vermeiden. Ich begab mich also, wenn auch in denkbar ungünstiger, weil wirtschaftlich schwacher Ausgangsposition, auf Suche nach Partnern aller Art. Das scheußlichste Jahr meines Lebens begann.

Antichambrieren ist normalerweise meine Sache nicht. Auch bin ich ausgesprochen schlecht, wenn es darum geht, mich selbst zu verkaufen. Beides sollte ich aber jetzt, nach Möglichkeit überzeugend und zur Perfektion entwickelt, landauf, landab tun, um je nach Blickrichtung des jeweiligen Beobachters beneidens- oder bedauernswerte potentielle Partner zu überzeugen. Davon zu überzeugen, daß der Einstieg in den Molden-Verlag gerade für den jeweils Angesprochenen die vorteilhafte Masche par excellence darstelle. Wie sich schon aus dem Titel meines Buches ergibt, waren meine fast genau ein Jahr andauernden Bemühungen, geeignete Partner für den Molden-Verlag zu finden, nicht von Erfolg gekrönt. Obwohl es manchmal so aussah, als hätten wir die fette Taube schon in der Hand, stellte sich zu guter Letzt immer wieder heraus, daß selbst der magere Spatz vom ohnehin außer Reichweite befindlichen Dach wieder weggeflogen war.

Damit das hier vorliegende Buch Ratgeberfunktion für Bedauernswerte, die in Zukunft in eine ähnliche Situation kommen, übernehmen kann, seien hier einige Detailinformationen zum Thema Partnersuche angeführt. (Um Mißverständnissen vorzubeugen, beeile ich mich hinzuzufügen, daß es sich bei meinen Bemühungen ausschließlich um geschäftliche Partner handelte, so daß meine Erfahrungen auf dem Sektor der Partnersuche zum

Zwecke der Ehestandsgründung oder auch nur der Etablierung eines sexuellen Verhältnisses keineswegs nutzbringend angewandt werden können.)

Die Kontakte zu möglichen Partnern wurden in den meisten Fällen durch Dritte – in der Mehrzahl gegen Vermittlungsgebühr (im Erfolgsfalle), manchmal aber auch nur aus freundschaftlichen Gefühlen – hergestellt. Oder besser gesagt: Mir wurde die Möglichkeit eröffnet, solchen Persönlichkeiten in ordentlicher Kleidung und ausgerüstet mit möglichst vielen Unterlagen (es empfiehlt sich, die Rechnungsabschlüsse der letzten Jahre sowie eigene polizeiliche Führungszeugnisse beizulegen, während es als geradezu pervers und provokativ empfunden würde und zum sofortigen Abbruch der Verhandlungen führen müßte, wenn man gleiches auch vom potentiellen Partner erbitten würde) unter die Augen zu treten, um in wohlgesetzter Rede mein Sprüchlein aufzusagen. Es liegt in der Natur der Sache, daß in vielen Fällen mein jeweiliges Vis-à-vis sein echtes oder vermeintliches Mißvergnügen, mit mir in dieser verzwickten Sache (oder manchmal ehrlicher auch überhaupt) zusammentreffen zu müssen, in mehr oder weniger deutlicher Form, stets aber unmißverständlich zum Ausdruck brachte. Was wiederum bei mir in Anbetracht meines eigenen Temperaments Reaktionen auslöste, deren öffentliche Zurschaustellung ohnehin jedes weitere Gespräch überflüssig gemacht hätte.

Was habe ich doch in dieser Zeit für Typen kennengelernt! (Und natürlich auch die europäischen Fahr- und Flugpläne.) Da gab es die sehr freundlichen Industriemanager, die für ihre Konzerne Umschau nach eventuell interessanten Objekten hielten. Diese Herren waren fast immer geschulte Profis, die kühl, sachlich und nüchtern die Materie begutachteten und nach relativ kurzer Zeit, die sie begreiflicherweise benötigten, um mit ihren Vorgesetzten Rücksprache zu pflegen, einen negativen Bescheid erteilten. Mit diesen Konzernrepräsentanten war das Leben am einfachsten und der versuchte Selbstverkauf am wenigsten unangenehm. Die Umgangsformen waren urban; oft war eine gewisse Neugier, manchmal sogar unverkennbare Sympathie feststellbar. Ich schien ihnen wohl als eine Art aussterbender Dinosaurier, während sie mich an professionelle Schmetterlingssammler erinnerten, denen eine seltene Spezies ins Netz geflogen war, die sie vorsichtig zwischen die Finger nahmen, von allen Seiten interessiert beäugten, um sie dann – weil leider doch nicht für die Sammlung geeignet – nicht ohne ein gewisses Bedauern vorsichtig wieder auf ein Blatt abzusetzen.

Schwieriger war schon der Umgang mit angeblich persönlich interessierten Kapitalgebern. Diese beanspruchten intensive Betreuung, quasi von Mensch zu Mensch. Unzählige Nachmittage oder Mahlzeiten in piekfeinen Restaurants bundesdeutscher und österreichischer Groß- oder Festspielstädte mußten absolviert und zerredet werden, bis die erhofften Partner sich als doch nicht wirklich interessiert oder aber als wesentlich weniger potent erwiesen, als es ursprünglich den Anschein hatte. Der Abschied dieser Herren erfolgte stets weniger eloquent als ihr Auftritt, manchmal sogar ganz unvermittelt durchs Hintertürl.

Im Rahmen der an sich gar nicht so lustigen Gesamtsituation brachten gewisse Kollegen, die sich aus eigener Initiative oder als Berater irgendwelcher Konzernherren in Szene zu setzen wußten, eine an eine Humoreske grenzende Abwechslung. Sie waren Fachleute und ließen es mich auch deutlich merken, daß sie ja schon immer gesagt hätten, so würde es bei Molden kein gutes Ende nehmen. Obwohl in diesem oder jenem Fall selbst gerade Schicksalsschläge ähnlicher Art hinter sich gebracht habend, wie er mir noch bevorstand, waren sie als Ratgeber ihrer neuen Herren unermüdlich im Erteilen von Ratschlägen, die allerdings mich und meine Anliegen naheliegenderweise nie auch nur einen Schritt weiterbrachten. Mitte Mai 1982, wenige Tage vor meinem Debakel, erschien ein solcher Kollege mit dem Chef jenes westdeutschen Medienimperiums, in dessen sicherem Hafen er kurz zuvor Zuflucht gefunden hatte, zu Besuch in Wien, stieg – wie es sich gehört – im ersten Hause am Platz ab und rief mich in meinem (noch meinem...) Büro in der Grinzinger Sandgasse an. Er und sein Reisegenosse würden gerne mit uns zusammentreffen. Ob ich nicht mit meiner Frau mit ihnen zu Abend essen wolle.

Es hofft der Mensch, solang er lebt. Und dumm wie ich war, dachte ich wieder einmal an ein Wunder. Dabei vergaß ich prompt die im vergangenen Jahr so mannigfaltig gesammelte Erfahrung, daß Wunder nur bei schönem Wetter stattfinden, ich aber das Pech zu haben schien, eine permanente Tiefdruckzone passieren zu müssen. Hannerl ging noch eigens zum Friseur. Wir beide warfen uns in Schale und holten die Herren von ihrem Hotel ab. Wo sie wohl essen wollten? Sie hatten sich schon das altrenommierte und neu renovierte Gasthaus zum König von Ungarn im Herzen der Wiener Altstadt ausgesucht. Dort also nahmen wir Platz, goutierten alte österreichische Weine und die spezielle Nouvelle Cuisine des Hauses. Hannerl versuchte verzweifelt, das Thema immer wieder auf die zu diesem Zeitpunkt offensichtlich schon desparate Situation des Verlages zu bringen, doch der westdeutsche Konzernherr ließ es sich schmecken und sprach lieber von Finnland, wo er gerne seine Urlaube verbrachte.

Mein Verlegerkollege gab geistreiche Bonmots von sich und versicherte meiner Frau zum Abschluß, er bewundere, daß sie bei mir und bei der Stange bliebe, wo doch schon die ganze Stadt davon spräche, daß sie mich jetzt verlassen würde. Im übrigen meinte er, würden wir ja wohl rechtzeitig alles Notwendige auf die Seite gebracht haben, um unsere Zukunft abzusichern. Auf Hannerls fassungslose Feststellung, daß dem keineswegs so sei, lächelte der freundliche Kollege nur ebenso verständnisvoll wie ungläubig. Es war übrigens zum erstenmal, daß wir die mit entsprechendem Augenzwinkern vorgebrachte Meinung, wir hätten doch zweifelsfrei rechtzeitig mehr oder weniger Millionen zur Seite geräumt, ausgesprochen hörten. In den folgenden Monaten sollten wir dieser offensichtlich in solchen Fällen weitverbreiteten Auffassung immer wieder begegnen. In der Gesellschaft unserer Tage ist es anscheinend nicht mehr »in«, anständig in Konkurs zu gehen.

Also war auch dieser letzte Abend meiner abenteuerlichen Partnersuche eine echte Pleite gewesen. Hannerl und ich lieferten unsere lieben Gäste in ihrer Luxusbleibe ab und fuhren recht betroffen nach Hause. Die Rechnung des Abends – diesmal im wahrsten Sinne des Wortes eine Verschwendung – habe ich mir aufgehoben. Es war die letzte Repräsentationsausgabe meiner Verlegerzeit. Als steuerlich abschreibbaren Spesenposten brauchte ich sie nicht mehr zu verrechnen; weder war Geld in der Kassa, noch hätte den Konkursrichter dieser Posten beeindruckt.

Ein möglicher Partner wurde mir im Sommer 1981 von höchster Stelle in Wien vorgeschlagen. Damals hatte ich Bundeskanzler Bruno Kreisky besucht, der nicht nur als Autor, sondern auch als ehrlicher Freund des Hauses regen Anteil an unserem Schicksal nahm. Von seinem ehemaligen Sekretär und Pressesprecher Johannes Kunz, der bei uns den neuen Schulbuchverlag aufbaute, hatte er Informationen aus erster Hand bekommen. Kreisky versicherte mir, für ihn sei der Molden-Verlag ein nationales Anliegen, und er würde gerne für uns tun, was in seiner Macht stünde. Er wollte mit dem Finanzminister Herbert Salcher sprechen, ferner mit seinem alten Freund, dem Wiener Rechtsanwalt und Bankier Kurt Grimm, den ich noch aus Kriegs- und Widerstandszeiten her gut kannte. Wenige Wochen später empfing mich Kreisky wieder und empfahl mir, sowohl mit Salcher als auch mit Grimm persönlich Kontakt aufzunehmen; beide Herren seien von ihm bereits entsprechend informiert. Es sollte versucht werden, mit Hilfe von Grimm eine Gruppe von Interessenten zu finden, während Salcher zusammen mit unserer Hausbank, der Wiener Creditanstalt-Bankverein, eine Beteiligung des verstaatlichten (und vom Finanzministerium kontrollierten) Österreichischen Bundesverlages und eventuell auch der Creditanstalt selbst ventilieren würde.

Generaldirektor und Vorstandsvorsitzender der Creditanstalt war in der Zwischenzeit der Vorgänger Salchers im Finanzministerium, Hannes Androsch, geworden. Ich hatte ihm als dem neuen Chef unserer Hausbank und als einem alten Freund aus Alpbacher Forumstagen bereits einen Besuch abgestattet und seine Aufmerksamkeit auf die Problematik meines Verlages, der ja auch Kunde seiner neuen Wirkungsstätte sei, gelenkt. Androsch war freundlich und hilfsbereit, erbat sich Unterlagen und regte kurze Zeit danach an, daß ich doch meinerseits mit dem Leiter des Bundesverlages,

Kommerzialrat Kurt Biak, Kontakt aufnehmen möge. Androsch habe ihn informiert, und Biak wollte sich gern mit mir unterhalten.

Als ich wenige Tage später, Kreiskys Hinweis folgend, Kurt Grimm in seinem Büro in der Creditanstalt, wo er als freier Konsulent tätig war, aufsuchte, empfahl mir auch dieser ein Gespräch mit Biak. Dann lud er mich zum Mittagessen in einen der kleinen Salons der Creditanstalt ein, in denen die Mitglieder des Direktoriums Gäste empfangen. Überraschenderweise erschien zu diesem Essen auch der stellvertretende Vorstandsvorsitzende der Bank, Guido Nikolaus Schmidt-Chiari. Da mir auch Schmidt-Chiari seit Jahrzehnten bestens bekannt war und unsere Familien freundschaftlich miteinander verkehrten, atmete ich zuerst einmal erleichtert auf. Hier wenigstens hatte ich es mit zwei echten Freunden zu tun. Mit Kurt Grimm hatte ich schon vor mehr als fünfunddreißig Jahren gemeinsam Hitlers Drittes Reich bekämpft, und mindestens seit einem Vierteljahrhundert war ich auch mit Niko Schmidt-Chiari befreundet. Es war noch nicht einmal drei Jahre her, daß er und seine Frau meiner Einladung gefolgt und mit uns durch die Kykladen gekreuzt waren. Abgesehen von der guten Atmosphäre brachte das Gespräch im Speisesalon der Creditanstalt keine besonderen Ergebnisse, aber beide Herren wußten nun genau über unsere Lage und den Stand meiner Bemühungen Bescheid. Kurt Grimm unterstrich mehrfach, wie sehr ihm mein Schicksal am Herzen liege. Niko Schmidt-Chiari sagte nicht viel. Das wunderte mich damals nicht besonders, da er nie ein großer Freund der Gesprächigkeit gewesen war.

Ich aber machte mich auf den Weg zu dem mir so vielfach empfohlenen Herrn Biak. Ich kannte ihn schon etliche Jahre aus einem informellen Wiener Buchhändler- und Verlegerklub, der exklusiven »Butaru« (Buchhändler-Tafelrunde), der wir beide angehörten. Anfangs gab sich Biak interessiert, wenn er auch von vornherein keinen Zweifel darüber aufkommen ließ, daß er sich persönlich nicht gerade um eine Beteiligung am Molden-Verlag reißen würde. Einmal erklärte er mir in seiner behäbigen wienerischen Art: »Schaun's, Herr Molden, was soll denn unsereins mit Ihnen anfangen? Sie kommen mir vor wie ein bunter, fremder Vogel; ich müßte Sie ja direkt in einen großen Käfig sperren, weil Sie uns ja sonst alles mit Ihren exotischen Ideen durcheinanderbringen würden.« Ich fand ihn ehrlich, und wir kamen bei den ersten Gesprächen ganz gut miteinander aus. Später sollte sich das allerdings ändern. Aus Gründen, über die ich nur Vermutungen äußern könnte, stellte sich Biak in den entscheidenden Verhandlungen im Finanzministerium eindeutig gegen mich und hintertrieb nach besten Kräften alle Bemühungen, das Konzept Kreiskys und Salchers, eine Molden-Verlagsgesellschaft unter Beteiligung des Bundesverlages auf die Beine zu stellen.

Biak erklärte zu diesem Zeitpunkt auch ganz offen, daß er mit mir und meinem Verlag nichts zu tun haben wolle. Ich fand seine Ehrlichkeit weit angenehmer als das Benehmen so mancher anderer Beteiligter, die nach außen hin und mir gegenüber noch fast bis zum Ende so taten, als stünden sie eisern zu mir, während sie in Wirklichkeit schon längst das Todesurteil über den Molden-Verlag akzeptiert hatten und schließlich im entscheidenden Moment auf Tauchstation gingen und für mich nicht mehr erreichbar waren. Verglichen mit solchem Verhalten finde ich rückblickend den ebenso rundlichen wie im Notfall bis zur Grobheit ehrlichen Biak erquicklich, wenn ich auch bis heute nicht verstehe, warum er sich plötzlich so abrupt gegen mich gewandt hat. Die Furcht vor dem exotischen Papagei allein kann es wohl nicht gewesen sein, denn weniger als ein Jahr nach meinem Konkurs beteiligte sich Biak mit seinem im Besitz der Republik Österreich stehenden Bundesverlag an einem anderen hochrenommierten österreichischen Verlagshaus, auf dessen Verleger und seine Autoren der Begriff der bunten, fremden Vögel – zumindest im Vergleich zur üblichen Produktion des Bundesverlages – ebenso zutrifft wie seinerzeit auf mich und meine Verlagsmenagerie.

Eigentlich bin ich Biak dankbar dafür, daß er meinen Eintritt in seinen rot-weiß-rot gestrichenen Käfig verhindert hat. Wir hätten uns wahrscheinlich beide nicht sehr wohl gefühlt, weder er als

Dompteur – in ungewohnter Rolle – noch ich als zahnlos gewordenes Wildtier im engen Käfig und mit der Sehnsucht nach dem Wind der großen weiten Welt. Und das alles mit Ärmelschonern in einem Hinterkammerl des Bundesverlages in Wien I., Innere Stadt, Schwarzenbergstraße. Nicht auszudenken, wie gut es – verglichen mit dieser Horrorvision – uns beiden heute geht, dem Herrn Biak und mir.

Jetzt kommen wir zur letzten Sorte der möglichen Partner, die man – um noch kurz in dem eben zitierten Tierreich zu bleiben – mit Aasgeiern oder Hyänen vergleichen könnte. Diese Herren, deren Nationalität und Herkunft man keineswegs auf Mitteleuropa beschränken kann, wollten sich – vielleicht als einzige der von mir aufgezählten Typen potentieller Partner – am Verlag wirklich beteiligen, allerdings mit einer kleinen Einschränkung, nämlich erst dann, wenn der Verleger kaputt war, denn im Konkurs oder noch besser im Ausgleich kauft man bekanntlich wesentlich billiger, als wenn man sich an einer noch lebenden Firma beteiligt. Aber über diese letzte Gruppe, die in meinem Falle allerdings gleich in Rudeln und mit verteilten Rollen auftrat, möchte ich nichts erzählen, denn weder handelt es sich um sehr angenehme noch um besonders eindrucksvolle Zeitgenossen. Lediglich die Methoden, mit denen sie an die geplante Leichenfledderei herangingen, waren bis zu einem gewissen Grad faszinierend.

Unsere Bemühungen in Wien führten schließlich im Winter 1981/82 dazu, daß die von Kreisky und Salcher veranlaßte Initiative, die auch der damalige Unterrichtsminister Fred Sinowatz nach Kräften unterstützt hatte, konkretere Formen annahm. Der Molden-Verlag sollte in eine Gesellschaft umgewandelt werden, an der sich der Bundesverlag mit 49 Prozent sowie noch zu findende private Partner beziehungsweise plus ich mit zusammen 51 Prozent beteiligen sollten. 25 Millionen Schilling (dreieinhalb Millionen Mark) würden vom Bundesverlag kommen, 21 Millionen Schilling (drei Millionen Mark) plus die vorhandenen Aktiva von den privaten Partnern beziehungsweise von mir.

Die Hausbank erklärte sich in diesem Falle bereit, einen Forderungsnachlaß von zehn Millionen Schilling zu gewähren. Endlich schien sich die Basis für eine realistische Lösung zu zeigen. Mehrere Kandidaten interessierten sich für die Möglichkeit einer mit mir syndizierten Beteiligung in der Höhe von drei Millionen Mark (21 Millionen Schilling). Der Silberstreif am Horizont schien erkennbar zu werden.

Je länger sich die Partnersuche hingezogen hatte, desto wichtiger und gleichzeitig schwieriger war es geworden, für die laufende Finanzierung des Unternehmens Vorsorge zu treffen. Im Frühjahr 1981 war es mir auf der Jerusalemer Buchmesse gelungen, mit der ebenso anständigen wie angenehmen Eva Koralnik von der Agentur Liepman in Zürich ein Abkommen über den Verkauf zweier wertvoller belletristischer Titel von Judith Krantz vorzubesprechen. Zehn Tage später konnten wir in München mit Bertelsmann abschließen. Für etwa 650000 Mark übergaben wir die Rechte an »Skrupel« und »Prinzessin Daisy« samt allen Buchbeständen und Nebenrechten – natürlich mit Zustimmung der Autorin – an das Haus Bertelsmann. Damit begann der Ausverkauf unserer Belletristik. Im Sommer und Herbst verkauften wir für etwa 1,3 Millionen Mark weitere belletristische Rechte plus Buchbestände, wiederum an das Haus Bertelsmann. Ein Jahr früher hätten wir wahrscheinlich für diese Rechte noch das Doppelte erzielen können. Aber in der Zwischenzeit hatte die Flaute der Belletristik voll eingesetzt, was wir auch an unseren Verkaufsziffern 1981 auf dem Romansektor deutlich spürten. Wir hatten im ungünstigen Moment verkaufen müssen, um den Verlag noch einmal über die Runden zu bringen. Aber nun ging das Jahr zu Ende, wir hatten keine belletristischen Titel mehr zu verkaufen, und das Haus benötigte dringend flüssige Mittel, um über den Jahresultimo und bis zur Durchführung der Sanierung zu kommen, deren Termine sich immer wieder hinauszogen.

Schweren Herzens entschloß ich mich zum Verkauf unseres Verlagshauses in der Sandgasse in Wien-Grinzing. 1970 hatte ich unseren Hausarchitekten Johannes Graf Wickenburg, der mir schon das Pressehaus am Donaukanal errichtet hatte, gebeten, uns in der grünen Sandgasse ein modernes, einfaches Bürohaus zu bauen. Wickenburg übertraf sich selbst und baute das zweckmäßigste und gleichzeitig schönste Bürogebäude, das ich je gesehen habe – und das ich dann fast ein Dutzend Jahre benutzen durfte. Es fiel mir nicht leicht, dieses Haus – noch dazu zu einem den Umständen entsprechend niedrigen Preis – herzugeben. Aber unsere Hausbank drängte immer unnachgiebiger auf weitgehende Rückzahlung der uns gewährten Kredite; mein Finanzdirektor erschien fast täglich bei mir und verwies auf die Notwendigkeit, überfällige Lieferantenrechnungen und Honorare endlich anzuweisen; und ich selbst hatte eben erst unsere New Yorker Firma liquidieren müssen, um wenigstens dort weitere Ausgaben zu vermeiden. Also verkauften wir unser schönes Bürohaus in Grinzing an eine Wiener Versicherungsgesellschaft, blieben aber als Mieter in den bisher von uns benützten Räumen.

Am 28. Dezember 1981 unterzeichnete ich beim Notar den Kaufvertrag. Das Geld bekamen wir allerdings erst Anfang Februar, aber das war auch schon egal, da die Bank den allergrößten Teil des Kaufbetrages zur Abdeckung ihrer Kredite einbehielt. Am 28. Dezember wußte ich das noch nicht und glaubte, daß uns der Verkauf des Hauses doch bis zur Sanierung über die Runden bringen würde.

Trotzdem wollte dann am Silvesterabend keine Fröhlichkeit aufkommen. Hannerl, meine Tochter Andrea und die beiden Buben Ernst und Berthold standen mit mir im tiefen Schnee der Neujahrsnacht. Ernstl hatte für uns ein kleines Feuerwerk gezündet. Unten aus dem Tal stiegen die Raketen empor. Hannerl stupste mich: »Fritz, wir werden es schaffen. Du hast es immer geschafft.« Lächelnd nickte ich ihr zu, und wir stießen alle auf ein besseres Jahr 1982 an. Brauchen könnten wir es, dachte ich mir, aber eigentlich begann ich mir zum erstenmal – und dann immer öfter – nur noch eines zu wünschen: nämlich, daß es so oder so möglichst bald vorbei sein sollte.

Letzte Fata Morgana

Auf den ersten Blick schien der Verlag im Hochwinter 1982 so zu funktionieren wie immer. Angela Feldmann, die treue Mutter der Kompanie, kümmerte sich wie eh und je um Lektorats- und Produktionsvorbereitungen. Der Frühjahrskatalog wurde verschickt. Ein Titel nach dem anderen wurde planmäßig ausgeliefert. Anläßlich des Haydn-Jahres stellten wir die Haydn-Biographie von H.C. Robbins Landon quasi unter dem Ehrenschutz der Wiener Philharmoniker im Musikvereinsgebäude vor. Zehn Tage später präsentierte ich Peter Weisers »Wien – stark bewölkt«, wobei ich mir eine auf unsere Lage bezogene Bemerkung nicht verkneifen konnte. Keine Reaktion des Publikums! Offensichtlich konnte sich niemand vorstellen, daß wir ernsthafte Schwierigkeiten hatten. Beim Empfang nach der Buchpräsentation rauschte das Wiener Bildungsbürgertum, tratschend, schmatzend und »aufgemascherlt« wie eh und je durch die Säle.

Aber der Schein trog. Zwar fanden die Verlagskonferenzen – soweit ich überhaupt in Wien war – noch regelmäßig statt. Es wurde auch der Katalog für den Herbst 1982 durchgeplant und getextet. Dann aber zögerten wir. Ob man es wohl verantworten könne, den Druckauftrag für den Katalog zu erteilen? Nachdrucke und Neuauflagen wurden zurückgehalten, um keine neuen Verbindlichkeiten zu schaffen. Allmählich, kaum spürbar zuerst, begann der Zug langsamer zu fahren.

An anderen Fronten aber ging das Leben ganz normal weiter.

Ich flog für einen Tag nach Hamburg, um dort unsere so lange vorbereiteten vier ersten Bände der »Kleinen Blauen« Taschenreiseführer vor sachverständigem Publikum zu präsentieren. »Business as usual.« Am Abend war ich dann in Altona bei unseren Freunden Monika und Erich Böhme eingeladen. Ich holte Erich in der Chefredaktion des »Spiegel« ab, wir tratschten noch ein wenig mit seinem Kollegen Johannes Engel, und fuhren dann vergnügt zu Böhmes wunderschönem Haus, wo Monika ein gar köstliches Mahl gerichtet hatte. Kaum hatten wir uns zu Tisch gesetzt, ging das Telefon, und aus war's mit dem schönen Abend.

In Wien war die Hölle los. Neue schwere Probleme mit der Hausbank. Anfang Februar hatte diese die bei ihr einfließende Kaufsumme für das von uns an die Wiener Allianz-Versicherungsgesellschaft verkaufte Verlagshaus zurückbehalten, um – wie uns erklärt wurde – unseren Kredit entsprechend abzubauen. Das war für mich vor allem deshalb ein entsetzlicher Schock gewesen, weil die gesamte Transaktion des Hausverkaufs mir von meinem Freund Niko Schmidt-Chiari geraten worden war, damit wir überflüssige Mittel zur Überbrückung der Durststrecke bis zur endlichen Sanierung verfügen könnten.

Von diesem Zeitpunkt an verstand ich vieles nicht mehr. Die Herren der Bank beriefen sich auf eindeutige Orders ihrer Vorgesetzten. Schmidt-Chiari war für mich bald nicht mehr zu sprechen. Was für ein Trottel war ich gewesen, unser größtes Aktivum zu verkaufen und dann den Kaufpreis auf ein Konto einzahlen zu lassen, über das wir nun nicht mehr verfügen konnten. Meine Rechtsberater und mein Finanzchef allerdings versicherten mir unisono, die Bank sei formal völlig im Recht; natürlich könne sie einfließende Gelder zur Abdeckung von außenstehenden Krediten verwenden.

Eine tiefe Bitterkeit überkam mich, wie ich sie bis dahin nie gekannt hatte. Und ohnmächtiger Ärger über meine eigene Dummheit. Vertrauensvoll und leichtgläubig hatte ich in dieser entscheidenden Stunde unser schönes Verlagshaus weggegeben, ohne daß wir nun irgend etwas davon hatten. Und nicht einmal danke schön hatten sie dafür gesagt, als sich unser bei der Bank ausstehender Kredit über Nacht um zwanzig Millionen auf die Hälfte reduzierte. Und sie mußten auch gar nicht danke schön sagen, denn sie waren ja im Recht. Sie waren nicht verpflichtet gewesen, mir noch zu erklären, welchen nicht wiedergutzumachenden Blödsinn ich gerade zu begehen im Begriff war. Nein, die Fehler hatte ausschließlich ich gemacht, und jetzt hatte ich zum Schaden auch noch den Spott.

Hannerl war viel klüger gewesen, sie hatte schon seit Monaten gewarnt: »Trau ihnen nicht, die sind nicht auf deiner Seite und auch nicht deine Freunde; die lassen dich eiskalt in die Grube fahren, wenn es ihren Interessen nützt.« Ich hatte es nicht glauben wollen, hatte immer noch vorgesprochen und um Rat gebeten. Nun hatte ich also auch auf diesem Sektor meine Lektion gelernt. Der Firma konnte diese Lehre allerdings nichts mehr nützen, aber für mein weiteres Leben wurden die Wegweiser umgestellt.

Das Winterpalais des Prinzen Eugen von Savoyen in der Wiener Himmelpfortgasse, von 1694 bis 1709 von zwei der größten Architekten des europäischen Barocks, Johann Bernhard Fischer von Erlach und Lukas von Hildebrandt, errichtet, gehört zu den schönsten Palais der an Schlössern so reichen ehemaligen kaiserlichen Haupt- und Residenzstadt. Dort, wo einst der Diener und General dreier Kaiser, der Sieger von Zenta, Belgrad und Turin, wo Prinz Eugen, der edle Ritter, in seiner Funktion als Kaiserlicher Hofkriegspräsident (Kriegsminister würden wir heute sagen) residiert hatte, befindet sich jetzt in denselben mit barocker Stukkatur überladenen Räumen das Finanzministerium der zweiten österreichischen Republik. Im letzten halben Jahr vor dem Konkurs hatte ich häufig Gelegenheit, in diesem historischen Gebäude vorzusprechen.

Die ersten Male spielte es sich noch genauso ab, wie es in den vergangenen dreißig Jahren immer gewesen war, wenn ich dem Palais in der Himmelpfortgasse oder einem anderen der über Wien verstreuten Ministerien einen Besuch abstattete: Durch das breite Portal des mittleren Tores wurde mein Wagen, durch seine dreistellige Nummer den Insidern des österreichischen Establishments unschwer den Besitzer verratend, von höflich grüßenden Torwächtern in die Einfahrt eingewiesen. Ein würdiger Portier öffnete den Wagenschlag. »Der Herr Bundesminister sind schon verständigt, bitte sich nur hinauf zu bemühen.« Vorbei am lächelnd grüßenden Kriminalbeamten – man kennt sich ja schließlich schon lange genug – ging es über ein großartig geschwungenes Stiegenhaus in die Antichambres des Ministers. Einer der vielen ministeriellen Sekretäre eilte herbei. Freundliche Begrüßung. Man möge sich nur ein wenig gedulden, der Minister sei untröstlich, aber durch eine Konferenz noch ein paar Minuten aufgehalten. Kaffee wird serviert, man begrüßt andere wartende Herren, ein paar hohe Beamte vielleicht, einen Landeshauptmann oder ein Rudel Direktoren aus der verstaatlichten Industrie. Bald erscheint der Minister selbst, läßt es sich nicht nehmen, den Besucher persönlich aus dem Vorzimmer durch das Präsidium in das ministerielle Arbeitszimmer zu geleiten.

Gegen Ende meiner Besuchssaison in der Himmelpfortgasse, als es mir und manchen anderen immer klarer wurde, daß bei dieser Übung Molden auf der Strecke bleiben und der ihm wohlgesonnene Finanzminister auch nicht gerade wie ein Phönix aus der Asche steigen würde, da kamen mir meine triumphalen Auftritte schon lächerlich vor. Unser feiner Daimler war auch schon den Weg alles Irdischen gegangen, und die Vorfahrt mit einem alten Volkswagen wirkte schon viel weniger eindrucksvoll – wir parkten daher lieber um die Ecke. Während die Türlschnapper (wienerisch für Torwächter), die Portiere und auch die Kriminalbeamten immer gleich freundlich blieben, verschob sich das Verhalten der Sekretäre entsprechend dem Stand der Lage. Der Händedruck wurde etwas knapper, das Lächeln verschwand und machte vereinzelt schon einem vorwurfsvollen oder auch ein wenig bedauernden Blick Platz, und von Kaffee war am Schluß keine Rede mehr. Nur eines blieb bis zum Ende unverändert: Der Minister eilte nach wie vor heraus ins Vorzimmer, um seinen Gast einzuholen.

Die Sitzungen im Finanzministerium dauerten immer stundenlang, und ich bewunderte den Finanzminister, der sich so viel Mühe und Zeit nahm, während er doch eigentlich – wie man den Tageszeitungen unschwer entnehmen konnte – ganz andere Sorgen hatte. Der Minister war sachlich, wohlwollend und wollte die Geschichte so schnell wie möglich zu einem guten Ende bringen. Auch Biak wollte ein schnelles Ende – nur eben ein anderes. In den Verhandlungen tat er sich manchmal schwer, weil der Finanzminister als Eigentumsvertreter seiner Firma ihm vorgesetzt war.

Die anderen anwesenden Herren blickten gepeinigt in die Runde und wären offensichtlich am liebsten schon vor Beginn der Verhandlungen wieder gegangen. Obwohl meine Sympathien nicht durchweg auf ihrer Seite waren – was, wenn ich mich richtig erinnere, auf Gegenseitigkeit beruhte –, taten sie mir manchmal fast leid, denn es mochte gar nicht leicht gewesen sein, all das glaubhaft vorzutragen, was sie vorzubringen den Auftrag zu haben schienen.

Dann gab es noch kurze Gastspiele von Charakterdarstellern, die beispielsweise geheimnisvolle Partnergruppen zu mimen hatten. Meine Rolle bei dieser zunehmend makabren Veranstaltung war unklar: Manchmal, wenn der Minister anwesend war, kam ich sogar zu Wort und durfte ganze Sätze bis zu Ende sagen, ohne unterbrochen zu werden. Manchmal auch, besonders in Sitzungspausen oder wenn wir auf den Minister warten mußten, wurde ich als Pausenaugust eingesetzt und sollte mal auch ein Witzlein erzählen. Normalerweise allerdings war mir das Armesünderplätzchen reserviert, und zu Wort melden sollte ich mich gütigst auch nur, um Geständnisse zu machen oder Verzichte auszusprechen.

Leider lag mir die zugedachte Rolle gar nicht, und da ich den Minister und einige seiner Beamten zumindest moralisch auf meiner Seite wußte, hatte ich auch nie die Absicht, sie zu spielen. Durch meine Eingriffe in die ursprünglich geplante Regie hat sich dann auch der Ablauf der Krimiserie »Laßt Molden endlich sterben« verschoben und hinausgezogen – ohne freilich am ursprünglich vorgesehenen Ablauf noch Wesentliches ändern zu können.

Im März schien die Lage festgefahren. Kreisky und Salcher hatten sich festgelegt, daß der Bund 25 Millionen Schilling über eine Beteiligung des Bundesverlages in den Molden-Verlag zur Verfügung stellen und einen Anteil von 49 Prozent der Geschäftsanteile des Molden-Verlages erwerben würde. Voraussetzung dafür war nach wie vor eine Einbringung von mindestens 21 Millionen durch eine private Gruppe und ein Forderungsverzicht der Hausbank in Höhe von 10 Millionen, was diese dem Bund zugesagt hatte.

Die Durchführung der Sanierungsaktion schien nur noch durch zwei Schachzüge verhindert werden zu können: Man konnte die schon so oft wiederholte These, der Molden-Verlag sei nicht nur schwer überschuldet und illiquid, sondern überhaupt nicht mehr zu retten, entsprechend durch Gutachten und Sachverständige untermauern. Gleichzeitig konnten alle am Horizont auftauchenden Beteiligungsinteressenten entweder rechtzeitig umgepolt werden, oder es konnte ihnen wenigstens durch entsprechende negative Gutachten der Appetit auf eine Beteiligung gründlich verdorben werden.

Mit den Gutachten aber schien man vorerst einmal kein Glück zu haben. Im März 1982 hatte der von unserer Hausbank beauftragte hochangesehene Wirtschaftsprüfer Dr. Walter Jakobljevich einen konsolidierten Finanzstatus der Firmengruppe Molden erstellt, aus dem sich eine Überschuldung von etwa 4,2 Millionen Mark (ohne Berücksichtigung der stillen Reserven) ergab. In einem Kurzgutachten gab Jakobljevich der Auffassung Ausdruck, daß es unter der Voraussetzung einer ausgeglichenen Gebarung ab 1983 und des Zuflusses von knapp acht Millionen Mark Kapitalmitteln (wie es das Salcher-Konzept vorsah) möglich sein sollte, die Unternehmensgruppe mit dem bisherigen Umsatzvolumen im Buchverlag fortzusetzen. Dieses Papier des Dr. Jakobljevich war für mich von ungeheurer Bedeutung, denn bisher hatten sowohl Herr Biak als auch verschiedene Herren aus dem Bankenbereich immer wieder behauptet, der Molden-Verlag sei mit acht oder gar neun Millionen Mark überschuldet und benötige daher mindestens zwölf Millionen Mark für eine Sanierung.

Mit Schreiben vom 30. März 1982 erteilte sodann das österreichische Finanzministerium über ein ihm gehörendes Institut, die Finanzierungsgarantie Gesellschaft m.b.H. (FGG), dem bundesdeutschen beeideten Sachverständigen für das Verlagswesen, Walther Zech aus Mainz, den Auftrag zu einem weiteren Gutachten über die Molden-Gruppe. Verständlicherweise wollte das Bundesfinanzministerium sich gegenüber etwaiger fachlicher oder öffentlicher Kritik durch ein solches Gutachten abschirmen. Außerdem hatte auch der Finanzminister in unserer letzten Sitzung vor Ostern darauf hingewiesen, daß dieses Gutachten mit eine Voraussetzung für die Durchführung der Sanierung bilde.

Ich hatte Herrn Zech vorher nie gesehen, doch wußte ich, daß er ein prominenter deutscher Zeitungsverleger und langjähriger Vizepräsident des Bundesverbandes deutscher Zeitungsverleger war. Wie würde nun sein Gutachten ausfallen? Diese Frage hing wie ein Damoklesschwert wochenlang über meinem Kopf. Walther Zech verbrachte fast drei Wochen (einschließlich der Osterwoche) in Wien und untersuchte unsere Firma von Kopf bis Fuß. Zuerst verbreitete er bei uns eher Schrecken, und viele meiner Mitarbeiter kamen mit der Befürchtung zu mir, er könne sie aushorchen, und sie würden dann Firmengeheimnisse ausplaudern. Ich erklärte ihnen, daß Zech gar nicht genug erfahren könne und daß wir keine Geheimnisse vor ihm hätten.

Mir persönlich hat Walther Zech von Anfang an gut gefallen. Er hielt Distanz, was ich in seiner schwierigen Funktion für unbedingt notwendig ansah, war aber gleichzeitig ein angenehmer und intelligenter Gesprächspartner. Bis er sein Gutachten fertiggestellt und zum Schreiben nach Mainz geschickt hatte, wollte er sich zu mir nicht über das Resultat seiner sachverständigen Recherchen äußern. Erst als wir am letzten Abend seines Wiener Aufenthaltes – beide erschöpft – zusammensaßen, sagte er mir: »Herr Molden, machen Sie sich keine Sorgen. Ihre Firma hat große Probleme, und wesentliche Reorganisationsmaßnahmen müssen getroffen werden. Aber in der Basis ist Ihr Verlag gesund, und mit den vorgesehenen Kapitalmitteln kann er ohne Schwierigkeiten weitergeführt werden.« Er sagte mir auch, daß er die nicht in der Bilanz enthaltenen stillen Reserven bei den Verlagsrechten mit 50 Millionen Schilling (7,2 Millionen Mark) bewertet habe.

Mir fiel ein ganz großer Stein vom Herzen. Das hieß, daß auf Basis der von Jakobljevich erstellten Ziffern einem bilanz- beziehungsweise statusmäßigen Verlust (Überschuldung) von 4,25 Millionen Mark stille Reserven in Höhe von 7,2 Millionen Mark gegenüberstanden. Und das hieß weiter, daß der Molden-Verlag in Wirklichkeit zwar sehr illiquid, aber keineswegs rettungslos überschuldet war. Immer wieder hatte ich diesen Standpunkt vertreten, und immer wieder war ich ungläubig ausgelacht worden. Hier waren nun die Ziffern von zwei unabhängigen, keineswegs von mir ausgesuchten Sachverständigen. Jetzt mußten wir es doch schaffen!

Zum erstenmal seit vielen Monaten sah ich wieder Land. Ich war unglaublich erleichtert und glücklich, brachte Herrn Zech noch in sein Hotel und fuhr nach Hause, um meinem Hannerl die gute Nachricht zu überbringen. Sie stand, wie so oft in jenen Monaten, bis spät in die Nacht am Stehpult in der Bibliothek und legte Patiencen. Ich erzählte ihr die Zech-Story. Sie packte die kleinen Patiencekarten weg, kam zu mir herüber, legte mir ihre Arme um den Hals und schaute mir in die Augen. Da sah ich, daß sie weinte. »Muffi«, sagte ich, »wein' nicht, wenn wir ein bißchen Glück haben, schaffen wir es jetzt wirklich. Der Zech hat mir auch noch erzählt, daß Peter Eisler ihn bevollmächtigt habe, in seinem Gutachtensbericht mitzuteilen, daß er – Eisler – mit seiner Gruppe mit 28 Millionen Schilling bei uns einsteigen wird. Da kann jetzt wirklich nichts mehr passieren.«

»Fritzchen, Fritzchen«, meinte Hannerl, »danke Gott für den Optimismus, den er dir geschenkt hat. Aber weißt du, ich kann schon fast nicht mehr mitmachen bei den ewigen Sprüngen von ›himmelhoch jauchzend‹ bis ›zu Tode betrübt‹. Ich bin jetzt oft so müde und fertig. Dabei möchte ich dir doch helfen und dir Kraft geben, aber ich kann wirklich nicht mehr. Natürlich wäre es schön, das mit dem Zech-Papier und auch das mit dem Eisler. Fast zu schön, um wahr zu sein. Hoffentlich ist es nicht nur eine Fata Morgana, die sich morgen schon wieder in leeren Dunst auflöst.«

Wie recht Hannerl haben sollte; auch diese Wendung erwies sich als Fata Morgana – eine besondere allerdings: Moldens letzte.

Der Konkurs

Zechs Bericht, den der Finanzminister, die Herren der Hausbank, Biak, Dr. Eisler und ich wenige Tage später zugestellt erhielten, erwies sich vorerst einmal keineswegs als Fata Morgana. Auf 140 Seiten wurde ein mit Ziffern unterbautes Bild des Verlages gezeichnet; ausführlich setzte sich der Sachverständige mit den Problemen und Schwachstellen, aber auch mit den Zukunftsaussichten des Unternehmens auseinander. Er kritisierte den noch immer überhöhten Personalstand sowie eine zu wenig straffe Geschäftsführung auf dem Sektor der kaufmännischen Gebarung und empfahl mannigfaltige Rationalisierungsmaßnahmen. Den von uns entwickelten Plan einer weitgehenden Überführung der Aktivitäten des Münchener Hauses in die Wiener Zentrale betrachtete Zech als Voraussetzung für eine Sanierung und gesunde Weiterführung der Gesamtfirma. Ebenso enthielt der Bericht die dringende Empfehlung, dem Verleger einen gleichrangigen kaufmännischen Verlagsdirektor in einer Art Vorstand der Verlagsgruppe zur Seite zu stellen.

Das Ergebnis des Zech-Gutachtens lautete in Kurzform: Der Molden-Verlag könne bei Erfüllung der von ihm empfohlenen Reorganisationsmaßnahmen und bei schnellstmöglichem Zufluß der ihm bekanntgegebenen Kapitalmittel (25 Millionen Schilling oder dreieinhalb Millionen Mark vom Bundesverlag, 28 Millionen Schilling oder vier Millionen Mark von Dr. Eisler und zehn Millionen Schilling oder 1,4 Millionen Mark Forderungsnachlaß der Hausbank) gewinnbringend weitergeführt werden, ohne mit einem Risiko belastet zu sein, das über das branchenübliche unternehmerische Risiko hinausgeht.

Ferner setzte sich Zech sehr ausführlich mit der Bewertung des Lagers und der Verlagsrechte auseinander. Beide Posten waren in den vergangenen Monaten von jenen, die einer Weiterführung des Molden-Verlags – gelinde gesagt – mehr als skeptisch gegenüberstanden, immer wieder unter die Lupe genommen worden: Herr Biak – als Leiter des Bundesverlages schließlich auch ein Fachmann – hatte die Meinung vertreten, unser Lager sei höchstens mit 4,3 Millionen Mark (30 Millionen Schilling) zu bewerten, und die Verlagsrechte seien mit dreieinhalb Millionen Mark (25 Millionen Schilling) bereits überhöht. Nun läßt sich sicher über die Bewertung von Lagerbeständen und noch mehr über die von Verlagsrechten streiten, aber mit diesen Zahlen war Herr Biak bei beiden Posten auf weniger als die Hälfte unserer Ansätze gegangen, was mich natürlich weder freuen noch überzeugen konnte. Die fachlich unvorbelasteten Herren des Finanzministeriums und der Banken aber schienen begreiflicherweise von den Biakschen, sehr apodiktisch vorgebrachten Statements tief beeindruckt. Nicht zuletzt, weil Biak seit Monaten unsere Lager- und Rechtebewertungen wie auch unseren Finanzbedarf in Frage gestellt hatte, war ja das Finanzministerium erst auf die Idee gekommen, einen unabhängigen ausländischen Sachverständigen mit einem entsprechenden Gutachten zu beauftragen.

Nun lagen also die Resultate des Sachverständigen vor: Herr Zech hatte unsere Lagerbewertung als korrekt beurteilt. Das Buchlager setzte er mit circa neuneinhalb Millionen Mark (66,5 Millionen Schilling) an, die Verlagsrechte (Vorauszahlungen), wie von uns bilanziert, mit knapp vier Millionen Mark (27 Millionen Schilling) – wobei eine Wertberichtigung in Höhe von 1,15 Millionen Mark bereits abgezogen war – und die stillen Reserven bei den Verlagsrechten mit über sieben Millionen Mark (50 Millionen Schilling). Insgesamt kam Zech also beim Posten Verlagsrechte auf einen Wert von elf Millionen Mark (77 Millionen Schilling), wobei er allerdings korrekterweise hinzufügte, daß diese Ziffern nur unter der Annahme einer Fortführung des Verlages zutreffen könnten. Das Zechsche Gutachten erschien mir als ein später, aber gerade noch rechtzeitiger Triumph und als eine Bestätigung unserer eigenen Ziffern und Thesen, mit denen ich seit Monaten schon in Stadt und Land hausieren ging. Bald aber sollte sich herausstellen, daß auch das beste Gutachten des korrektesten unabhängigen Sachverständigen uns nicht mehr helfen konnte. Das Schicksal – oder wer sonst auch immer – hatte die Weichen bereits anders gestellt.

Offenbar war bei dem von Herrn Zech zitierten Gespräch mit Dr. Eisler ein riesiges Mißverständnis passiert: Die von Herrn Dr. Eisler laut Zech zugesagten 28 Millionen Schilling (vier Millionen Mark) standen auf jeden Fall nicht zur Verfügung, auch nicht jene 21 Millionen Schilling, die er früher im Freundeskreis aufzubringen gehofft hatte. Er begann, sich von mir und meinem Verlag zurückzuziehen, und vergrößerte in den letzten Wochen unseres Verlagsdaseins die Gruppe jener, die für mich auch telefonisch kaum mehr erreichbar waren. Fast achtzehn Jahre hindurch hatte Eisler zur beiderseitigen Zufriedenheit unsere Bücher in Österreich ausgeliefert, so manchen Strauß hatten wir Seite an Seite ausgefochten. Eine Zeitlang war er auch Geschäftsführer eines meiner Wochenzeitungsverlage gewesen. Nun hatte er offensichtlich das Vertrauen in Moldens Stern verloren und verließ – aufgrund seiner Insider-Position frühzeitig im Bilde – das sinkende Schiff.

Auch sonst hatte das Zech-Gutachten keineswegs die erhoffte Wirkung. Sobald alle Empfänger es erhalten und wohl auch gelesen hatten, schien das Interesse an diesem vorher so dringlich urgierten Papier überraschenderweise plötzlich zu erlöschen. Herr Biak brach nach dem Studium des Zech-Gutachtens jeden Kontakt zu mir ab. Was immer auch die Gründe gewesen sein mögen, jenes keineswegs von uns bestellte Gutachten verlor offenbar von jenem Augenblick an, als sich herausstellte, daß es für uns günstig und daher ungeeignet war, unser Ende zu beschleunigen, mancherorts jeden Wert.

Nach dem Ausscheiden von Dr. Eisler war der Bayreuther Hestia-Verlag als möglicher Partner für den Molden-Verlag im Gespräch. Ein befreundeter Münchener Anwalt hatte den Kontakt hergestellt. Der Hauptsprecher dieser Gruppe war der mir schon aus unseren Heyne-Verhandlungen im Jahre 1979 bekannte Reinhold Stecher. Die Verhandlungen fanden teils in Wien, teils in München statt. Die Hestia-Leute schienen interessiert, wollten sich aber nur an unserer Münchener Verlagsgesellschaft beteiligen, wobei den Herren offenbar eine Zusammenlegung von Hestia und Molden-München vorschwebte. Aus Gründen der Grenzlandförderung wollten sie den Standort des neuen Verlages nach Bayreuth verlegen. Dies alles war von meinem Gesichtspunkt aus ein recht kompliziertes Projekt mit etlichen Schattenseiten. Aber bekanntlich frißt in der Not der Teufel Fliegen, und so verhandelten wir geduldig weiter. Schließlich waren wir uns in den wesentlichen Punkten einig, und Hestia sandte dem Wiener Finanzministerium ein ausführliches Fernschreiben, in dem der Bayreuther Verlag eine verbindliche Absichtserklärung abgab, sich mit drei Millionen Mark am Molden-Verlag zu beteiligen. Dieses Angebot stieß in Wien aber auf wenig Gegenliebe, da sich das Finanzministerium auf den Standpunkt stellte, daß nur eine direkte Kapitalbeteiligung an unserer Wiener Firma akzeptabel wäre. In anderen Worten: Das Bundesministerium für Finanzen wollte seine Zusage auf eine Bundesbeteiligung in Höhe von 25 Millionen Schilling (an die der Forderungsnachlaß der Hausbank in Höhe von zehn Millionen Schilling gekoppelt war) nur dann aufrechterhalten, wenn eine zusätzliche private Beteiligung direkt an unserer Wiener Stammfirma erfolgte. Umgekehrt paßte ein solches Engagement in Wien überhaupt nicht in das Hestia-Konzept, und damit war mir klar, daß wir wohl kaum noch zusammenkommen konnten.

Die Zeit begann immer knapper zu werden. Unsere Hausbank hatte uns nach einer Atempause eine weitere Ausnützung unseres Kreditrahmens nicht mehr gewähren können. Das bedeutete, daß alle auf unseren Konten eingehenden Zahlungen ausschließlich zur Abdeckung der noch ausstehenden Kredite verwendet werden konnten. Da wir fast alle österreichischen Forderungen an die Bank zediert hatten und auch die internationalen Forderungen (mit Ausnahme der Bundesrepublik) über die Hausbank-Konten liefen, bedeutete dies, daß wir über unsere Eingänge nicht mehr verfügen konnten. Woche für Woche wurde unsere Liquiditätssituation kritischer. Im März hatte ich meine Lebensversicherungspolice verkauft, um damit in Wien die Aprilgehälter zu zahlen. Im April verkaufte ich einen Teil meiner Bilder – der Rest war ohnedies schon verpfändet –, um dringlichen Firmenverpflichtungen nachkommen zu können. Unglücklicherweise nahm ich noch im April das großherzige Angebot von Schweizer Freunden an, mit einer Viertelmillion Mark ein Loch bei unserer Schweizer Bank zu stopfen. Der Jammer war, daß ich damals immer noch glaubte, über die Runden zu kommen und den Betrag nach ein paar Monaten zurückzahlen zu können.

In der dritten Maiwoche zeichnete sich mit dem Scheitern der Hestia-Beteiligung unter den vom Finanzministerium gestellten Bedingungen eine drastische Verschlechterung der Lage ab. Unsere Liquiditätsschwierigkeiten konnten weder in Wien noch in München verborgen bleiben. Begreiflicherweise um ihr Geld besorgte Bankdirektoren, Lieferanten und Autoren begannen immer intensiver und vernehmlicher an die Tür zu klopfen. Die Zeichen an der Wand waren nun sogar für einen unverbesserlichen Optimisten wie mich nicht mehr mißzuverstehen. Die Zusage des Finanzministers galt nur noch bis zum 21. Mai 1982: Wenn bis dahin keine verbindliche Erklärung eines Partners, sich an unserem Wiener Verlag mit mindestens 21 Millionen Schilling zu beteiligen, vorliegen sollte, würde er seine Zusage auf eine Bundesbeteiligung in Höhe von 25 Millionen Schilling zurückziehen müssen.

Von diesem Moment an konnte ich mein Unternehmen nicht mehr mit gutem Gewissen weiterführen, um so weniger, als auch unsere Hausbank die weitere Finanzierung unserer laufenden Verpflichtungen von der Zusage des Bundes und von dem Vorliegen einer verbindlichen Promesse eines privaten Partners abhängig machte. Plötzlich, von einem Tag zum anderen, sah ich das Ende vor mir. Ich besuchte meinen langjährigen Freund und Rechtsbeistand Dr. Fritz Czerwenka, der mir in guten und in schlechten Zeiten immer treu zur Seite gestanden hatte. Ich schilderte ihm die letzte Entwicklung, und er riet mir, wie immer ruhig und besonnen. Ja, auch er würde in dieser Situation glauben, daß es richtig wäre, die letzte Konsequenz ins Auge zu fassen.

Dann flog ich für einen Tag nach München. Vielleicht gab es doch noch eine andere Hestia-Lösung. Aber auch dieser Versuch war vergebens.

In unserem Münchener Verlagsbüro hatten sich die Mitarbeiter versammelt. Ich erklärte ihnen, wie es stünde – nämlich schlecht. Peter Frank, der Münchener Geschäftsführer, war übernächtigt und gestreßt. Loyal bis über die letzte Stunde hinaus bemühte er sich, wenigstens für unsere bundesdeutschen Operationen noch Auswege zu finden: Wege, unsere geduldigen und kooperativen bayerischen Bankiers sowie unseren Großkunden (und Gläubiger) Time-Life zu befriedigen, wurden gesucht, diskutiert, verworfen und neuerlich angegangen.

Daneben lief noch immer das tägliche Verlagsgeschäft weiter. Unsere Pressedame Arnica Verena Langenmaier berichtete, daß eine Buchpräsentation für den neuen Herman Kahn »Die Zukunft Deutschlands« wegen Verhinderung des Autors abgesagt werden mußte. Welch ein Glück in diesem Augenblick, dachte ich mir. Was man den Journalisten sagen solle, die über unsere Lage informiert werden wollten? Ich konnte dazu auch nichts Konstruktives sagen. »Abwarten und Tee trinken« war die Parole. In der nächsten Woche würde sich alles entscheiden. Bis dahin, soweit irgend möglich, alle Schotten dichthalten. Charlotte Eckstein, meine allzeit getreue Sekretärin und immer Rat wissende Helferin in München, sollte auf Urlaub fahren, wollte in dieser Situation aber nicht weg. Ich mußte sie fast mit Brachialgewalt zwingen, ihren Urlaub doch anzutreten. Im stillen dachte ich mir, am liebsten möchte ich jetzt auch abhauen, irgendwohin, wo mich keiner kennt und keiner was von mir will...

Zurück nach Wien, mitten hinein in einen unserer unzähligen

österreichischen Feiertage. Diesmal war es Christi Himmelfahrt. Gott, wie habe ich mich früher immer über die vielen Feiertage, die jede vernünftige, zusammenhängende Arbeit unmöglich zu machen schienen, geärgert. Diesmal jedoch empfand ich den Feiertag, der vor mir lag, als ich am Mittwochnachmittag von Riem kommend den altgewohnten Schwechater Flughafen anflog, wie eine letzte Atempause. Als der Klipper auf die Landebahn aufsetzte, fiel mir ein, daß das Pendlerdasein zwischen Wien und München jetzt auch bald aus sein würde. Aus dem V.I.P., der, stets freundlichst umsorgt, mit einem eigenen kleinen Minibus vorzeitig zur wartenden Maschine gebracht wurde, um sich nur ja den richtigen Fensterplatz aussuchen zu können, würde schon nächste Woche ein V.U.P. (a very unimportant person) werden. Das dürfte ja das kleinste aller Übel sein, dachte ich mir, als ich in der Ankunftshalle das besorgte Gesicht unseres »Mister Bo«, des Fahrers aller Fahrer, entdeckte, der wie immer bereits wartete, um mich ins Büro zu bringen. Von ihm und all den anderen der Kernmannschaft, mit denen ich durch so viele Jahre Freud und Leid geteilt hatte, Abschied zu nehmen, das würde viel härter sein als fast alles andere.

Herr Bogenreiter, wie »Mister Bo« im Zivilleben eigentlich heißt, erzählte letzte Neuigkeiten, während wir die Donau entlang in Richtung Grinzing fuhren. Wir unterhielten uns darüber, daß es eigentlich viel praktischer und angenehmer sei, in der Stadt mit dem Volkswagen zu fahren, mit dem mich Mister Bo jetzt herumkutschierte, seit der große und feine britische Daimler ein paar Wochen vorher plötzlich auf der Autobahn wegen Getriebeschadens ausgefallen war. Bogenreiter und ich kannten uns viele Jahre und hatten einander achten und schätzen gelernt. Daher vermieden wir jetzt in stillschweigendem Einvernehmen, die Tatsache zu erwähnen, daß der gute alte Daimler vor allem deshalb nie mehr aus der Reparaturwerkstatt zu uns zurückkehren würde, weil wir die Reparaturkosten – mangels Masse in der Kasse – ohnedies nicht mehr bezahlen konnten.

Verlagshaus in der Sandgasse. Gleich würden die Herren zur

Geschäftsleitungssitzung kommen – eine Einrichtung, die noch aus der Urzeit der »Presse« stammte. Normalerweise hatte sie einmal wöchentlich stattgefunden; in der Krise der letzten Monate war sie ad hoc oft täglich einberufen worden. Nun würde es die letzte sein.

Doch diese letzte Geschäftsleitungssitzung hatte es in sich: Mit unzähligen Unterbrechungen sollte sie fast eine Woche lang bis zum Dienstag, dem 25. Mai, mehr oder weniger in Permanenz tagen. In wechselnder Besetzung fand sie manchmal in der Sandgasse, manchmal bei mir zu Hause und manchmal auch in der Kanzlei von Dr. Czerwenka statt. Wechselhaft waren, verständlich genug, auch Stimmung und Atmosphäre. Nur der Ton blieb bis zum Schluß korrekt und verhalten. Hingegen begannen – gegen das Wochenende hin –, als die Wahrscheinlichkeit eines Endes mit Schrecken immer deutlicher im Raume stand, die ersten für mich faßbaren Fraktionsbildungen. Auch dies verständlich genug, denn die Interessenlage, die bis dahin für alle Beteiligten die gleiche (nämlich die Erhaltung und Sanierung des Verlages) gewesen war, mußte sich nunmehr notwendigerweise in verschiedene Richtungen aufspalten.

Diese Entwicklung mußte wohl so kommen, ich hatte daher auch mit ihr rechnen müssen. Jeder ist sich nun einmal selbst der Nächste, ging es mir durch den Kopf. In dem Augenblick, wo du den anderen nicht mehr Schutz und Sicherheit garantieren kannst, hast du auch kein Recht mehr, Loyalität vorauszusetzen oder gar zu verlangen. Im übrigen dämmerte mir in diesen Tagen und Stunden auch, daß für etliche meiner leitenden Mitarbeiter das Bild eben genau seitenverkehrt war: In ihren Augen hatte schließlich ich sie im Stich gelassen; der stets erfolgreiche Molden, der immer noch einen Ausweg gefunden hatte, hatte sich plötzlich als Versager erwiesen. Wieso konnte er, der immer so getan hatte, als ob er alles besser wisse, der das Haus, in das man sich vertrauensvoll begeben hatte, mit soviel Theater und Trara bestellt hatte, um es nun jämmerlich zu verspielen, auch noch Treue und Loyalität verlangen?

In einem ebenso schnellen wie schmerzlichen Lernprozeß begriff ich fast über Nacht, daß der, der oben steht und alle Vorteile und Vergünstigungen seiner Spitzenposition durchaus zu schätzen weiß, nicht erwarten kann, im Falle seines Falles ganz automatisch auf Verständnis und Sympathie jener zu stoßen, die mit und unter ihm gearbeitet haben. Schließlich verläßt bekanntlich auch jeder halbwegs anständige Kapitän als letzter sein untergehendes Schiff. Wenn ich in guten Zeiten allein der Boß hatte sein wollen, mußte ich gefälligst auch beim Zusammenbruch allein die Verantwortung auf mich nehmen und die Konsequenzen tragen.

Und dann geschah ein kleines Wunder. Plötzlich bildete sich auch die Fraktion derer, die sich in diesen Tagen noch enger als früher um FM (so wurde ich seit vielen Jahren im Verlag im Kürzel genannt) scharten. In der Geschäftsleitung waren es Karl Nowacek, Johannes Kunz, Peter Frank und natürlich Peter Molden und in der Mannschaft, wie ich zum Teil erst viel später erkennen durfte, überhaupt – von ganz wenigen Ausnahmen abgesehen – fast alle. An jenem Mittwochnachmittag vor Christi Himmelfahrt fand im Wiener Verlag eine Betriebsversammlung statt. Alles, was im Hause war, kam zu mir ins Büro, und ich erzählte eher schlecht als recht, wie es um uns stand. Noch gab es irgendwo letzte Reste eines Hoffnungsschimmers, noch liefen verzweifelte Verhandlungen und versuchten Freunde Interventionen an hoher und höchster Stelle. Aber ich, der ich immer überzeugt gewesen war, daß wir es schaffen würden, glaubte nicht mehr an unser Überleben. Die Mannschaft hörte mich an, es wurden keine Fragen gestellt, und dann gingen alle schweigend hinaus. Mir schien es wie eine Trauerfeier.

Doch plötzlich ging die Tür wieder auf. Zuerst erschien Maidy Alwen, vertraute Freundin seit frühen Nachkriegstagen und langjährige Chefsekretärin des Hauses; sie machte ein paar burschikose Bemerkungen, daß wir uns schon nicht unterkriegen lassen würden, und fragte, ob sie trotz mieser Lage auf Urlaub fahren solle. Ich redete ihr zu, und sie verschwand mit den Worten, daß ja ohnedies alles wieder im Lot sein würde, bis sie zurück sei. Das hat sich zwar dann schnell als Irrtum erwiesen, aber im Moment hatte sich meine Stimmung wieder einigermaßen gebessert. In der nächsten Stunde sind dann mindestens zwei Dutzend Mitarbeiter mit oder ohne Vorwand bei mir aufgetaucht – eigentlich nur, um so wie Maidy zu zeigen, daß sie sich dazugehörig fühlten. Mit vielen von jenen, die an diesem Nachmittag nicht bei mir vorbeikamen, hatte ich in den folgenden Tagen oder auch erst Monate später Gelegenheit zu sprechen. Fast alle waren sie über das zu diesem Augenblick schon so wahrscheinlich bevorstehende Ende genauso bestürzt wie ich, aber nachdem sie im Gegensatz zu mir und den paar Leuten der Geschäftsleitung zur Untätigkeit verurteilt und von den Informationen abgeschnitten waren, fühlten sie sich zu allem anderen auch noch von mir im Stich gelassen.

Zuerst konnte ich diese Reaktion nicht verstehen, aber je mehr ich darüber nachdachte, desto klarer wurde mir, daß ich damals einen Fehler begangen habe. Ich hätte die Mitarbeiter viel früher über die Situation informieren sollen und ihnen dadurch das Gefühl des Abgeschnittenseins vom Geschehen, das ja ihre Leben und Schicksale genauso betraf wie meines, nehmen sollen. Damals dachte ich immer, man müsse alles vertraulich behandeln. Aber auch die strengste Geheimhaltung hatte ohnedies keinen Sinn, weil ja gerade jene, die uns im Gegensatz zu unserer eigenen Mannschaft nicht unbedingt wohlwollten, häufig viel mehr über die jeweilige Entwicklung wußten – weil sie etwa an Verhandlungen teilnahmen – als die engsten Mitarbeiter.

Abend zu Hause. Drei alte Freunde sitzen bei mir, und wir besprechen, was noch zu machen sei; einer ist Jurist, der zweite Wirtschaftstreuhänder und der dritte Bankier. Aber sie sind nicht da, um beruflichen Rat zu geben. Menschliches ist jetzt schon weit mehr gefragt. Bei einem Glas Wein im Fliedergarten tasten wir uns an die Realitäten der nächsten Tage heran. Die Möglichkeiten eines Ausgleichs werden diskutiert. Ich glaube nicht an einen Ausgleich, ich will mich auch nicht weiteren Pressionen aussetzen lassen. Ich habe immer mehr das Gefühl, daß ich mich ganz von dem Gedanken lösen muß, den Verlag um jeden Preis retten zu wollen. Die Freunde halten mir die Folgen vor Augen, mit denen ich im Falle des Konkurses konfrontiert sein würde. Wir diskutieren, wie so oft in diesen Wochen, bis spät in die Nacht hinein.

Als schließlich alle gegangen sind, bleibe ich noch allein im Garten sitzen. Hannerl ist an diesem Abend nicht da, sie ist ins Salzkammergut gefahren, um eine Story für die Zeitung zu schreiben, die Buben liegen friedlich im festen Eroicagassenschlaf. Wie viele Nächte noch? Und wie oft werde ich noch in diesem Garten unter den Obstbäumen sitzen oder zwischen den Fliederbüschen spazierengehen, wie ich es jetzt fast zwei Jahrzehnte getan habe?

Ich gehe in das Gartenhaus, das wir in Wien Salettl nennen, betrachte die Biedermeierstiche und hole mir noch ein Glas Wein aus dem kühlen Tonkrug. Wenn ich um jeden Preis einen Ausgleich zu erreichen versuche, werde ich weiter bittstellend bei Kreti und Pleti antichambrieren müssen, um schließlich im günstigsten Falle als geduldete Galionsfigur in einem Unternehmen, das zwar meinen Namen trägt, mir aber in Wirklichkeit nicht mehr gehört, die Befehle Dritter auszuführen. Im ungünstigsten Fall aber – der ebenso möglich, wenn nicht noch wahrscheinlicher schien –, wenn aus dem Ausgleich dann am Ende ein Folgekonkurs werden müßte, würde ich mich womöglich noch dem Vorwurf der fahrlässigen Krida aussetzen.

Je länger ich in dieser Heiligenstädter Mainacht unter unserem alten Nußbaum stand und die Heurigenlieder vom benachbarten Mayerschen »Beethoven-Heurigen« herüberklangen, desto sicherer wurde ich in meinem Entschluß, den Konkurs als die unter den vorliegenden Umständen anständigere Lösung anzustreben. Ich würde dabei zwar nicht nur mein gesamtes Vermögen und alles, was ich aufgebaut hatte, verlieren, sondern auch auf absehbare Zukunft – dreißig Jahre sind in meinem Alter schon eine ganz schön lange Zeitspanne – die sich aus dem Konkursverfahren ergebenden Folgebelastungen zu tragen haben. Aber meine reine Weste würde mir erhalten bleiben, meine Familie würde sich meiner nicht zu schämen brauchen, und ich selbst würde mir zwar vielleicht meine Dummheit und Ungeschicklichkeit, aber wenigstens nichts Ärgeres vorzuwerfen haben.

Die nächsten Tage bewiesen dann sehr handgreiflich, daß alle Versuche, doch noch einen Ausgleich herbeizuführen, nicht zielführend sein konnten. Die Gespräche mit einigen Herren meiner Geschäftsleitung, denen in diesen hektischen Stunden der Existenzangst verständlicherweise das Hemd näher war als der Rock, gehörten zu den weniger erfreulichen Details dieser ohnehin nicht sehr amüsanten Periode meines Lebens. Noch einmal gab es im Verlag hektische Stunden, nur ging es diesmal nicht um die Vorbereitung einer Vertreterkonferenz oder der Frankfurter Buchmesse, sondern um das Schreiben der langwierigen und komplizierten Formulare, mit denen hierzulande ein Konkurs angemeldet wird.

Noch versuchten Freunde, allen voran Traudl und Erich Lessing, in letzter Stunde das Schicksal zu wenden. Während Traudl Lessing sich noch einmal an Bundeskanzler Kreisky wenden wollte, bemühte sich Erich Lessing zusammen mit Gustav Peichl, Hugo Portisch, Marcel Prawy, Ernst Trost und Peter Weiser eine möglichst große Gruppe von Molden-Autoren zusammenzubringen, die einem zwanzigprozentigen Vergleich zustimmen sollten. Die Gruppe umfaßte schließlich die Mehrzahl unserer Autoren, und es lag sicher nicht an ihnen, daß der angestrebte Zwangsausgleich dann schließlich doch nicht zustande kam.

Am Sonntag, dem 23. Mai, ging mein jüngster Sohn Berthold zur Erstkommunion. Hannerl hatte in all dem Wirbel und inmitten der sich ihrem Höhepunkt nähernden Katastrophe alles getan, damit der knapp Achtjährige diese erste größere kirchliche Feier seines Bubenlebens unbeschwert begehen konnte. Unsere Pfarrkirche befand sich keine fünfzig Meter von unserem Wohnhaus, das am Eck des Heiligenstädter Pfarrplatzes gelegen war. Nach der feierlichen Messe und der Prozession, bei der Berthold tapfer und stolz erhobenen Hauptes einherschritt, gab es bei uns zu Hause zum letztenmal ein richtiges festliches Familienmittagessen. Der Tisch war feierlich gedeckt, wie in besseren Zeiten, wenn berühmte Autoren, Bundeskanzler oder Erzherzöge zu Gast waren. Berthold bekam sein Traummenü: Markknödelsuppe, Paprikahuhn mit Nockerln und Mohntorte. Nachher, während Berthold von seiner Großmutter umgezogen wurde, weinte mein Hannerl in der Küche ganz bitterlich; wir ahnten, daß wir nur noch wenige Wochen im Eroicagassenhaus haben würden. Als im Jahre 1974 Berthold geboren wurde, hatte ich ein kleines Gedicht gemacht, das wir manchmal, wenn wir zusammen nach Hause kamen, gemeinsam mit den Kindern aufsagten. Nun sagte Hannerl leise den Kinderreim auf:

»Wenn sich die vier Molden-Muffis
setzen auf Eroica-Stuffis,
wird es keinem Feind gelingen,
in ihr Häuschen einzudringen!«

Ja, diesmal hatte ich völlig falsch gewettet. Die Molden-Muffis würden die Feinde nicht mehr aufhalten können. Zwei Tage später meldeten wir beim Handelsgericht den Konkurs an.

Am Dienstag, dem 25. Mai 1982, unterschrieb ich am Vormittag die für die Anmeldung des Konkurses notwendigen Papiere. Anschließend wurden sie im Wiener Handelsgericht in der Riemergasse, einer altehrwürdigen, aber wegen ihrer Pornokinos und Sexshops jetzt etwas in Verruf geratenen Gegend der Altstadt, dem zuständigen Richter überreicht. Unser langjähriger Syndikus verständigte mich, daß ein hervorragender Fachmann, eben jener freundliche Herr Dr. H., der mich sodann erschöpfend über meine Pflichten und Rechte in meiner neuen Funktion als Gemeinschuldner aufklärte, vom Gericht als Masseverwalter bestellt worden war. Während ich noch in meinem alten und bereits halb in Auflösung befindlichen Büro in der Sandgasse unzählige Anfragen von Zeitungsleuten beantwortete, verzweifelte Mitarbeiter beruhigte und selber nicht im geringsten wußte, wie es weitergehen sollte, begannen der Masseverwalter und sein kollegialer Assistent, Dr. J., zu amtieren. Zuerst im Verlag und dann auch zu Hause in der Eroicagasse. So traumatisch und manchmal fast unerträglich diese Tage für meine Familie und für mich waren, wenn irgend etwas sie erleichterte, war es die bei aller überaus korrekten Pflichterfüllung noble und menschliche Art, mit der die beiden Herren der Masseverwaltung ihre Aufgabe erfüllten.

Obwohl im vergangenen Jahr und auch in diesem Frühjahr die Anzahl der Insolvenzen in der Bundesrepublik und in Österreich ganz erheblich gegenüber den zwar nicht mehr unbedingt goldenen, aber doch noch wesentlich besseren siebziger Jahren zugenommen hatten und das Ende einer so relativ kleinen Firmengruppe, verglichen mit dem Schicksal von Giganten wie Bauknecht, Wienerwald oder Eumig, eigentlich kaum Aufsehen erregen konnte, schlug unser Debakel wie eine Bombe ein. Ich kann dies nur darauf zurückführen, daß Verlage durch ihre intensive Öffentlichkeitsarbeit stets über unvergleichlich mehr – gute oder schlechte – Publizität verfügen als in der Größe vergleichbare Unternehmen anderer Branchen. Im Fernsehen, im Rundfunk, in der Publikumspresse und natürlich auch in den Branchengazetten, kurz gesagt, im ganzen Blätterwald rauschte es deutlich vernehmbar, und ich war durchaus darauf gefaßt, jede Menge publizistischer Abschieds-Tannenzapfen auf den Kopf zu bekommen. Zu meiner Verblüffung und ehrlich gestanden auch Erleichterung war dem aber keineswegs so. Die Nekrologe auf den Molden-Verlag und seinen ebenso skurrilen wie schließlich ins tiefe schwarze Loch abgestürzten Verleger waren durch die Bank – von zwei oder drei gezielten Nierenschlägen abgesehen – objektiv, korrekt und oft sogar von aufrichtiger Sympathie getragen.

Schrecklich allerdings war die Auflösung des Verlages: die leeren Schreibtische, die noch überall herumliegenden Druckfahnen von Büchern, die nie mehr erscheinen würden, die ziellos durch die Räume eilenden Mitarbeiter, die keine mehr sein durften, mit ihren verzweifelten Gesichtern und vor allem unsere vielen Bücher, die unsere Arbeit und unser Leben der vergangenen achtzehn Jahre widerspiegelten und jetzt noch überall herumstanden, bald aber bei den Ramschern enden würden...

Ein paar Wochen später kam ich noch einmal in das schon leere

Verlagshaus. Die Menschen waren schon alle weg und die Bücher auch. Ein halbzerfetzter Katalog flatterte am Boden im Luftzug. Das Haus hatte seine Seele verloren. Jetzt war der Molden-Verlag wirklich tot. Ich hob den zerrissenen Werbekatalog auf. Es war eine alte Werbebeilage von Weihnachten, die unsere wichtigen Neuerscheinungen und Geschenkbände angekündigt hatte. Der Titel lautete: »In diesem Verlag ist Österreich.« Denkste, dachte ich mir, faltete die Werbedrucksache sorgfältig zusammen, steckte sie in die Tasche und verließ das ehemalige Verlagshaus, um es nie wieder zu betreten.

Die Stunde Null

Nun waren fast alle Lasten meiner Frau aufgebürdet. Hannerl hatte unser Haus in der Eroicagasse, das wir bis spätestens Ende Juni zu räumen hatten, aufzulösen. Sie mußte das, was in die Konkursmasse kam, von ihrem Eigentum und von jenen Sachen trennen, die wir mitnehmen durften. Das waren zum Beispiel die Kleidungsstücke der Buben wie auch die von mir, die persönliche Wäsche, Waschsachen und ähnliches. Sie mußte das Packen besorgen. Vor allem aber hielt sie unsere Familie zusammen. Ernstl, unser älterer Bub, sollte noch die vierte Klasse Gymnasium in Wien beenden; Berthold die zweite Volksschulklasse. Hannerl kümmerte sich um die Umschulung, um die Transporte der uns verbleibenden Sachen nach Tirol und vor allem um das tägliche Leben der Familie in den Wochen nach dem Zusammenbruch. Ich war keine große Hilfe für sie, denn einerseits mußte ich mich noch mit der Abwicklung des Konkurses in Wien beschäftigen, andererseits war ich mehrfach in München, wo wir Versuche unternahmen, für unsere dortige Firma einen Nachfolgeverlag zu finden, der wenigstens einigen Mitarbeitern und Autoren eine neue Heimstatt bieten konnte.

Die ersten Wochen nach der Stunde Null erscheinen mir heute ganz unwirklich und irgendwie verfremdet. An vieles kann ich mich auch nur wie an einen schweren Traum erinnern. Das Leben in der Eroicagasse ging noch leidlich weiter, allerdings von normal konnte keine Rede mehr sein. Das Haus war schon halb leer.

Täglich erschienen irgendwelche Kaufinteressenten, die das Haus besichtigten oder zum Abverkauf ausgeschriebene Möbelstücke und Haushaltsgeräte in kritischen Augenschein nahmen. Dazwischen versuchte Hannerl mit Hilfe ihrer Mutter, den Familienalltag mit regelmäßigen Mahlzeiten aufrechtzuerhalten. Sie wollte beiden Buben den Schock der desaströsen Ereignisse der letzten Wochen, soweit es überhaupt möglich war, vom Leib halten.

Anfang Juni gab es ein freudiges Ereignis in der Familie. Meine älteste Tochter Gabriele, die in Schweden mit einem Maler verheiratet war, bekam ihr zweites Baby, wieder einen Jungen. Die Freude über die Ankunft des kleinen Paul war ein Lichtpunkt in diesen Wochen. Auch Sascha, meine zweite, mit einem französischen Diplomaten verheiratete Tochter, erwartete ein Kind – allerdings erst im August. Andrea, meine jüngste Tochter, war in Paris mitten in ihren Abschlußprüfungen. Sie wollte Dolmetscherin werden und schon im kommenden Sommer bei dem von meinem Bruder Otto geleiteten Europäischen Forum in Alpbach mitarbeiten. Mit Saschi und vor allem mit Andrea hatte ich nach dem Konkurs viel Kontakt. Beide meldeten sich regelmäßig telefonisch, um mir rührend Mut zuzusprechen. Gabriele schrieb liebe, hilfreiche Briefe aus ihrer schwedischen Gebärklinik. Ich freute mich vor allem darauf, meine Andrea bald in Alpbach zu sehen, wohin wir Ende Juni, nach Schulabschluß, mit den Buben übersiedeln wollten.

Dann, am frühen Morgen des 16. Juni, erhielt ich die Nachricht, daß Andrea soeben, völlig unerwartet, an den Folgen eines Blutgerinnsels im Gehirn gestorben sei. Meine geliebte Andrea, mit der ich noch am Abend vorher telefoniert hatte und die so fröhlich klang! Meine Andrea, mit der ich zuletzt an Weihnachten Stunden und Stunden in Alpbach durch den verschneiten Wald gewandert oder am warmen Kachelofen gehockt war und lange Gespräche über Gott und die Welt geführt hatte. Meine Andrea war nicht mehr! Jetzt war es soweit, jetzt ging ich in die Knie.

In ratloser Panik ging ich hinüber in die alte Heiligenstädter Pfarrkirche, wo Berthold ein paar Wochen zuvor die erste Kommunion empfangen hatte, kniete in der letzten Bankreihe der leeren Kirche nieder und versuchte, nicht zu hadern. Warum Andrea? Warum gerade sie? Warum nicht ich, der ich mein Leben gelebt hatte? Da fielen mir die beiden kleinen Buben ein und Hannerl, die so viel Last zu tragen hatte. Ich konnte, ich durfte es mir nicht so einfach machen wollen: Ich würde mit Gottes Hilfe abtreten, und jene, die sich auf mich verlassen, stünden allein auf weiter Flur.

Aber Andrea, sie ist tot, unwiderruflich fort, weit weg schon, unterwegs zu Gott – und es ist doch erst kaum acht Stunden her, daß ich ihre Stimme noch hörte. Sie und ich ahnungslos, daß ein tückisches Stückchen verdickten Blutes ihrem jungen Leben jäh ein Ende machen würde. Je länger ich über Andreas unverständlichen Tod nachdachte, desto sinnloser erschien mir meine ganze Aufregung der letzten Wochen, der Konkurs, der Zusammenbruch meines Verlages, der Verlust des Vermögens. Was bedeutete all das im Vergleich zum Verlust dieses geliebten Menschen?

In den folgenden Tagen, als ich nach Paris flog, um von Andrea Abschied zu nehmen, begann sich durch ihren Tod meine Haltung und Einstellung gegenüber dem eben erlittenen Debakel zu relativieren. In Paris kümmerte sich Saschi rührend um mich. Trotz ihrer fortgeschrittenen Schwangerschaft wich sie kaum von meiner Seite. Von der Liebe ihres Mannes behütet, war Saschi, die mir immer als die zarteste und anfälligste unter den drei Mädchen erschienen war, zu einer kraftvollen Persönlichkeit geworden. Dank ihres unerschütterlichen Gottvertrauens wurde sie in diesen Tagen zum Mittelpunkt der Pariser Familie und stand uns allen, vor allem aber ihrer Mutter, liebevoll bei. So hat Andrea mit ihrem frühen Tod ihre Familie gestärkt und vereint. Mir aber hat der Abschied von meiner geliebten, noch halb kindlichen und doch von skeptischer Weisheit erfüllten Tochter die Kraft gegeben, mein eigenes Schicksal mit anderen, distanzierteren Augen zu sehen.

Bei meiner Rückkehr nach Wien traf ich am Flugplatz einen Bekannten, der mir höflich kondolierte – wie sich im folgenden

Gespräch herausstellte, zum Zusammenbruch des Verlages. Dann fiel ihm offenbar meine Trauerkleidung auf, und er stellte eine diesbezügliche Frage. Auf meine Auskunft hin schreckte mein Gegenüber ein wenig zusammen, wich einen Schritt zurück, kondolierte dann – sichtlich erschüttert – noch einmal und sagte: »Ach, Sie Ärmster, Sie sind ja der reinste Hiob.«

Zu Hause angekommen, nahm ich mir das Alte Testament (das übrigens wie fast alle meine Bücher bald den Weg in die Masse nehmen sollte) zur Hand und schlug im Buch Hiob nach. Im Kapitel 1, 13. bis 21. Vers, konnte ich Hiobs bedauernswertes Schicksal nachlesen. Wenn man von den geänderten Zeitläufen und den nur schwer vergleichbaren Werten und Größenordnungen absieht, hatte mein Bekannter mit seinem Vergleich so unrecht nicht gehabt: Nachdem Boten und Diener dem rechtschaffenen Hiob im Lande Uz in einer Katastrophenmeldung nach der anderen von der Vernichtung seiner Äcker und Häuser, seiner Schaf-, Rinder-, Kamel- und Eselsherden sowie schließlich von der Tötung seiner Kinder berichtet haben, erhebt sich dieser unglückselige Mann, zerreißt sein Gewand, schneidet sich sein Haupthaar ab, wirft sich zu Boden und betet:

»Nackt kam ich aus dem Leibe meiner Mutter,
Und nackt werde ich dorthin zurückkehren.
Gott selbst hat gegeben, und Gott selbst hat genommen.
Der Name Gottes sei immerdar gesegnet.«

Mir persönlich ist der würdige Hiob mit seinem 3500 Jahre alten Fazit aus einer auf den ersten Blick unerträglichen Katastrophe sehr sympathisch und zu einem nachahmenswerten Vorbild geworden.

In Wien hatte sich inzwischen ein weiteres Wunder getan: Die Phalanx der Freunde hatte sich formiert. Seit dem Moment des Konkurses war sie für uns täglich deutlicher präsent. Manche kamen in die Eroicagasse, brachten Blumen oder andere Geschenke, stellten Autos zur Verfügung, machten Besorgungen, offerierten erste Arbeitsmöglichkeiten, kümmerten sich um die Kinder, wenn wir nicht da waren, und reichten uns quasi von Haus zu

Haus weiter. Nach Andreas Tod wurde die Phalanx der Freundschaft noch enger.

In den ersten Wochen hatten wir buchstäblich keinen Groschen Geld. Meine Konten waren natürlich gesperrt worden, was allerdings nicht mehr viel bedeutete, weil ich sie ohnedies schon vor dem Konkurs für den Firmenendkampf weitgehend ausgeräumt hatte. Hannerl verdiente circa 1500 Mark monatlich für ihre Kolumne in einem Wiener Nachrichtenmagazin, und diese wurden im nachhinein ausgezahlt. Eine Gruppe von Freunden borgte Hannerl das Geld, um ihren Volkswagen aus der Masse herauszukaufen. Ein anderer Freund kaufte einen alten Golf und stellte ihn mir leihweise zur Verfügung. So konnten wir uns wieder bewegen, was in Anbetracht der Tatsache, daß wir unser zukünftiges schriftstellerisches Brot nicht im Dorf, sondern in mediennahen Großstädten verdienen mußten und daß unser Tiroler Domizil rund 20 Kilometer von der nächsten Schnellzugstation liegt und wir überdies unseren älteren Sohn wöchentlich von seinem 45 Kilometer entfernten Internat abholen und nach dem Wochenende wieder dorthin zurückbringen müssen, von vitaler Bedeutung war.

Wieder ein anderer Freund hatte eine Sonderaktion »Buben« gestartet und dazu einen Kreis gefunden, der es uns ermöglichte, das obenerwähnte Internat samt hervorragendem Gymnasium für den älteren Sprößling zu öffnen. In den ersten Monaten nach der Stunde Null wäre vieles, was den Kindern den Wechsel ermöglichte, ohne diese Freunde ausgeschlossen gewesen. Aber ganz abgesehen von dieser wichtigen materiellen Hilfe war die Phalanx moralisch für uns in dieser Periode des tiefsten Falles eine essentielle Überlebensstütze. Die langen Abende in den letzten Wiener Wochen, die wir teils noch im Garten der Eroicagasse (das Haus war im wesentlichen schon ausgeräumt, und in den letzten Tagen mußte Hannerl sich auf kalte Kost verlegen, da auch der Strom abgesperrt worden war) oder bei verschiedenen Freunden verbrachten, haben uns viel Mut und Kraft zum Wiederbeginn gegeben.

Freundschaft und gute Nachbarschaft konnten wir auch in

unserem neuen Domizil in dem Tiroler Bergdorf Alpbach feststellen. Die Alpbacher kannten uns zwar schon seit Jahrzehnten, ich war ja bereits 1945 – wenige Monate nach Kriegsende – in das damals völlig entlegene Bergdorf gekommen, um an der ersten internationalen kulturellen Veranstaltung der Nachkriegszeit in Westeuropa teilzunehmen. (Aus diesen ersten Alpbacher Hochschulwochen des Österreichischen College hat sich dann später jenes bereits erwähnte »Europäische Forum Alpbach« entwickelt, das im Sommer 1984 seinen vierzigsten Jahreskongreß abhalten kann.) 1966 hatte ich meine Frau zum erstenmal nach Alpbach gebracht. Sie verliebte sich sofort in den Ort und fand schnell Kontakt zu seinen Menschen. Als wir Ende Juni 1982 nach der Auflösung unseres Wiener Domizils und nach dem abrupten Verlust der Welt, in der die ganze Familie seit Jahr und Tag gelebt hatte, mit Sack und Pack, quasi als »Abbrandler«, nach Alpbach kamen, wurden wir daher freundlich aufgenommen und schnell in das Dorfleben integriert. Schließlich waren wir ja auch schon fast ein Dutzend Jahre im »Schreiberhäusl« ansässig.

Auch hier war die Phalanx vorhanden: ein befreundetes Ehepaar, das sich kurzerhand in das Auto setzte und nach Wien in die Eroicagasse fuhr, als es von unserem bevorstehenden Exodus hörte, um als Gratistransporter zu fungieren; ein anderes, das mich, als ich zunächst allein als Vortrupp in Alpbach auftauchte, sofort in seinem Haus einquartierte, bis die Familie nachkam; wieder andere, die uns auf ihre Weise ihre Freundschaft und Anteilnahme zeigten, indem sie uns Butter, Brot und hausgebrannten Obstler (das ist der lokale, aus Früchten und Beeren gebrannte Schnaps) brachten oder uns in ihre gemütlichen Stuben zum Essen einluden. Bauern, Wirte, Skilehrer, Kaufleute und Handwerker, sie waren da und ließen uns spüren, daß wir willkommen waren. Gerade das war es, was wir zu diesem Zeitpunkt, als unser kleines, leckes Schifflein noch zwischen Scylla und Charybdis irrte, am besten brauchen konnten.

Die Phalanx zog sich weit hin. Ihre Außenposten meldeten sich aus New York, London und Jerusalem. Eine liebe Freundin kam aus Rom angereist, um schnell und wirkungsvoll zu helfen; eine andere aus Düsseldorf; eine dritte aus dem Rheingau wollte uns in ihr Haus auf Mallorca verfrachten; ein alter Kumpan meldete sich aus Colorado und offerierte Wohnung und Job. Ein Jugendfreund und Schulkollege bot uns Quartier in seiner Ranch in Virginia und als Alternative auch gleich noch eine Wohnung in New York zur Wahl an. Ein heißgeliebtes Freundesehepaar besuchte uns aus Washington, wollte uns bei sich haben und insistierte, nie gehabte »Schulden« an uns zurückzahlen zu müssen. Im Zuge dieser und ähnlicher Aktionen lernte ich, daß Helfen eine Sache ist, daß aber Herzenstakt jede Hilfe – ob klein oder groß – in ihrer Wirkung noch vervielfacht.

Da war auch ein Bankier, den ich zwar seit Jahrzehnten kannte, aber seit Jahren kaum gesehen hatte. Wenige Tage nach dem Konkurs lud er mich durch Vermittlung einer gemeinsamen Freundin zu einer Schale Kaffee in sein Haus ein. Dort teilte er mir mit, daß er mir gern 600000 Mark à fonds perdu zur Verfügung stellen wolle, wenn ich glaubte, damit meinen Verlag doch noch erhalten zu können. Er wollte das Geld nie wieder sehen und sich auch in keiner Weise an diesem Unternehmen beteiligen. Ihm ginge es nur darum zu helfen, mir meinen Verlag zu erhalten. Ich war völlig sprachlos. Schon am nächsten Tag war die Summe zu meiner Verfügung. Nach Rücksprache mit unserem Masseverwalter stellte sich heraus, daß dieser Betrag in der damaligen Situation nicht im Sinne des Gebers verwendet werden könne. Das Geld ging daher unberührt an den Wohltäter zurück. Ich werde aber diese großzügige Tat eines völlig Unbeteiligten, solange ich lebe, nicht vergessen.

Dann gab es die aus der alten Mannschaft, die plötzlich auftauchten, um ihre Hilfe und Verbundenheit auch nach dem bitteren Ende zu dokumentieren. Da war Gert Frederking, der zwei Tage nach dem Debakel nach Wien geflogen kam, bei mir in der Firma und dann zu Hause im Garten saß und sofort ein halbes Dutzend Konzepte für die Zukunft entwickelte. Eines davon war die erste Idee zu diesem Buch. Da war das Reserl, seine Frau, die uns gleich zur Erholung auf ein Boot im Mittelmeer verfrachten wollte und fast beleidigt war, als wir – sehr zu unserem Leidwesen – nicht annehmen konnten. Da war Karl Nowacek, der mir seine gesetzliche Abfindung, als sie ihm endlich ausgezahlt wurde, mit größter Selbstverständlichkeit anbieten wollte. Da war Peter Frank, der Partner für eine Nachfolgegesellschaft in Deutschland suchte und mit Interessenten in der schon völlig entleerten Eroicagasse aufkreuzte. Und dann war da natürlich unsere kolossale Renate Wunderer, Wiener Molden-PR-Dame außer Dienst, die täglich hilfreich bei uns war und uns ihre Wohnung als Wiener Quartier zur Verfügung stellen wollte. Ganz zu schweigen von Fritz Czerwenka, dem Anwalt, und Hanni Marenzi, dem Steuerberater, die uns nach all dem Zores (für bundesdeutsche Leser: jüdisch-wienerischer Ausdruck für Schwierigkeiten), den ich ihnen bereitet hatte, auch jetzt, da ich im Armsündergewand dastand, nicht im Stich ließen.

Gelernt habe ich auch, was es heißt, in dieser Situation einen Bruder zu haben. Otto war ganz einfach da. Zu jeder Tages- und Nachtzeit. Immer helfend, Mut zusprechend und stets Optimismus um sich verbreitend. Als Brüder waren wir uns immer nahegestanden; jetzt in dieser Zeit der Not wurden wir wieder die engen Freunde, die wir in den Jahren des gemeinsam erlebten Widerstandes und Krieges, die mehr als eine Generation zurücklagen, gewesen waren. Es war ein wiederentdeckter Bruder, den mir das Jahr meines Zusammenbruchs beschert hat. Wohl die wichtigste der gar nicht so wenigen positiven Entdeckungen dieser Epoche.

Natürlich gab es auch lehrreiche Begegnungen gegenteiliger Art. Etwa jene »Freunde«, die aus lauter Verlegenheit, wie sie wohl dem Bankrotteur begegnen sollten, bei einem zufälligen Zusammentreffen in den Gassen der Wiener Innenstadt lieber in das nächstliegende Haustor eilten, als jenen zu begrüßen, in dessen Haus sie Monate zuvor noch allzu gerne verkehrt hatten. Oder der strebsame Politiker, der sich jahrelang emsig bemüht hatte, mich in seinen Freundes- und Beraterkreis zu ziehen und der jetzt zu seinem Schrecken feststellen mußte, daß er auf das falsche Pferd gesetzt hatte. Kein Wunder, daß seine Anrufe von Stund an ebenso unterblieben wie seine Kontaktbesuche am Alpbacher Urlaubsort. Und alle jene, die uns jahraus, jahrein mit Einladungen von der Cocktailparty (wir hassen Cocktails) bis zur Großwildjagd (wir sind keine Jäger) überschwemmt hatten, um vielleicht einmal ihre Memoiren bei Molden veröffentlicht zu sehen, konnten endlich aufhören, den arroganten und undankbaren Molden noch weiter grüßen zu müssen. Diese und ähnliche Fälle haben Hannerl und mir jenes Minimum an Heiterkeit beschert, das wir in den ansonsten lacharmen Wochen dringend benötigten. Überdies haben uns auf diese Art so manche Zeitgenossen, die wir bis dahin in völliger Verkennung der wirklichen Sach- und Charakterlage für Freunde gehalten hatten, in dankenswerter Weise schnell, schmerzlos und dauerhaft aufgeklärt.

Schmerzhaft waren nur wenige Fälle – Freunde, denen ich mich eng verbunden gefühlt hatte und die mich jetzt im Stich ließen. Das tut ebenso weh wie dauernde Trennung von einem Menschen, der einem nahestand, und das hinterläßt Narben. Vielleicht habe ich eine altmodische Vorstellung von Freundschaft. Ich bin noch mit der Idee von der »Freundschaft fürs Leben« aufgewachsen und habe mir nach diesem Gesichtspunkt auch die nicht zahlreichen, wirklich engen Freunde ausgesucht. Die meisten dieser Freundschaften haben in guten und schlechten Zeiten (siehe oben) gehalten. Und jene, welche meinem Debakel zum Opfer gefallen sind, waren im Zuge der Zeit gelegene Irrtümer meinerseits. In einer Welt, in der es vor allem wichtig ist, ob man »in« ist, in der Millionen mehr zählen als Ideen und Sicherheit mehr als das Abenteuer, in einer solchen Welt werden manche »Freundschaften« nicht aus Neigung oder gemeinsamem Harmonieren, sondern aus Gründen der Zweckmäßigkeit geschlossen. Auch wenn es im Moment weh tut, auf solche Beziehungen wird per saldo unschwer zu verzichten sein, vor allem angesichts der Phalanx jener alten, unzerstörbaren Freundschaften und der neuerworbenen, ebenso unbeirrbaren Freunde.

Eines konnten mir die Freunde allerdings nicht abnehmen: Das Trümmerfeld, das sich in mir und um mich herum ausgebreitet hatte, mußte ich selber ordnen. Alles, was noch vor ein paar Monaten unerschütterlich erschien, war zerstört. Nicht nur der Verlag, die Firmen, das Eigentum und der Wohlstand unseres etablierten Lebens. Nein, noch etliches mehr, nämlich die anerkannte Position im kulturellen und öffentlichen Leben des eigenen Landes und über dessen Grenzen hinaus – fast überall dort, wo Bücher geschrieben oder gelesen werden. Was war denn übriggeblieben von Fritz Molden, dem vermeintlichen Wunderkind, das sich auch noch mit ergrauten Haaren gerne als solches vorzukommen pflegte? Was ist aus diesem Fritz Molden geworden, der glaubte, Zeitungen und Verlage aus dem Boden stampfen zu können, der öffentliche Meinung machte und in der Politik und im großen Mediengeschäft mitmischen wollte? Ja, was wurde aus dem Bestsellermacher und dem Erfinder von Autoren und von Buchideen? »Hat Fritz Molden wirklich gelebt?« fragte Hans Weigel anläßlich der Feier des 15. Verlagsjubiläums. Eine prophetische Frage, wie sich kaum zwei Jahre später herausstellen sollte. Nicht viel ist von dem alten Fritz Molden übriggeblieben.

Ein unmündiges Kind in achtundfünfzigjähriger Schale. Ein über Gebühr abgenütztes, aber verblüffenderweise noch immer halbwegs intaktes Gehirn. Ein nicht mehr jugendfrischer Körper, der immerhin so angelegt zu sein scheint, daß er Strapazen aller Art, einschließlich des mit dem Konkurs verbundenen Stresses, unerwartet gut übersteht. Ein starkes Adaptationsvermögen, das den Abschied vom Eigentum sehr erleichterte. Phantasie, stark entwickelte Neugier und ein überdurchschnittlich entwickelter Freiheitssinn. Das wär's, und hier stock' ich schon.

Diesen sonderbaren Jemand stelle man sich in der Mitte eines langen dunklen Tunnels vor. Der Zeitpunkt ist die Stunde Null. Der Jemand bewegt sich langsam und noch recht unsicher auf einen weit entfernten lichten Punkt zu, den Ausgang des Tunnels. Denn jeder Tunnel hat einen Ausgang. Der Marsch durch den Tunnel ist beschwerlich und scheint kein Ende zu nehmen. Aber schließlich erreicht der Jemand doch sein Ziel, blinzelt ins Tageslicht, verweilt, und nachdem er sich wieder an die Helligkeit gewöhnt hat, nimmt er seine Umwelt wahr. Sie ist weit und schön und hat viele Wege, die in alle Richtungen zu führen scheinen. Der Jemand ist dankbar, der Dunkelheit entkommen zu sein, und streckt seine Fühler aus. Die Stunde Eins im neuen Leben des Fritz Molden hat begonnen.

Ein Jahr danach

Mit dem Konkurs zu leben will gelernt sein. Nach dem ersten Jahr kann ich noch keineswegs die Meisterprüfung ablegen. Aber eine lange Lehrzeit schadet nicht. Ich habe ja schließlich dreißig Jahre (so lange können nach dem österreichischen Konkursrecht Ansprüche der Gläubiger gegen den Gemeinschuldner gestellt und exekutiert werden) Zeit, um meine mühsam erworbenen Kenntnisse zu praktizieren.

Vieles hat sich in diesem ersten Jahr in unserem Leben verändert. Es ist ein einfaches Leben geworden, wenn auch in seinem praktischen Ablauf keineswegs einfacher abzuwickeln als früher. Es fängt damit an, daß man sich, wenn man fünfunddreißig Jahre lang immer über ein Büro verfügen konnte, erst daran gewöhnen muß, alles, buchstäblich alles selber zu machen. Briefe und – bei meinem Beruf als freischaffender Schreiberling – zuerst einmal alle Manuskripte selber zu tippen, ist das schwierigste nicht; obwohl es viel Zeit braucht und ich keine Chance habe, der Schnellsten oder Schönschreibendsten einer zu werden. Auch die Geschichte mit dem Briefporto oder mit der Aufgabe von Erlagscheinen ist nicht so einfach. Ich hatte natürlich am Anfang keine Ahnung, was etwa das Flugporto nach Mexiko oder ein eingeschriebener Eilbrief in die Schweiz kostet. Das Alpbacher Postfräulein Adelheid hatte zunächst ihre liebe Not mit mir. Jetzt aber habe ich das Postalische im Griff. Wer weiß, vielleicht kann ich in ein paar Jahren einen Ferialjob als Aushilfe bei der Post erlangen.

Weitere Schwierigkeiten in meiner neuen Karriere als mein eigener Sekretär und Büroleiter ergaben sich aus der Tatsache, daß ich händisch nicht allzu geschickt bin. Jedesmal, wenn ich ein Paket machen wollte, verfilzte ich mich anfänglich in Metern von Tixoband, die aus unerfindlicher Bosheit immer auf mir und nie auf dem Paket klebten. Aber Übung macht auch hier den Meister. Jetzt sehen die Manuskript-Pakete schon so aus, daß ich sie, ohne mich zu schämen, auf die hiesige Post tragen kann und nicht mehr wie anfangs verstohlen zum weiter entfernten Brixlegger Postamt fahren muß, wo mich keiner kennt.

Fachleute erklärten mir auch, daß Menschen, die im Konkurs sind, kein Bankkonto zu besitzen haben. Also besitze ich kein Bankkonto, was an sich ganz logisch erscheint, denn was soll ich schon damit anfangen. Weit gefehlt! Schließlich muß ich auch als im Konkurs befindliches Individuum Rechnungen, sei es an die Krankenversicherung, an die Autowerkstatt oder was immer, bezahlen. Deswegen läßt einem ja das Gesetz auch ein sogenanntes Lebensminimum, um sich schlecht und recht durchzuschlagen. Ohne Bankkonto muß man auch das alles über die Post abwickeln. Daueraufträge gibt es da nicht, und schon ist man recht erheblich mit dem Ausfüllen von Erlagscheinen beschäftigt. Was übrigens auch gelernt sein will. Genug vom Büroalltag als Gemeinschuldner.

Eine andere Begleiterscheinung unseres neuen Lebens brachte mir die Erfüllung eines Jugendtraumes: Wir stiegen auf die Bahn um. Überall, wo es nur irgend praktikabel ist, lassen wir das Auto zu Hause und fahren mit der Bahn. Nun bin ich seit meiner frühesten Kindheit ein fanatischer Bewunderer und Liebhaber der Eisenbahn, während das Autofahren für mich immer nur eine Pflichtübung darstellte. Die Lektüre von Fahrplänen hat mich stets mehr fasziniert als jeder Krimi. Schon in der vorkonkursischen Zeit bevorzugte ich, wo immer möglich, die Bahn gegenüber dem Auto und Flugzeug. Lediglich das Schiff ließ ich als gleichberechtigt gelten. Jetzt reduziert sich die Bedeutung des PKW in unserem Leben auf vitale Strecken: da, wo es – wie im

Alpbachtal selbst – entweder keine Bahn gibt, oder aber wenn mehr als drei Personen im Auto mitfahren und dieses daher billiger wird als die Bahn. Mit dem Zug fährt man von Wörgl, unserer nächsten Schnellzugstation, nach München eineinhalb Stunden, nach Zürich und Wien je viereinhalb Stunden. Mit dem Auto geht es bei etwas heftigerem Verkehr auch kaum schneller. Im Zug kann man lesen, ohne sich zu ärgern, im Auto ist es genau umgekehrt. Also, lang lebe die Bundesbahn!

Das Flugzeug hingegen schied als Verkehrsmittel fast völlig aus meinem neuen Blickwinkel – ausgenommen Reisen, bei denen die Transportkosten weiterverrechnet werden können, oder Einladungen. Wie weit weg sind doch die Zeiten, wo ich mir einbildete, es immer so eilig zu haben, daß ausschließlich die Benützung der »Concorde« ausreiche, um mich schnell genug von Europa nach den USA zu bringen. Wie heißt es doch so schön und in diesem Fall besonders zutreffend: »Gestern noch auf hohem Rosse, heute tief schon in der Gosse.«

Auch das neue Zuhause in Alpbach ist natürlich anders als das schöne, alte und geräumige Haus in der Eroicagasse. Das Haus in der alten dörflichen Gasse in Heiligenstadt, in der schon meine Großeltern gelebt und in der mein Vater geboren worden war. Unser Eroicagassenhaus, das durch einen grotesken Zufall am 25. Mai 1983, also auf den Tag genau ein Jahr, nachdem der Konkurs angemeldet worden war, zwangsversteigert wurde – elf Monate hatte es leergestanden, und der einst so gepflegte Garten hatte sich in eine wilde Dschungellandschaft verwandelt –, dieses Haus werden wir wohl nie vergessen können. Mit seinem alten Turm, an dessen First nach der Türkenschlacht des Jahres 1683 ein von der nach Rache dürstenden Dorfbevölkerung gehenkter türkischer Janitschar gebaumelt haben soll, mit seinem uralten Kellergewölbe, in dem, als ich vor Jahrzehnten eine Zentralheizung einbauen ließ, antike römische Ziegel mit dem Zeichen der damals in Vindobona zum Schutze des in Heiligenstadt residierenden Kaisers Probus stationierten römischen Legion gefunden wurden, und mit seinen grünen Holzveranden, die auf das ebenso alte Beethovenhaus hinüberblickten, in dem die unsterbliche »Eroica« geschrieben wurde.

Nein, mit dem Haus in der Eroicagasse kann das »Schreiberhäusl« in Alpbach nicht konkurrieren. Obwohl wir Gott danken, daß wir heute dort leben können, und obwohl es in dem vergangenen Jahr zu einer echten neuen Heimat für die Familie geworden ist. Es ist ländlich und einfach, aber warm und gemütlich. Die Familie ißt am runden Küchentisch, und im Winter treibt der Wind den feinen Pulverschnee durch die Ritzen des hölzernen Oberstockes. Aber dafür ist Weihnachten wirklich Weihnachten: In den Rauhnächten kommen Perchten, vermummte, auf heidnische Traditionen zurückgehende Gestalten, die schweigend mit riesigen Besen das Böse aus den Häusern kehren, und jeder darf raten, welcher Nachbarbauer wohl hinter der grausig-strengen Perchtenmaske versteckt herumstapft. Im Sommer aber können die Buben mit dem Vieh auf die Hochalmen hinauf und dort Ferien verbringen, von denen sie in Wien nie gehört hätten.

Im ersten Jahr reichte das verdiente Geld, das zuerst einmal fast ausschließlich von Hannerl aus ihrer Schreibe- und Übersetzertätigkeit kam und in dem ich erst ganz langsam und bescheiden wieder zur Vermehrung des häuslichen Bruttosozialprodukts beitragen konnte, gerade zum Leben, aber auch nicht für ein Jota mehr. Sehr grundlegend wird sich das wohl auch in Zukunft nicht ändern können, weil ja – sollte ich wirklich wieder einmal wesentlich mehr verdienen – die Masse ihre berechtigten Ansprüche auf alle über das vital Notwendige hinausgehenden Einkünfte stellen wird. Im ersten Jahr schien es uns besonders knapp, weil wir es nicht gewohnt waren, jeden Groschen umdrehen zu müssen. Hannerl, die alles Geld und den Haushalt rechnerisch verwaltet, war manchmal nahe der Panik. Was geschieht, wenn einer von uns krank wird und nicht mehr arbeiten kann? Da wir ja beide nirgends angestellt sind, kommt natürlich nur Geld ins Haus, wenn einer von uns irgendeine Arbeit abliefert. Wenn man eben nichts abliefern kann, weil man krank ist oder weil zufällig keine Zeitung, kein Verlag oder keine Rundfunkstation etwas von uns brauchen kann, dann sieht's düster aus. Ganz logisch: »Ka Geld, ka Musi«, wie es in Wien heißt, nur eben umgekehrt. Wir nennen es das Leben ohne Netz, finden es zwar nicht sehr komisch und etwas nervenbelastend, aber wohl oder übel haben wir uns daran gewöhnt; ein Zustand, der uns dadurch nähergebracht wird, daß es ohnedies keine Alternative gibt.

Um halbwegs durchzukommen, mußte das Familienbudget den Einnahmen immer wieder neu angepaßt werden. Einige Posten konnten relativ leicht gestrichen werden. Zum Beispiel brauche ich als erwachsener Mann mit einem genügenden Vorrat von Anzügen und Wäsche auf Jahre hinaus kaum etwas fürs Anziehen auszugeben. Hannerl hat es da schon schwerer, denn sie ist ständig zu irgendwelchen Interviews unterwegs, und als Frau muß sie da schon anständig angezogen sein. Noch schwieriger ist es mit den Buben, die beide im Wachsen sind wie die Spargel im Frühling. Berthold kann noch einiges von seinem älteren Bruder übernehmen, aber Ernstl braucht neue Sachen. In meine Anzüge wächst er zwar jetzt der Länge nach hinein, aber in der Breite würde er leider einen Zwillingsbruder benötigen, um in meine Jacken und Hosen hineinzupassen. Das heißt also, das Bekleidungsbudget kann nur in Teilen gestrichen werden.

Einfacher ist das schon auf dem Sektor Vergnügen und Urlaub. Im ersten Jahr konnten Ausgaben für Vergnügungen fast auf Null gestellt werden. Einzige Ausnahme waren ein paar Kinobesuche der Kinder in Innsbruck, der 50 Kilometer entfernten Landeshauptstadt. Der Urlaub der Kinder spielte sich in Alpbach beziehungsweise auf der Alm ab, was noch dazu besonders bei unserem pubertären Sohn Vorteile hatte, da es dort – wie es in einem bekannten Tirolerlied heißt – »ka Sünd'« gibt. Auch Hannerl und ich blieben im Lande und nährten uns redlich. Eine herbstliche Dreitagetour nach Südtirol und ins Friaul genügte im ersten Jahr nach der Stunde Null völlig, um unseren Bedarf nach dem Hauch der großen weiten Welt zu befriedigen. Winterferien wären in Alpbach absurd, denn Berge und Schnee sind hier in durchaus genügendem Ausmaß vorhanden. Wir hatten auch das Glück, keine größeren Hausreparaturen durchführen zu müssen. Natürlich konnte das nicht ewig so bleiben, und während ich diese Zeilen schreibe, gräbt draußen ein winziger Alpin-Caterpillar den Boden hinter dem Haus auf, weil dessen Rückwand durch eine Wasserader feucht geworden ist und dies zu Sprüngen in der Hausmauer geführt hat. Da das Schreiberhäusl am Hang steht, mußte hier etwas unternommen werden, damit uns unser Quartier nicht unter den Füßen wegrutscht. Die Reparaturkosten werden uns wohl Urlaubsreisen auf längere Zeit unter die Märchen aus Tausend-und-eine-Nacht verschieben lassen. Aber ein intaktes Haus ist wichtiger als die schönste Reise.

Der Abschied vom Eigentum und die Umstellung auf die neuen, unendlich bescheideneren Lebensverhältnisse sind eine Sache der Adaptationsfähigkeit. Die Trennung von unzähligen, jahre- und jahrzehntealten, oft bis in die Kindheit oder Jugend zurückreichenden Lebensgewohnheiten wird durch die obligate und zwangsweise Form, in der sie erfolgt, eher erleichtert als erschwert. Ein Raucher, dem man die Zigaretten wegnehmen und den Zugriff zum Nachschub unterbinden kann, tut sich beim Abschied vom Nikotin natürlich schon nach wenigen harten Umstellungswochen viel leichter als sein Kollege, der dies alles freiwillig macht, jede Menge Zigaretten vor der Nase liegen hat und dem quasi als Strafverschärfung dauernd Rauchwaren, schon gleich mit hingehaltenem Feuer, angeboten werden. Bei uns auf jeden Fall ging der Verarmungsprozeß kurz und schmerzlich vor sich. Und das war gut so. Innerhalb von vier Wochen waren wir von in großbürgerlichem Wohlstand lebenden Angehörigen des Establishments zu (nota bene!) unfreiwilligen Aussteigern geworden. Das Tempo unseres Sturzes erinnerte mich immer wieder an die legendäre Kurzfassung von Schillers »Glocke«, die uns als Pennäler durch die Oberstufe der Gymnasien begleitete: »Erde raus, Bronze rin, Glocke fertig, bim bim bim.«

So ähnlich ging es bei uns im dramatischen Juni des Jahres 1982 zu. Und dieses Schnellzugtempo, mit dem der Weg in die Armut zurückgelegt wurde, hat uns per saldo sicher alles viel leichter gemacht. Denn wenn ich an die Romanklischees der Jahrhundertwende denke, als verarmte hanseatische Patrizier, enterbte russische Großfürsten oder durch den Börsenkrach nach der Wiener Weltausstellung ruinierte Bankiers noch jahrelang mit dekadenttragischem Gesichtsausdruck in ihren der Möbel, Maitressen und Butler längst entblößten, langsam zerfallenden Palais saßen und vergeblich darauf warteten, von der »feinen Gesellschaft« noch einmal akzeptiert und eingeladen zu werden, dann lobe ich mir unseren Untergang im Karacho.

Zugegeben, nach der mit »action«, großen und kleinen Tragödien, trotzigem Überlebenswillen und viel Bitterkeit vollgepackten ersten Phase, die wir die Stunde Null nannten, kam eine Periode der Depression und Hoffnungslosigkeit. Erst nach etwa einem halben Jahr gelang es mir, durch intensive selbstkritische Überlegungen diese Zeit der wehleidigen Resignation zu überwinden. Einsicht in die eigenen Fehler der Vergangenheit und wiedererwachender Lebenswille führten schließlich zur Erkenntnis, daß mein Debakel und in seiner Folge das Aufgeben der bisher innegehabten Machtstrukturen, der gesellschaftlichen Position ebenso wie der Abschied von Eigentum und Wohlstand mir das Tor zu einer neuen Freiheit in einem neuen Leben aufgestoßen hatten.

Dies war für mich der entscheidende Wendepunkt meiner postkonkursischen Entwicklung. Das Gefühl, wieder am Anfang eines neuen Lebens zu stehen und noch einmal anfangen zu dürfen, beherrschte mich zunehmend. Plötzlich begann ich eine Art Glücksgefühl über dieses andere Leben in unabwendbarer Bescheidenheit und ohne eigenes Zutun von oben her etablierter Anspruchslosigkeit zu empfinden. Der weitgehende Wegfall des finanziell-materiellen Animos, der sich aus der Konkursordnung von selbst ergibt, eröffnet mir die einmalige Chance, in dieser neuen und wohl letzten Arbeitsphase meines Lebens jene Dinge anpacken zu können, die mir wirklich etwas bedeuten und mich wahrhaft interessieren. Die Tatsache, daß der mir zur Verfügung stehende und mich in gleicher Weise belastende Apparat seit den Tagen der größten Ausdehnung meines Mini-Imperiums von 1 200

Mitarbeitern auf Null gesunken ist, erfüllt mich jetzt mit steigender Erleichterung, auch wenn ich nunmehr die Briefmarken selber aufkleben muß. Ebenso wie es mich mit Freude erfüllt, daß Hannerl und ich in Alpbach unsere freischaffende »Schriftstellerei« betreiben, deren Apparat aus zwei Schreibmaschinen, einem Telefon und einem Taschenrechner ältester Bauart besteht. Natürlich sind viele Dinge, die noch vor einem Jahr wesentliche Interessensfaktoren meines damaligen Lebens darstellten, heute aus unserem Dasein völlig entschwunden. Dafür sind neue Phänomene aufgetaucht, die mich mindestens ebenso intensiv beschäftigen wie vor zwei Jahren noch die Herbstprogramme der deutschen Verlage oder die Bestsellerliste. Tempora mutantur. Die Zeiten ändern sich und mit ihnen auch die Interessen der Betroffenen. Ich bin froh, daß ich in meinem Alter noch einmal die Möglichkeit habe, nicht nur beruflich neu anfangen zu müssen (aber auch zu können und zu dürfen), sondern darüber hinaus die Erfahrung machen kann, einer anderen sozialen Klasse anzugehören. Niemand, der das nicht selbst erlebt hat, kann sich vorstellen, wie spannend das ist. Nicht immer angenehm, aber bestimmt aufregend.

Sicher ist auch, daß ich mich am Ende dieses ersten Jahres wesentlich besser fühle als an dessen Anfang. Das ist zugegebenerweise keine Kunst, wenn man in Betracht zieht, in welch deplorablem Zustand wir uns unmittelbar nach dem Zusammenbruch befunden hatten. Aber es hätte ja auch anders kommen können. Wie nahe war ich zeitweise daran, der Versuchung zu erliegen, mich um der vermeintlichen Sicherheit einer Versorgung willen in neue Abhängigkeiten zu begeben, die mich wohl auf die Dauer wirklich und endgültig gebrochen hätten. Hier war es einerseits Hannerl, die trotz ihres als Mutter zweier unmündiger Kinder notwendigerweise stark ausgeprägten Wunsches nach Sicherheit immer wieder ihre warnende Stimme erhob; andererseits hatte ich Glück, und die meisten der von diversen hilfreichen Seiten angebotenen »todsicheren« Jobs erwiesen sich bei näherer Betrachtung aus diesen oder jenen Gründen als unpraktikabel. Zuletzt zeichnete sich der neue berufliche Lebensweg immer deutlicher ab: das zu tun, was ich von Jugend auf gelernt und im Grunde immer am liebsten getan hatte, nämlich zu schreiben. Zu zeitgeschichtlichen, politischen oder historischen Themen, und wie es sich aus meinem Status als im Konkurs befindlichen Gemeinschuldner fast von selbst ergab, als freischaffender Schriftsteller. Diese Entscheidung brachte große Erleichterung: Die Periode der Postensuche mit ihren zum Teil erheiternden, oft aber auch eher peinlichen Begleiterscheinungen war endlich vorbei. Langsam, aber sicher und mit zunehmender Freude begann ich mich an das Leben als freier Schriftsteller zu gewöhnen.

Für meine Entwicklung seither scheint mir ausschlaggebend gewesen zu sein, daß es mir – wenn auch mühevoll und erst nach einigen Anläufen – gelungen ist, den Wechsel von dem durch höhere Gewalt erzwungenen und daher unglücklichen Aussteiger zu dem sein Schicksal wieder frei gestaltenden und daher zufriedenen Umsteiger zu bewältigen. Der Abschied von Eigentum, öffentlicher Stellung und Einfluß hat mir schließlich den Weg in eine neue Lebensphase gewiesen. Dieser Weg war und ist keineswegs immer einfach, häufig sogar recht beschwerlich. Aber er führt zu guter Letzt in eine Freiheit des Lebens, Tuns und Lassens, die mir im Labyrinth der Sachzwänge eines langen Lebens in der Welt der Mächtigen, der Manager und des Establishments längst verlorengegangen war. Die gehetzte Präsenz auf dem Jahrmarkt der Eitelkeiten durfte ich gegen ein einfaches Dasein, unbeschwert von den Lasten und Pflichten des Wohlstands, eintauschen. So hoffe ich jetzt die Kraft zu finden, in der Freiheit einer weiten und vielfältigen Welt noch einmal neu zu beginnen.

Fast auf den Tag genau am Ende unseres ersten Jahres der postkonkursischen Zeitrechnung fuhren meine Frau und ich über die verregnete Tauernautobahn nach Kärnten, wo wir zu einer Hochzeit eingeladen waren und Hannerl einige Interviews durchzuführen hatte. Auf der Höhe des Tauernpasses parkten wir unseren Golf und beschlossen, uns einen Kaffee zu genehmigen. Vor uns lagen die Gipfel des Radstädter Tauern-Massivs, die ein starker Westwind innerhalb weniger Minuten wolkenfrei geblasen hatte. »Schau einmal«, meinte Hannerl, »für uns machen sich sogar die Tauerngipfel frei, das ist ein gutes Zeichen zum ersten Jahrestag. Wir sind wieder im Glück, sogar mit Rückenwind.« Ich lachte zurück: »Nur nicht verschreien, die nächste Regenfront kommt sicher. Aber was soll's, das kann uns auch nichts mehr anhaben.« Und fröhlich fuhren wir hinunter ins Drautal und zum Wörthersee. Eines stand fest, die Zukunft konnte nur noch besser werden.

Aus der Stammrolle des Gemeinschuldners

> Nach österreichischem Handelsrecht
> wird jene natürliche oder juristische
> Person, über die ein Konkursverfahren
> eröffnet wurde, als Gemeinschuldner bezeichnet.

Wie man ist, kommt nicht von ungefähr. Was man tut, kommt nicht von ungefähr. Und wer man schließlich wird, ist ebenfalls kein Zufall. So haben auch die Schlüsselereignisse in meinem Leben lange und weitverzweigte Wurzeln, die sich nicht nur in die Erlebniswelt der eigenen Kindheit und des Elternhauses, sondern darüber hinaus in die Generationen der Vorfahren zurückverfolgen lassen. Mein älterer Bruder Otto und ich wuchsen in einem festen Familienverband auf, der bei aller liberalen Aufgeschlossenheit gegenüber neuen, von außen an uns herantretenden Phänomenen doch stark vom Traditionsgut des väterlichen und – wenngleich in ganz anderer Weise – des mütterlichen geistigen Erbgutes gezeichnet war.

Mein Vater, Ernst Molden, war vom Studium her gelernter und schon in jungen Jahren habilitierter Historiker. Als Sohn des Schriftstellers und Journalisten Berthold Molden, der einer Kaufmanns- und Pelzhändlerfamilie aus dem österreichisch gebliebenen Teil Schlesiens entstammte und es schließlich zum Hofrat im k. u. k. Außenministerium brachte, war ihm die Liebe zur Historie und insbesondere zur österreichischen Geschichte wohl schon in die Wiege gelegt worden. Der alte Berthold Molden, mir nur noch als neunzigjähriger Greis mit einem mächtigen weißen Vollbart in Erinnerung, war aber auch ein liberaler Feuergeist, ganz im Sinne der Revolution von 1848, gewesen. Mir, dem jüngsten Enkel, erzählte er manchmal von der Schlacht bei Königgrätz, die er im

Sommer 1866 als Unterprimaner, in einer Scheune versteckt, aus nächster Nähe hatte beobachten können; wegen der drohenden Kriegsgefahr war er von seinen Eltern aus dem grenznahen Bielitz in das »sichere« Innere Böhmens – ausgerechnet nach Königgrätz(!) – zu Freunden der Familie verschickt worden. Von diesem Tag an haßte er Bismarck und die Preußen, die damals die kleindeutsche Lösung vertraten.

Meines Vaters mütterliche Vorfahren stammten aus Salzburg und Tirol, waren Bauern und Wirte gewesen. Sogar ein Verleger war darunter, Anton Edlinger, der in Innsbruck vor der Jahrhundertwende eine liberale Tageszeitung und alpenländische Reiseführer verlegte. Seinem Sohn Fritz, der 1916 als Kaiserjägerleutnant in den Dolomiten fiel, verdanke ich übrigens meinen Vornamen.

Die Vorfahren meiner Mutter Paula von Preradovič kamen aus dem Süden und Südosten der alten Donaumonarchie, aus Dalmatien, Venetien, Kroatien und Ungarn. Durch viele Generationen waren die meisten von ihnen als Offiziere oder Beamte im Dienste des fernen Kaisers in Wien gestanden. Als solche waren sie geadelt und befördert worden, bevor sie auf den Schlachtfeldern der Türkenfeldzüge oder des Dreißigjährigen Krieges ihre meist kurzen Leben ließen. Einer meiner Urgroßväter, der große Petar von Preradovič, brachte es nicht nur zum kaiserlichen General, sondern ging auch als kroatischer Nationaldichter in die Geschichte ein. Von ihm stammt die poetische Komponente in der Familie, die sich seither in jeder Generation erneut bemerkbar macht. Der Onkel seiner ebenso schönen wie schwermütigen Frau Pave da Ponte, die aus dem Venezianischen stammte, war jener Papst Pius IX., der den Kirchenstaat an Italien verlor und von dem die Dogmen von der Unbefleckten Empfängnis Mariä und von der Unfehlbarkeit des Papstes stammen. Ein anderer meiner Urgroßväter, der deutsch-ungarische Johann Paptist Freiherr Falke von Lilienstein, wurde als Sektionschef im k. u. k. Ministerium des Kaiserlichen Hauses und des Äußeren Leiter des »Literarischen Büros« des Kaisers Franz Joseph, eine Einrichtung, die man heute als Pressestelle bezeichnen würde. Und mein Großvater Dušan von Preradović war Marineoffizier, Seefahrer und Forscher, der sich am wohlsten auf dem weiten Meer oder an der kahlen Felsküste seiner dalmatinischen Heimat fühlte. Denn ursprünglich waren die Vorfahren der Mama fast alle aus den bescheidenen und ewig unruhigen Verhältnissen der alten Militärgrenze im Südosten des Reiches gekommen. Wehrbauern, Grenzer, in grauer Vorzeit auch Seeräuber an den wilden Küsten der kroatischen Adria – eine gemischte und abenteuerliche Gesellschaft waren sie gewesen, unsere Voreltern mütterlicherseits, aber doch fast immer treu in kaiserlichen Diensten.

Als ich im April des Jahres 1924 im sogenannten gutbürgerlichen Teil des neunzehnten Wiener Gemeindebezirkes Döbling, wo auch mein Elternhaus stand, als Spätling, sechs Jahre nach meinem Bruder, das Licht der Welt erblickte, war mein Vater bereits wohlbestallter stellvertretender Chefredakteur der »Neuen Freien Presse«, der großen liberalen Tageszeitung Wiens. Mama war dabei, sich als Lyrikerin einen Namen zu machen. Die Familie lebte in ordentlichen Verhältnissen. Von unseren Eltern, die beide schrieben und beide ihr Österreich ungeheuer liebten (was in Anbetracht der Geschicke und der Temperamente ihrer Vorfahren – siehe oben – nicht wundernehmen konnte), bekamen wir Söhne die Liebe zur Sprache, die Selbstverständlichkeit eines profunden und toleranten liberalen Weltbildes Moldenscher (das heißt katholischer) Observanz und schließlich eine starke Verbundenheit mit der damals ebenso geschundenen wie als lebensunfähiges, leeres Gebilde verlachten Heimat auf den Lebensweg mit. Dazu kamen von den Moldens ein kräftiger Schuß patriarchalischer Strenge und Disziplin sowie der unstillbare Ehrgeiz, einmal begonnene Unternehmungen bis zum erfolgreichen Abschluß weiterzuführen. Aus dem Preradović-Erbteil kamen von Mama die Poesie, die Liebe zur Landschaft und die ewige Sehnsucht nach dem Abenteuer, die schon Großvater Dušan über die Meere und um die halbe Welt getrieben hatte, ebenso wie sie »die Ahnen, die Uskoken« veranlaßte, sich mit ihren kleinen, schnellen Segelschiffen auf Raubkriege mit der übermächtigen Flotte Venedigs einzulassen.

Vom alten, glorreichen Reich, von der vielbesungenen Doppelmonarchie Österreich-Ungarn, habe ich allerdings nur die traurigen Reste des zerfallenen Vielvölkerstaates, verbitterte Großeltern, deren Welt mit allen ihren Werten zusammengebrochen war, und ein paar sentimentale Erinnerungsstücke in mein eigenes Lebensbild einbeziehen können. Die kleingewordene österreichische Republik stürzte, während ich Kindergarten und Volksschule besuchte, von einer Krise und von einem Bürgerkrieg in den anderen. Braune, rote und schwarze Milizen kämpften um die Macht im Staate. Nationalsozialisten, Austromarxisten und Austrofaschisten waren die Schimpfworte und gleichzeitig je nach Sichtwinkel auch die Ehrentitel unserer Bubengespräche. »Und willst du nicht mein Bruder sein, so schlag' ich dir den Schädel ein«, war das allseits akzeptierte Schlagwort der dreißiger Jahre.

Als Hitler 1938 Österreich besetzte, war ich dreizehn. Vater und Bruder wurden sofort verhaftet, die Mutter vor meinen Augen von SA-Leuten verprügelt. Die Weichen waren gestellt: Nazi würde ich keiner werden! Erste kindische Versuche, Hitler zu bekämpfen. Erste Gestapohaft. Neuerliche Widerstandsversuche. Gefängnis, Strafbataillon in Rußland, mit Glück verwundet. Frankreich, Italien. Neuer Widerstandsversuch fliegt auf. Flucht zu den Partisanen, Flucht vor dem Todesurteil! Immer geht alles gut aus, schließlich sogar der siebenjährige Kampf gegen Hitler, der Kampf der Ameise gegen den Elefanten. Hitler und sein Drittes Reich sind tot, ich habe überlebt. Von nun an scheint mir alles möglich, nichts ist mehr unerreichbar. Mit einundzwanzig Sekretär des Außenministers, mit zweiundzwanzig politischer Redakteur, mit vierundzwanzig Diplomat in den USA, mit sechsundzwanzig Verlagsdirektor, mit neunundzwanzig Zeitungsherausgeber, bald auch Chefredakteur. 1958, zwanzig Jahre nach dem Einmarsch Hitlers in Österreich, besaß ich, nun vierunddreißig Jahre alt, das größte Zeitungsimperium samt der größten Druckerei Österreichs. Was wollte ich mehr? Was sollte in Zukunft etwa noch unerreichbar sein?

Der Rest ist bekannt.